Biblioteca Germán Carrera Damas | 6

Edición exclusiva impresa bajo demanda por CreateSpace, Charleston SC.

© **Germán Carrera Damas, 1980**
© **alfadigital.es, 2017**

Reservados todos los derechos. Queda rigurosamente prohibida, sin autoriza ciónescrita de los titulares del Copyright, bajo las sanciones establecidas en las leyes,la reproducción parcial o total de esta obra por cualquier medio o procedi miento,incluidos la reprografía y el tratamiento informático.

Editorial Alfa
Apartado postal 50304. Caracas 1050, Venezuela
Telf.: [+58-212] 762.30.36 / Fax: [+58-212] 762.02.10
e-mail: contacto@editorial-alfa.com
www.editorial-alfa.com

ISBN: 978-980-354-418-8

Diseño de colección
Ulises Milla Lacurcia

Diagramación
Yessica L. Soto G.

Corrección
Magaly Pérez Campos

Fotografía de solapa
Efrén Hernández

Imagen de portada
Detalle de El tumulto del 19 de abril de 1810 (1835), obra de Juan Lovera.
Colección Capilla Santa Rosa, Palacio Municipal de Caracas.

Printed by CreateSpace, an Amazon.com Company

Germán Carrera Damas

Una nación llamada Venezuela

Índice

Nota del autor a la sexta edición 7

Nota del autor a la quinta edición 11

Nota del autor a la cuarta edición 15

Prólogo 19
Elio Gómez Grillo

Charla-conferencia introductoria
Proposición de una perspectiva integral del proceso
socio-histórico venezolano: consideraciones de método
y de criterio 25

Primera charla-conferencia
La crisis de la sociedad implantada monárquica colonial:
el agotamiento de los factores dinámicos de la implantación
y la ruptura del nexo colonial (1800-1830) 49

Segunda charla-conferencia
La crisis de la sociedad implantada: la formulación
del proyecto nacional (1830-1870) 93

Tercera charla-conferencia
El primer intento de modernización como búsqueda de una
salida a la crisis de la sociedad implantada (1870-1900) 127

Cuarta charla-conferencia
La concentración nacional del poder en el marco
de la búsqueda de una salida a la crisis estructural
de la implantación. Actualización de factores dinámicos
(1900-1940) 167

Quinta charla-conferencia
Reanudación y desarrollo dependiente de la implantación:
reformulación del proyecto nacional liberal (1940-1958) 199

Sexta charla-conferencia
Tardía institucionalización del Estado liberal democrático
en el marco del desarrollo dependiente de la implantación
(1958-1974) 231

Séptima charla-conferencia
Problemas históricos de Venezuela contemporánea.
Proposición metodológica prospectiva del proceso
socio-histórico de Venezuela contemporánea 259

Adenda
De la siembra del petróleo a la siembra de la nación 293

Nota del autor a la sexta edición

LLEGA A SU SEXTA EDICIÓN ESTA OBRA, publicada inicialmente en 1980[1]. Cumpliendo sus normas, la Editorial Alfa me impuso la tarea de que diese «una lectura» al texto de la quinta edición; innovación que rompió con la práctica del hecho cumplido seguida en todas las ediciones que precedieron a la actual, las cuales solo en unos casos me dieron espacio a notas de autor, referidas a lo que recordaba de mis exposiciones. No acierto a calificar el resultado. Pido al lector que me ayude a hacerlo. Con ese fin le entrego la presente confidencia, que probablemente le sorprenderá: nunca había leído el texto; y esto no por obedecer a mi temor de autor, como me ha ocurrido con otras de mis obras luego de mi corrección de pruebas, sino porque las charlas-conferencias que integran este volumen nunca fueron escritas. Forman una serie semanal de charlas-conferencias encomendadas de urgencia, iniciadas el 14 de febrero de 1974, cubriendo la ausencia del expositor originalmente previsto y anunciado. Digo charlas, porque no fueron escritas; y digo charlas-conferencias, porque en las exposiciones utilicé sumarios esquemas y algunas citas referenciales escritas.

Me hallaba en la Gran Bretaña desempeñando la Cátedra Simón Bolívar en la Universidad de Cambridge, en el lapso

---

1   *Una nación llamada Venezuela (Proceso socio-histórico de Venezuela, 1810-1974)*. Ediciones de la Dirección de Cultura de la Universidad Central de Venezuela, Caracas, 1980; 2.ª edición, 1984; 3.ª edición, 1988; 4.ª edición, 1991; 5.ª edición, 1997; y 1.ª reimpresión, 2006, por Monte Ávila Editores.

1978-1979, cuando me enteré de que la Dirección de Cultura de la Universidad Central de Venezuela, organizadora del ciclo de charlas-conferencias, no solo las había hecho grabar sino que dispuso hacerlas transcribir con el fin de publicarlas. Quizás consideré obvio que me harían revisar el texto. Pensé que de esa manera las charlas-conferencias adquirían otra condición y me sentí obligado a revisar el manuscrito resultante. Nada sucedió. Llegué a pensar que el propósito no pasaría de serlo, de manera que apenas estuve de regreso a Caracas acudí a la Dirección de Cultura con el fin de solicitar la transcripción. Mi buen amigo, el profesor Gustavo Arnstein, me respondió entregándome un ejemplar de la obra impresa, que cumplidamente agradecí.

Las siguientes ediciones reprodujeron la primera, que nunca leí, mas no por fiel observancia del primordial precepto de que el más grave pecado que puede cometer un historiador es violar la integridad de un documento, porque debe tener presente que lo publicado adquiere la condición de documento. Los respectivos editores no me brindaron la oportunidad que ahora disfruto.

De allí que cuando atendí la solicitud de Editorial Alfa lo hice creyendo que, salvo puntuales ajustes de estilo, y muy breves y no menos puntuales de concepto, se reproduciría con fidelidad, estructural y argumental, el texto de la primera edición, conservado también en las siguientes. Pero, al advertir errores de transcripción y algunas flaquezas argumentales, opté por pecar, infringiendo, espero que moderadamente, lo que asenté en mi «Nota a la cuarta edición», aquí reproducida; si bien respetando la estructura metódica y el entramado conceptual, aunque ello implicase abstenerme de introducir enmiendas que hoy estimaría oportunas mas no imprescindibles. Me consuelo pensando que las habría hecho si hubiese tenido ocasión de leer la transcripción.

No obstante –y quizás como compensación al lector–, he considerado razonable permitirme añadir una adenda que complementa el sentido general de la obra. Aporta una prueba de que en la década 1936-1946 pudo debatirse sobre la manera de estimular la formación de la Nación, como concepción socio-histórica, y sobre las decisiones políticas a ello conducentes.

Caracas, agosto de 2016

Nota del autor a la quinta edición

Ratifico todos y cada uno de los términos de la «Nota del autor a la cuarta edición». ¿Por qué, entonces, una nota a la quinta edición? No es fácil dar una respuesta a esta pregunta, sinceramente formulada, pero lo intentaré, si bien para hacerlo debo referirme a los dos últimos párrafos de la séptima charla-conferencia. En ellos esbocé el que consideraba que representaría un cambio necesario e inminente en el funcionamiento de nuestra sociedad. Consistiría en que la política habría de ser, cada día más, un ejercicio de administración de recursos, escasos o agotables. Con ello nuestra vida social y política habría de ganar en el ejercicio de la responsabilidad y en la práctica de la eficiencia.

Hoy creo que este elemental ensayo de prospectiva histórica se ha visto comprobado por la realidad de nuestro acontecer social y político. Recursos acerca de cuyo agotamiento cercano se nos advirtió reiteradamente, como el agua, plantean, por lo azaroso de su disponibilidad, graves y crecientes problemas a extensas regiones del país. El agotamiento de la tierra urbanizable, en torno a las grandes concentraciones de población, conduce a la destrucción de tierras agrícolas, que son de suyo cada día más escasas por obra de la erosión. Los fondos marinos cercanos a las costas venezolanas, nunca tan ricos en pesca como se creía, se convierten en desiertos; los raleados bosques se repueblan, en el mejor de los casos, de mezquinos arbustos. Los orgullosos grandes ríos, despoblados de su fauna, padecen los efectos de la deforestación de las cabeceras y, por lo general, han olvidado la limpidez de sus aguas.

Pero, ¿y la esperada respuesta de la sociedad? No es cuestión de entregarnos al pesimismo, que no ha estado a la altura del reto, y desesperando de que llegue a estarlo. Pero sí cabe decir que no ha sido todo lo empeñosa y eficaz que la tarea por realizar requiere. Y, por lo que es todavía más significativo: esa respuesta de la sociedad, que ha demostrado su poder allí donde se ha expresado su acción, por ejemplo en una relativa recuperación de la fauna y en la detención de la deforestación de la ciudad de Caracas, pugna todavía por generalizarse y perseverar.

Dije en mi mencionada charla-conferencia, y lo reafirmo ahora, que cabía esperar una respuesta de la sociedad a los nuevos y crecientes problemas del género mencionado. No dije que esa respuesta habría de ser de los gobiernos. Quizás hablé de esa manera porque comenzaba a comprender lo que ahora tengo muy claro: la naturaleza y la vastedad de los problemas, ya entonces enunciados y ahora corroborados, hacen que solo la sociedad, informada y consciente, pueda enfrentarlos. Pero, a su vez, la capacidad de acción de la sociedad dependerá del grado de conocimiento divulgado, adquirido y asimilado, sobre los agravados problemas al que ella puede llegar. El que pueda lograrlo en el grado necesario supondría el desarrollo de una vasta, intensa y sostenida formación escolar, técnica, científica y política.

Pero la capacidad de acción de la sociedad, así armada, requiere a su vez el que llegue a manifestarse como una conducta social, espontánea, sostenida, intolerante con las transgresiones, exigente en el ejercicio de la responsabilidad, propia y de los demás. En suma, la acción de la sociedad debe desprenderse de una profunda democratización de la vida social y política.

En síntesis, lo que ahora creo que quise decir y que apenas logré asomar es que la tarea urgentemente planteada a la sociedad es la de convertirse en una sociedad genuinamente democrática. Para llegar a ello le será necesario superar la etapa de la democracia inducida desde el poder público; como también la de la democracia practicada con olvido de la responsabilidad social, y practicar la democracia entendida, por fin, como el ejercicio responsable de la libertad, tanto frente a los demás hombres como en las relaciones con nuestro entorno natural.

Praga, mayo de 1997

Nota del autor a la cuarta edición

En la primera edición de esta obra[2], luego de la mención «Serie de charlas-conferencias» puesta en la portadilla, incluí la siguiente advertencia editorial que creo oportuno recordar: «El lector debe tener presente que bajo la denominación 'Serie de charlas-conferencias' encontrará, en realidad, un conjunto de charlas dictadas con apoyo en esquemas y en contadas referencias bibliográficas. Esto explica el escaso aparato crítico y las características formales de los textos, publicados en una versión muy próxima de las grabaciones. Por último, cabe recordar que las charlas fueron dictadas semanalmente, a partir del 14 de febrero de 1974». Esta advertencia fue suprimida, por razones editoriales, en la segunda edición[3] y en la tercera[4].

El que esta obra llegue a su cuarta edición en poco más de una década me causa asombro, como me lo causó en su momento la asiduidad y el número creciente de quienes escucharon las charlas (llegaron a ser unos trescientos en la última, lo que obligó a buscar espacios mayores). El interés de los asistentes quedó demostrado también por el número y la calidad de las preguntas que formularon, las cuales no fueron recogidas. Ignoro la razón de ello.

---

2   Dirección de Cultura de la Universidad Central de Venezuela, Caracas, 1980.
3   Monte Ávila Editores, Caracas, 1984.
4   Monte Ávila Editores, Caracas, 1988.

Pero quiero volver a la advertencia editorial. En ella se destacan dos hechos: en primer lugar, la escasez de lo que entonces denominé «aparato crítico»; y en segundo lugar, el hecho de que se publicase una versión muy próxima de las grabaciones.

Formalmente, una de las diferencias entre una charla-conferencia y una charla consiste en que esta última prescinde de la metódica fundamentación documental que la primera requiere. Asimismo, la charla-conferencia ha de consistir en un escrito, si bien se admiten interpolaciones. Los textos que integran este volumen son el resultado de una ligera corrección formal de las grabaciones. Conviene tener esto en cuenta no solo como un llamado a la benevolencia del lector cuando tropiece con accidentes formales; conviene tenerlo en cuenta, también, al evaluar críticamente los contenidos conceptuales. Ante algunas formulaciones, el lector podrá optar entre calificarlas de ligeras y suponerles una fundamentación y una elaboración más ricas de lo demostrado. Me acojo a esta última apreciación.

En efecto, si bien siempre me he negado la posibilidad de hacer lo que suele llamarse, impropiamente, «una reflexión libre» sobre mi país, no ignoro la conveniencia y la legitimidad de ofrecer sobre él un pensamiento aligerado de lo que los metodólogos denominamos «aparato crítico»: es decir un denso conjunto de referencias documentales, testimonios, estadísticas etc., que sin duda son consubstanciales con el ejercicio historiográfico científico.

El mismo sentido de la ética intelectual que me prohíbe incurrir en ligereza consciente al formular juicios sobre mi país me obliga a preguntarme sobre la vigencia que puede tener hoy una visión del proceso socio-histórico de Venezuela como Nación elaborada y expuesta hace más de quince años. Al intentar dar una respuesta a esta pregunta se me ocurre proponer la siguiente: cuando el estudio histórico consiste en la identificación de las constantes que conforman el largo período (dentro de la relatividad de este concepto aplicado a nuestra historia), es posible aspirar a una vigencia prolongada de los resultados.

Obviamente, la vigencia prolongada a que me refiero no pretende apoyarse en la abusiva presunción de que «nada ha cambiado». De ninguna manera. Se apoya en una determinante característica del *estudio histórico integral*: el lapso cronológico tomado como referente participa de tal conceptualización, hasta el punto de que no sería procedente intentar una simple prolongación de ese lapso con el fin de actualizar la obra. Muy probablemente, la nueva determinación del lapso, tomando como hitos 1810 y 1991, impondría la necesidad de reformular algunos conceptos, entendiendo por ello no necesariamente su substitución por contrarios. Tendrían que ser, también probablemente, comprensivos del inicio de nuevos y acelerados procesos, así como de la interacción de estos con las constantes que conforman la estructura de la obra. Bastaría mencionar, tan solo, la reorientación de la política económica y la puesta en marcha del proceso de reforma del Estado.

Pero esta operación equivaldría a elaborar un nuevo libro. Y esto significaría decidir la caducidad de una obra cuya vigencia parece reconocida por el hecho de entrar en su cuarta edición.

Berna, julio de 1991

Prólogo

Pocas satisfacciones más profundas, más verdaderamente regocijantes en nuestro paso por la Dirección de Cultura de esta Universidad que esta que nos está haciendo experimentar hoy el sencillísimo acto que estamos celebrando. Inauguramos hoy la cátedra libre «Venezuela». Iniciamos este cabildo universitario en el cual el tema preferente será Venezuela. La pasión, el goce y el dolor de la patria de todos en la palabra de un hijo de ella en el escenario universitario. Sé muy bien que la ocasión se presta para pobres sentimentalismos patrioteros, pero no se incurre en ellos al evidenciar mi legitima emoción universitaria y venezolana en el momento en que estamos en este rincón de trabajo, al cual vendremos una y otra vez a participar en un diálogo de buena fe para la mejor comprensión inteligente y, por qué no, también para la mejor querencia del corazón venezolano. Porque la cátedra libre «Venezuela», que tendrá carácter de ininterrumpida permanencia, será un laboratorio objetivo del quehacer, del hacer y del deshacer de nuestra tierra. Toda la vicisitud hermosa, desgarrada y contradictoria de la patria y que uno de nuestros escritores resumía con aquella frase, de que «lo que ocurre en Venezuela es que ella es la víctima de la lucha entre la gasolina y el malojo». Más o menos lo que historiaba Andrés Eloy Blanco cuando decía «que desde hace cien años los hijos de Venezuela no se han muerto sino de dos enfermedades fundamentales: del estómago y del corazón, es decir de hambre y de susto». Esta cátedra libre «Venezuela» es la idea inicial de nuestro rector, el Dr. Rafael José Neri, quien me ha encargado presente su disculpa ante ustedes por hallarse imposibilitado para acompañarnos esta noche acá. La Dirección de Cultura, al hacer realidad esta cátedra, satisface no solo una proposición rectoral sino que también trata de contribuir a levantar la deuda que nuestras universidades, que nuestro ser cultural todo, tiene contraída con la nación venezolana. Porque somos dados a penetrar el ser nacional al través de la vigilia de la garita agresiva de cada uno, tratando de descubrir en la vida del país el rasgo que se adecúa a nuestro mejor logro personal o que más favorablemente se presta para el manejo del escalpelo implacable de la negación fatalista. La Universidad Central tenía que ofrecerle a su juventud y a la del país y a los venezolanos todos que integran su pueblo, tenía que ofrecerles, digo, esta asamblea crítica, sostenida, de análisis serio, científico, de nuestra verdadera realidad; de escudriñamiento del destino venezolano por la vía del estudio y por la vía del trabajo. Tarea tan delicada debe y deberá confiarse a mentes entendidas y a manos responsables. Dentro de imperativo de tal nivel de exigencia, está la elección del Dr. Germán Carrera Damas para que sea él el profesor que inaugure la cátedra libre «Venezuela». Su trayectoria de universitario y de historiador, su obra académica y su obra escrita, la enjundia y la penetración bien documentada de sus trabajos históricos, su altura y la inteligente calidad de sus planteamientos, no ceñidos ni cernidos por estereotipos de secta, son algunas de sus credenciales intelectuales. Si el ser profesor de la cátedra libre «Venezuela» es un alto honor universitario y venezolano, también la cátedra se honra al contar para su nacimiento con la colaboración, desde luego que desinteresada, de un compatriota y compañero eximio como el Dr. Germán Carrera Damas. *Una nación llamada Venezuela* ha titulado el profesor Carrera Damas su ciclo de deposiciones históricas, el cual se inicia hoy cuando, a manera de charla-conferencia introductoria, desarrolla el tema acerca de la proposición de una perspectiva integral del proceso histórico venezolano con consideraciones de método y de criterio.

Al agradecer al profesor Carrera Damas su colaboración tan espléndida como valiosa y al expresar a toda la audiencia mi reconocimiento sincero por vuestra presencia acá, quiero concluir significando el anhelo de que esta cátedra, hoy libre, sea en un futuro cátedra obligatoria para todo estudiante universitario que curse en universidad venezolana. Y termino reiterando lo que al comienzo traté de describir. Traté de decir que entre las más hermosas, limpias razones para sentirme orgulloso de mi paso por la Dirección de Cultura de la Universidad estará siempre el hecho de la creación de esta cátedra libre «Venezuela». Y digo, además, que cuando, despojado ya de esta condición directiva cultural universitaria, vuelva a ser profesor de la Universidad, un universitario más, será una de mis mayores satisfacciones la de solicitar inscripción como alumno de esta cátedra libre y sentarme acá a disfrutar universitaria y venezolanamente de la emoción de oír, ver y aprender lo que aquí habrá que oír, que ver y que aprender del alma eterna de la patria. Señoras y señores, queda inaugurada la cátedra libre «Venezuela».

Elio Gómez Grillo

Charla-conferencia introductoria

Proposición de una perspectiva integral del proceso socio-histórico venezolano: consideraciones de método y de criterio

AGRADEZCO MUY SINCERAMENTE las palabras del ciudadano director de Cultura. Espero que las mías no queden muy por debajo de las expectativas que él ha sabido despertar en ustedes. Agradezco a la Dirección de Cultura el haberme designado para inaugurar la cátedra «Venezuela». Estimo que esta es una circunstancia honrosa y obligante.

Es una circunstancia honrosa por dos razones fundamentales: marca el inicio, como acaba de decirlo el doctor Gómez Grillo, de un esfuerzo sistemático que ha resuelto realizar la Dirección de Cultura, con el objeto de propiciar la exposición y confrontación de los conocimientos formados acerca de nuestra nacionalidad. Destacados investigadores tendrán a su cargo el desarrollo de los diversos aspectos de ese conocimiento. Considero que es una circunstancia honrosa, también, porque marca el inicio de la realización de una idea concebida y alentada por el ciudadano rector, quien así da nueva demostración de una inquietud venezolanista que lo ha caracterizado por siempre.

Es una circunstancia que califico de obligante también por dos razones. La primera tiene que ver con el alcance que se ha señalado a la labor que debo realizar. Esa labor consiste en ofrecerles una presentación socio-histórica prospectiva de Venezuela, en el lapso comprendido entre 1810 y nuestros días[5], que sirva de

---

5 14 de febrero de 1974.

marco general para los desarrollos sectoriales a que me he referido y que estimule el interés de ustedes y los induzca a participar activamente en una empresa de comprensión de nuestra nacionalidad, vista como objeto de conocimiento, como objeto de reflexión y como objeto de pasión. La segunda razón que hace obligante esta circunstancia se refiere a mi calificación para realizar la tarea que se me ha señalado. Al respecto solo puedo decir que otros tienen tantos o más títulos que los que puedan juntarse en mis dieciséis años de cátedra y en alguna obra publicada. Quizás la única justificación válida sea la de mostrarme consecuente con la determinación, tomada hace ya muchos años, de no eludir jamás un compromiso universitario.

¿Cómo encaro el cumplimiento de este compromiso, honroso y obligante? Lo hago sin sustraer mi ánimo ni mi intelecto a ninguno de los tres modos de acercamiento a Venezuela de que he hablado. Venezuela es para mí objeto de conocimiento, es objeto de reflexión y es objeto de pasión. A ustedes les corresponderá hacer críticamente los deslindes que estimen necesarios. Sobre esta base intentaré hacer una presentación del proceso socio-histórico venezolano que responda a tres criterios:

En primer lugar, ha de ser una presentación analítica. En consecuencia, estará animada de una aspiración de inteligibilidad creciente, y para ello será forzoso centrarme en la captación de las líneas fundamentales del proceso socio-histórico. Ineludiblemente, los componentes descriptivos y narrativos no ocuparán, en ningún momento, el primer plano. Manejaré datos y haré referencias históricas completas, pero solo como apoyo de generalizaciones cuya fundamentación, lamentablemente, no podré ofrecer en detalle.

En segundo lugar, ha de ser una presentación integral, cual corresponde a mi concepción de la historia como ciencia social integral. Esto significa que intentaré mantenerme dentro de una visión unitaria del proceso socio-histórico, lo que me llevará a manejar conocimientos que algunas personas podrían juzgar extraños al ámbito de «lo histórico propiamente dicho» y que los especialistas tratarán con más propiedad al particularizarlos. Mi objetivo será integrarlos en una visión unitaria del hecho social. Pero ha de ser una visión integral, también, en el sentido de que ha de corresponderse con el alto nivel de contemporaneidad que constituye una de las características del proceso socio-histórico de Venezuela, como explicaré más adelante.

Por último, ha de ser una visión integral también en el sentido de situar el conocimiento de lo venezolano en contextos de reflexión más amplios, que permitan una ajustada percepción de lo específico de nuestra nacionalidad.

Pero ha de ser, igualmente, una visión sintética del proceso socio-histórico venezolano, y esto tanto por el deseo de centrar la atención en las grandes líneas definitorias de ese proceso, como por las limitaciones derivadas del corto tiempo de que dispondré. Consecuentemente, me veré obligado a formular, casi como si fueran postulados, cuestiones que exigirían desarrollo considerable. Como mal podría prevalerme de un criterio de autoridad que rechazo por anticientífico, espero que las discusiones compensen en parte esta ineludible deficiencia.

Planteado de esta manera, el objetivo de estas charlas-conferencias constituye un reto acerca de cuyas dificultades no cabe engaño; reto del cual puedo decir que está muy lejos de ser un ejercicio académico o una tarea de investigación cuyo fin se realice en sí mismo. No sería exagerado afirmar que este objetivo se corresponde con el problema fundamental que tienen planteado las ciencias sociales, tanto respecto de la América Latina como respecto de cada una de las sociedades que la integran.

Así, en las casi tres décadas transcurridas desde la Segunda Guerra Mundial, se han acentuado los esfuerzos por producir una «teoría de América Latina» que responda a estas exigencias básicas:

En primer lugar, debe recoger los cambios socio-históricos ocurridos desde el momento cuando se produjo la primera teoría orgánica de las sociedades latinoamericanas. Me refiero a la teoría formulada en la coyuntura de los siglos xviii y xix, como ideologización de la crisis de las sociedades implantadas coloniales latinoamericanas, es decir, la llamada «ideología de la emancipación».

En segundo lugar, la nueva teoría de América Latina debe superar los localismos en los cuales naufragaron los intentos, realizados a lo largo del siglo xix, de explicar el proceso socio-histórico de esas sociedades. En contrapartida, la teoría procurada deberá escapar, también, de la fácil y mecánica adopción de fórmulas teóricas generadas en función de realidades socio-históricas no americanas.

En tercer lugar, la nueva teoría de la América Latina deberá consistir en una interpretación de su proceso socio-histórico que la sitúe, sin pérdida de su especificidad, en contextos más inclusivos, cuyo condicionamiento es también factor de esa especificidad.

Por último, la nueva teoría de la América Latina debe permitir la fundamentación de modos de conducta política que ayuden a las sociedades latinoamericanas a promoverse a nuevos y más altos niveles de desarrollo, lo que se corresponderá, esencialmente, con el objetivo de la teoría formulada en la coyuntura de los siglos xviii y xix. En otras palabras, ha de ser una teoría para la acción transformadora.

Pretendo que la formulación de esta suerte de «teoría integral de la América Latina» se plantea como necesidad histórica, en términos equivalentes, en cada una de las sociedades que la integran; y por consiguiente también en la sociedad venezolana.

Pretendo, igualmente, que la formulación de esa suerte de «teoría integral de la América Latina» y, por lo dicho, de cada una de las sociedades que la integran, ha de basarse en una perspectiva histórico-científica del proceso socio-histórico, lo que representa un tremendo reto para historiadores y científicos sociales en general.

En el caso del proceso socio-histórico de Venezuela, ese reto se plantea en términos de la insuficiencia de los materiales o insumos científicos hoy disponibles. Se plantea, también, en términos de las dificultades operativas suscitadas por los marcos conceptuales habitualmente manejados.

En cuanto a los materiales o insumos científicos, séame permitido recordar unas palabras que pronuncié en esta sala, también bajo los auspicios de la Dirección de Cultura, el 17 de octubre de 1966. Debía entonces ofrecer, como charla, una «visión histórica de Venezuela». Luego de mucho reflexionar me sentí obligado a comenzar con estas palabras:

> Creo que nunca antes me había visto en trance comparable. Ofrecer una visión histórica de Venezuela es todavía más difícil que formársela: a los «trabajos de la concepción» se añaden los de la expresión, necesariamente limitada y forzosamente selectiva en cuanto a los aspectos por destacar.
> Es más, y ello sea dicho con el debido respeto y la ponderada admiración de que son merecedores quienes han cultivado la Historia en Venezuela, dudamos de que tal visión histórica de Venezuela, en cuanto deba tener de sintética y de significativa, pueda hacerse apropiadamente en el estado actual de los estudios históricos venezolanos y venezolanistas.
> Decir que conocemos mal nuestro país, desde el punto de vista histórico, no es otra cosa que reconocer la existencia, en este terreno, de una situación comparable a la que impera en otros campos del conocimiento referidos a Venezuela. Circunstancia esta que se consigna sólo con el fin de establecer, objetivamente, el punto de partida del somero esquema que habré de esbozar...
> El hecho de que conozcamos mal a Venezuela puede explicarse históricamente, aun a riesgo de caer en generalizaciones un tanto aventuradas. Globalmente, diría que conocemos mal a Venezuela porque durante casi un siglo, el XIX, la conciencia histórica del venezolano repudió el pasado colonial, al mismo tiempo que refugió su inconformidad con su propia realidad en un cantar loas al *deber ser*; es decir, a un porvenir siempre pospuesto al que, sin embargo, se le suponía grande y promisorio, porque la gloria derrochada por los venezolanos en su lucha por la independencia

les daba derecho a él. Sí, es cierto que se trata de una construcción ideológica que pueda parecer un tanto retorcida y hasta oscura; más todavía cuando no podemos desarrollarla debidamente en esta breve charla. Pero no es menos cierto que, salvo dos o tres notables empresas de conocimiento, los venezolanos del siglo pasado parecían ocuparse más de lo que a Venezuela faltaba, o de lo que Venezuela debía ser, que de lo que Venezuela era. Mientras tanto, aprendíamos de Venezuela a través de la visión que de ella proporcionaban algunos observadores extranjeros, para quienes el presente venezolano, en diversos momentos, fue merecedor de estudios: nuestro presente político, nuestra flora, nuestra fauna, nuestra geografía, etc., nos eran revelados. Aprendíamos nuestro ser en libro extranjero. La que habría podido llegar a ser una fecunda tradición de autoestudio, iniciada por la *Guía de forasteros* de Andrés Bello, resurge en la *Historia* de Rafael María Baralt y en la *Geografía* de Agustín Codazzi; pero, pese al mérito de estas obras extraordinarias, es un hecho que todavía a fines de siglo estuvo Francisco Michelena y Rojas redescubriendo la naturaleza venezolana, tras la huella del barón de Humboldt. Sin darles a las palabras una desmesurada significación, bien podríamos decir que mal puede conocerse históricamente un país cuya geografía permanece en gran parte ignorada. Y tal es el caso de Venezuela, cuyo conocimiento geográfico es todavía parcial y fragmentario, en grado considerable.

Mas el historiador advierte que el nivel de conocimiento de sí, requerido por un pueblo, es función de sus necesidades, de las tareas históricas que enfrenta, de su desarrollo. La necesidad de transformar a Venezuela nos ha impuesto la obligación de conocerla; y el desarrollo de este conocimiento es función del fraguado de las estructuras nacionales. Mientras más definidas sean éstas, más acabado será el conocimiento de la realidad exigido por su propio funcionamiento[6].

---

6 Véase: Germán Carrera Damas, «Visión histórica de Venezuela». *Temas de historia social y de las ideas* (Colección Temas). Ediciones de la Biblioteca de la Universidad Central de Venezuela, Caracas, 1969, pp. 23-24.

Esto dije en octubre de 1966. No podría decir ahora que esa situación ha cambiado radicalmente. Esto no significa subestimación de los considerables aportes realizados desde entonces por historiadores y científicos sociales. Me atrevería a decir que los más lúcidos de estos reconocerían hoy que no contamos con los conocimientos necesarios para formular un diagnóstico científicamente sólido de nuestra sociedad.

No hay, sin embargo, contradicción entre este aserto y el intento en que ahora me hallo. Esto por dos razones:

En primer lugar, por el carácter instrumental, transitorio, del esquema interpretativo que presentaré. Es un esquema destinado a estimular la investigación y, por lo mismo, a tener una vida corta. Quienes trabajamos en él estamos preparados para sentirnos más complacidos cuanto más corta sea esa vida, porque ello significaría que el nivel del conocimiento histórico se habría elevado con más prontitud de lo que esperábamos.

Me atrevo a intentar este esquema motivado, fundamentalmente, por el aporte realizado por el equipo que en el Cendes estudia, desde hace ya cerca de dos años y medio, «El proceso socio-histórico de América Latina». Un equipo, cuya coordinación ejerzo, formado por excelentes investigadores en las áreas de la Sociología, la Historia y la Economía. Me refiero a los profesores Ruth Hurtado, Josefina de Hernández, Alfredo Caraballo, Manuel Beroes, Yoston Ferrigni y María Elena González de Rodríguez; y a los auxiliares de investigación Lourdes Fierro de Suels y Gastón Carvallo. En el seno de ese equipo ha sido forjado el instrumental básico que manejaré a lo largo de este ciclo de charlas. Ha sido forjado tan en el seno de un equipo que es absolutamente imposible determinar cuánto de ese producto pertenece o corresponde a alguno de sus miembros. Con esto no quiero, de ninguna manera, eludir responsabilidades críticas, sino única y exclusivamente rendir un tributo público de reconocimiento a quienes han trabajado con tanta dedicación y con resultados que tanto estimo.

Esto en cuanto a los problemas planteados por los conocimientos o insumos científicos disponibles actualmente. El segundo orden de dificultades se refiere a los problemas operativos suscitados por los marcos conceptuales. Mas, al referirme a estos debo, forzosamente, limitarme casi a enunciarlos, porque de otra manera tendría que extenderme demasiado. Me refiero a los siguientes marcos conceptuales, que constituyen obstáculos ciertos y difíciles de vencer para el adelanto del conocimiento científico en Historia:

En primer lugar, el concepto de *historia patria,* inculcado en todos nosotros desde la escuela primaria. Este concepto grava poderosamente la elaboración de las fuentes disponibles y aún mantiene en un nivel de subdesarrollo científico gran parte de la historiografía venezolana, hasta el punto de que en muchas ocasiones no es realmente utilizable ni siquiera como fuente secundaria, por cuanto este enfoque tan caduco, tan poco científico, llega a inutilizar esas obras incluso para ese fin.

En segundo lugar, el marco conceptual constituido por el hispanismo, en sus diversas versiones, desde la rememorativa y nostálgica hasta la falangista. Esta tendencia milita agresivamente contra la determinación de nuestra especificidad socio-histórica y no hay, en nuestra convicción, ninguna posibilidad de formular una teoría válida para nuestras sociedades que no deba basarse en una cuidadosa y exacta determinación de nuestro grado de especificidad socio-histórica.

En tercer lugar, mencionaré la adopción mecánica –a veces a manera de moda– de marcos conceptuales que han sido producidos en función de otras realidades socio-históricas. No necesariamente porque esos marcos resulten inconvenientes o erróneos, sino sobre todo porque la adopción mecánica de ellos actúa como un disuasivo para la investigación creadora. Es en verdad una situación penosa, lamentable, ver cómo jóvenes investigadores se automutilan en su posibilidad de una aproximación creadora a la realidad, al partir de la adopción de marcos teóricos que a la postre podrían resultar convalidados, justamente, por una investigación creadora de la realidad.

En último lugar, señalo la necesidad de abandonar el localismo, que lleva a confundir la formulación de categorías, como instancia imprescindible del conocimiento, con el empleo de una terminología que, si no fuera porque corre el riesgo de disgustar a alguien, calificaría de folklórica; terminología de difícil o imposible comprensión científica. Aquí naufragan muy serios y muy valiosos intentos de producir conocimiento histórico.

Me referiré, para culminar, a algo que constituye, más que un marco, una actitud conciliable con todo lo que llevo dicho, y que a mi juicio revela la falta de autenticidad de buena parte de nuestra cultura, de buena parte de nuestra ciencia. Se trata del temor que frena las posibilidades creadoras: el temor a la definición de categorías que expresen la especificidad de nuestro proceso socio-histórico. Si no podemos apoyarnos en una cita de autoridad —y en esto hemos vuelto a una suerte de Edad Media— no nos atrevemos a dar un paso. Y si la realidad no cuadra con la cita de autoridad, es la realidad la que padece las consecuencias de ese desajuste.

* * *

En este ciclo de charlas-conferencias me propongo presentar una visión del proceso socio-histórico de Venezuela que se funda en criterios definidos por el equipo al cual he hecho referencia originalmente para América Latina, pero adoptaré una perspectiva mundial, mediante una aproximación metodológica que pretende operar simultáneamente, y en forma absolutamente inseparable, en los dos planos de nuestro curso histórico: el de la totalidad y el de la especificidad. Muy sucintamente expuestos, esos criterios son los siguientes:

En primer lugar, el proceso socio-histórico de las sociedades latinoamericanas se inscribe en un contexto de modernidad, con las siguientes implicaciones:

> Los fenómenos socioeconómicos que caracterizan la Edad Moderna muestran una tendencia creciente a la universalización, y esto tanto en el sentido de ampliación del *Oecumene* o universo conocido, como en el sentido de la generalización de patrones culturales por vía de influencia, imitación, incorporación o imposición, suplantando los patrones precedentes, mediatizándolos o simplemente superponiéndose y por lo mismo coexistiendo con ellos[7].

«El proceso de implantación de las sociedades que integran América Latina marcha con ritmo desigual en función, sobre todo, de la base indígena y de la cristalización de las formas socioeconómicas»[8] que habrán de fundamentar la especificidad de estas sociedades. De esta manera se generan diversos grados de apertura hacia el influjo de la modernidad y, a nuestro juicio y como consecuencia de lo dicho, no cabe hablar de sociedad latinoamericana sino de sociedades latinoamericanas.

Quizá sea la consecuencia más importante de la valoración de esta modernidad el hecho de que:

> ... el esfuerzo de incorporación a la modernidad correspondiente a la expansión europea, resultante de la propia dinámica de la sociedad implantada en América Latina, en estrecha interacción con la dinámica propia de la expansión europea, configura la que denominaríamos crisis de la sociedad colonial; crisis que tuvo carácter integral y que se desenvolvió holgadamente durante la primera mitad del siglo XIX[9].

---

7   Véase: Germán Carrera Damas, *La dimensión histórica en el presente de América Latina y Venezuela* (Serie Varia, vol. X). Escuela de Historia de la UCV, Caracas, 1972, pp. 14-15.
8   Ibídem, p. 14.
9   Ibídem, pp. 14-15.

Cuando hablé de una perspectiva integral que uniera los planos más generales y los singulares o específicos, me refería un poco a lo que quiero decir con las siguientes palabras: cuando se ubica la crisis de la sociedad implantada colonial en esta perspectiva, hay una serie de conceptos y de términos, manejados tradicionalmente, que pierden todo asidero, que dejan de tener significación. Ya no es cuestión de indagar si la independencia fue una guerra civil o si fue una guerra internacional; indagar si quienes luchaban por la independencia eran los patriotas y si los que luchaban por defender el nexo colonial no eran patriotas. El enfoque de la crisis de la sociedad monárquica colonial como resultado de un proceso estructural que se desarrollaba, al mismo tiempo, a nivel mundial, a nivel latinoamericano y a nivel local en el seno de cada sociedad sitúa este hecho en una perspectiva de análisis que se desentiende de los criterios de la *historia patria*.

El segundo criterio fundamental que manejaré podría resultar, quizás, un poco confuso, y creo que con razón. El proceso socio-histórico de las sociedades implantadas latinoamericanas se da en el corto período histórico –en sentido cronológico–. Medio milenio en la perspectiva de la historia universal puede ser estimado un corto período, reservando la denominación de breve período, posiblemente, para el siglo. Con frecuencia, personas que no tienen bien desarrollado el sentido del *tiempo histórico* encuentran dificultad en situarse en este plano de análisis. Hablar de corto período, referido al medio milenio, puede parecer un exceso; pero hay que situar ese lapso en una perspectiva de largo período que abarca más de seis milenios historiados. El hecho de que toda la historia de América Latina se ubique en el corto período, en sentido cronológico, obliga a los latinoamericanos que estudiamos nuestra sociedad a emplear un enfoque múltiple del *tiempo histórico* referido a América Latina, por lo que se hace necesario concatenar la noción de corto período aplicable a la sociedad moderna europea –cinco siglos– con la noción del largo período americano aplicable a la base indígena –del orden del milenio– y con una concepción del largo período, a su vez, referido a las sociedades implantadas latinoamericanas. Pero no sobre la base de una percepción cronológica, porque si nos atuviéramos a la cronología no podríamos hablar de largo período para las sociedades implantadas latinoamericanas. En este caso el concepto de largo período tendría que referirse no ya a lo cronológico sino al *tiempo histórico* necesario para la gestación y desarrollo de las formas socio-históricas estudiadas. Por ejemplo, he dicho que la formación de la hacienda se inscribe en un largo período, pero ese largo período en realidad va poco más allá de tres siglos. Sería, por consiguiente, incurrir en una contradicción hablar de largo período en una historia de América que toda ella se inscribe en el corto período. En este caso, cuando hablo de largo período lo que quiero decir es el *tiempo histórico* necesario para que una formación socio-histórica nazca, se desarrolle, madure y adquiera caracteres perdurables.

Es obvia la importancia que estas consideraciones adquieren al intentar detectarse los rasgos de especificidad en las formaciones socio-históricas latinoamericanas. Cuando se establece alguna relación de comparación entre las formas socio-históricas latinoamericanas y las europeas, por ejemplo, se cae en el grave error de poner en un mismo nivel de apreciación formas cuya gestación y maduración se inscriben en el orden del milenio con formas cuya gestación y desarrollo se inscriben en el orden de los dos o tres siglos. No sé cómo decirles que no se trata de meticulosidad cronológica, que en esto la puede haber. Creo que podré demostrarlo a lo largo de estas charlas-conferencias.

En tercer lugar, cito un criterio fundamental: el proceso socio-histórico de las sociedades latinoamericanas revela un alto nivel de contemporaneidad. Es clara la relación que esta formulación guarda con la anterior. Las sociedades latinoamericanas pueden ser vistas como formaciones en las cuales coexisten, combinándose en una dinámica intrincada, todos los estadios de su proceso socio-histórico; y esto no como signo marginal, sino como dimensión esencial del presente histórico. Valga un ejemplo: la primera forma socio-histórica perceptible en el proceso histórico de Venezuela es la esclavitud de los indios. Esta forma socio-histórica ha perdurado a lo largo de siglos; y subsiste en Venezuela la esclavitud de los indios. El hecho de que los reyes de España abolieran esa esclavitud tres o cuatro décadas después del Descubrimiento no ha significado que la forma socio-histórica como tal haya desaparecido. Hoy la sociedad venezolana, que en ciertos aspectos puede situarse en un plano equiparable al de sociedades desarrolladas, sigue teniendo como parte de su presente histórico la primera de sus expresiones, es decir, la esclavitud de los indios, vigente en sus secuelas, tales como la ciudadanía disminuida.

Esto impone la necesidad de que cualquier conocimiento sobre el proceso socio-histórico de estas sociedades, y concretamente de la venezolana, sea «reflexionado» sobre la totalidad de su curso histórico. Solo puedo añadir que nuestro sistema educativo conspira de una manera franca y sistemática contra esto cuando establece divisiones tajantes entre historia colonial, de la independencia y de la república. Me atrevo a sostener que no es posible alcanzar un nivel de inteligibilidad científica aceptable sobre ningún aspecto de la vida histórica de Venezuela sin ubicar ese aspecto en un contexto de reflexión que abarque la totalidad de su curso histórico.

Por último, diré que el proceso socio-histórico de las sociedades latinoamericanas puede ser concebido como un proceso de implantación de sociedades, lo que me obliga a un cierto desarrollo marginal. El concepto de implantación es algo que venimos manejando desde hace algunos años. Lo hemos venido estudiando para todas las sociedades latinoamericanas y para Latinoamérica en su conjunto. Me atrevería a formularlo en estos términos, a sabiendas de que quedarán muchas cosas por aclarar: cabe entender por proceso de implantación, que es la génesis de la sociedad venezolana, el modelo que expresa la conformación de las sociedades latinoamericanas en una perspectiva socio-histórica integral. Constituye el nivel máximo de totalidad para el estudio de esas sociedades. Se le entiende como un proceso abierto, cuyo inicio se da con los primeros contactos entre la base indígena y la base europea, en la medida en que estos contactos generaban relaciones que tendían a volverse permanentes.

De esta manera, el *proceso de implantación* es básicamente el resultado del correlacionamiento entre la base europea y la base indígena, en función de la ocupación del territorio. Este correlacionamiento se expresa en un proceso de estructuración social y en su correspondiente estructura económica.

El carácter abierto del proceso de implantación implica la inserción en el mismo de nuevos factores, generados tanto en función de la base europea como de la base indígena. En el caso de la base europea cabe mencionar, de manera fundamental, la inmigración forzada de africanos, especialmente durante los siglos XVIII y XIX; así como la inmigración europea de los siglos XIX y XX, con sus respectivos contenidos culturales y tecnológicos. En el caso de la base indígena, cabría señalar la evolución de su comportamiento como factor histórico que representa el largo período cronológico en el proceso socio-histórico de América Latina.

El proceso de implantación de las sociedades latinoamericanas adquiere desde muy temprano un carácter endógeno, que tiende a ser predominante hacia mediados del proceso y a declinar a medida que se acerca al presente. Tres son las modalidades básicas del proceso de implantación:

Hablo de sociedad implantada tipo o simple, para referirme a aquellas donde la base indígena no constituyó estructuras complejas que pudieran sobrevivir al impacto de los primeros contactos, pero sociedades en las cuales la base indígena desempeñó un papel importantísimo en la constitución de las mismas en su primera fase. Allí se ubican sociedades como las de Costa Firme, es decir, Venezuela, las sociedades antillanas y las de la región oriental del Río de la Plata.

La segunda modalidad es la sociedad implantada simbiótica, es decir, la que se da en áreas donde existía una base indígena con un alto nivel de estructuración socio-económica, e incluso un alto nivel de organización del territorio, que sobrevivió al primer contacto y que ha permanecido condicionando el desarrollo de esas sociedades hasta el presente. Me refiero a las sociedades del altiplano mesoamericano y del altiplano andino.

Por último, las llamadas sociedades implantadas variantes. La misma denominación muestra que es un concepto que no está claramente definido. Se trata de aquellas sociedades donde, por el comportamiento mismo del proceso de implantación a escala de la región, o a la de todo el continente, se dieron formas peculiares que no pueden ser ubicadas entre las sociedades tipo ni entre las sociedades simbióticas. Me refiero a sociedades como las constituidas en Panamá, en Paraguay y en buena parte en Guatemala.

Conviene hacer todavía algunas precisiones sobre el concepto de implantación, por cuanto rige todo el esquema:

> … la noción de implantación debe ser vista como una noción dinámica que se relaciona con la ocupación inicial del territorio, y esto último apreciado como un hecho de geografía humana, es decir, como establecimiento de una red de interacciones con el medio a través de la tecnología, el saber y la organización social. En este sentido, puede afirmarse que el significado del concepto de implantación de una sociedad está dado esencialmente por la relación hombre-medio geográfico; y es posible que a los focos primeros y primarios [de implantación, es decir, las primeras porciones del territorio donde se dio el contacto con la base indígena: en el caso de Venezuela serían el oriente, el occidente y posteriormente el valle de Caracas] pueda considerárseles ya implantados, pese a que el proceso continúa en su primera fase en las llamadas fronteras o focos

de poblamiento nuevo. Así podría decirse que la sociedad venezolana a mitad del siglo xx se halla implantada en sus focos primeros y primarios al cabo de cinco siglos, cuando aún le falta por implantarse en aproximadamente el treinta por ciento del territorio históricamente deslindado[10].

En otras palabras, en el caso de la sociedad venezolana puede hablarse de «una sociedad implantada en proceso de implantación», por cuanto más de la tercera parte del territorio figura todavía casi como tierra ignota; y los relevamientos cartográficos no alcanzan sino a setenta por ciento del territorio. Desde este punto de vista, y es una noción que conviene retener, el proceso de implantación en Venezuela aparece como uno solo e integral, que se inicia en los albores del siglo xvi y se encuentra a mediados del siglo xx todavía inconcluso. Es decir, la tarea inicial de ocupación del territorio no se ha completado. Ya diré la importancia que le atribuyo a este hecho.

De esta manera, podría concebirse a la sociedad venezolana en la actualidad, al cabo de quinientos años, como una sociedad implantada en proceso de implantación. Implantada en aquellos focos que nacieron en los siglos xvi y xvii, y en proceso de implantación en el resto del territorio.

El concepto de implantación tiene, desde este punto de vista, una gran importancia.

En primer lugar, permite establecer a la vez una diferenciación clara y máxima, y una correlación adecuada, entre las sociedades aborígenes y la que se forma a partir de los primeros contactos con la base española. Una visión hispanista de la historia de Venezuela y de la historia de América ha llevado a pensar que las sociedades aborígenes solo participaron en el proceso llamado *colonial* como un obstáculo o como una relativa ayuda para la realización de una «obra de civilización» que debía superponerse o suplantar a «la

---

10   Ibídem, p. 46.

barbarie indígena». Otra perspectiva de la historia de América, la que adopto, da una visión bastante diferente de esa, sin embargo usual. No puedo exponerla en detalle, por estar fuera de mi cometido, pero muy al contrario de la historia hispanista, pienso que es justamente la base aborigen la que determina, históricamente, no solo la implantación como posibilidad sino también las modalidades de la implantación como proceso de formación de nuevas sociedades; y que, en definitiva, la contribución de la base indígena a la formación de nuestras sociedades no solo fue fundamental en aquella primera instancia, sino que ha seguido siéndolo; y en muchas sociedades es determinante hasta el presente. De tal manera que, a nuestro juicio, no cabe formular ninguna teoría válida de América Latina que considere a la base indígena como un sustrato, como un aditamento o como una rémora. No hay teoría válida de América Latina que no parta de la aceptación de que el proceso de implantación es la conjugación de dos elementos que conservan a lo largo de estos cinco siglos su validez histórica.

Pero el concepto de implantación permite algo más, que también considero fundamental para este enfoque. Permite acercar los momentos históricos de la sociedad venezolana, interrelacionándolos. Desde este punto de vista, los primeros actos de poblamiento, la explotación del petróleo y la inmigración masiva de la década de 1950 serían etapas de un mismo proceso, el cual estaría por culminar justamente con la llamada «Conquista del Sur», de la que tanto se habla en estos tiempos. Desde este punto de vista, no hay fracturas en el proceso histórico. Este se hace más coherente y es posible apreciar la evolución de las formas socio-culturales en una perspectiva adecuada. Así, para Venezuela podrían observarse los siguientes momentos de ese proceso:

Un momento, que denominaría inicial, se detiene a mediados y fines del siglo XVIII, interrumpido por la crisis de la sociedad implantada monárquica colonial. Allí se detiene el primer esfuerzo o la primera ola de implantación, que se había puesto en marcha en los comienzos del siglo XVI. Se hicieron esfuerzos por reanudar el proceso de implantación –esfuerzos incipientes en la década de 1830 a 1840– pero sin éxito, con el desarrollo de una nueva política de misiones y de reducción de indígenas casi sobre el mismo patrón de los siglos XVI y XVII. Pero hay algo más sorprendente: hace unos pocos meses tuve ocasión de asistir a las jornadas sobre la «Conquista del sur» o «Desarrollo del sur», celebradas en el Colegio de Ingenieros. Luego de escuchar varias exposiciones sobre este proceso, que iban desde la evaluación de los recursos naturales hasta los problemas de orden antropológico, cuando se habló de la instrumentación del desarrollo del sur (prefiero decir *conquista* del sur), los factores que se pusieron a operar como posibles vías se correspondían básicamente con los mismos que estaban operando en los albores del siglo XVI, y que se intentó volver a hacer operar a mediados del siglo XIX. Me refiero al poblamiento mediante enclaves con los llamados soldados-granjeros y a las misiones, que constituyen la base de este proceso de poblamiento. Esto quiere decir que no solo existe continuidad del proceso, del fenómeno, sino que existe una increíble continuidad en las formas de realización del mismo a cinco siglos de distancia.

La segunda etapa del proceso de implantación estaría constituida por la explotación petrolera, iniciada en firme hacia 1928, con las siguientes manifestaciones: hay ocupación primera y primaria de porciones del territorio, y se establece entre estos focos y los centros del exterior una relación comparable, en varios aspectos, a la que existía entre las áreas regionales del siglo XVI y sus respectivos centros primeros y primarios de implantación. Pero hay, sobre todo, irradiación por vía de los ingresos fiscales; y se extiende y reanuda el proceso de implantación. Recuérdese que algunas de las actuales ciudades del sur de Venezuela fueron fundadas en las últimas cuatro décadas del presente siglo. Entre 1788 y el momento que estoy señalando, casi no hubo fundaciones; en todo caso, no fundaciones viables. La ocupación del territorio, que se había detenido a mediados del siglo XVIII por agotamiento de los factores dinámicos, no fue posible reanudarla, en escala significativa, durante todo el siglo XIX. Fue solo bajo el impulso de la prospección y la extracción petrolera como la implantación se reanudó. Este modo de ver la aparición del petróleo no dejará de suscitar cierta incomodidad, cierta inquietud, porque ya no se trata de verlo como un factor intruso, como algo que deforma nuestro curso histórico, sino como algo que conforma nuestro curso histórico y que le da una determinada orientación. Sin juicios de valor; pura y simplemente como observación del proceso histórico.

La tercera etapa del proceso de implantación estaría dada por la inmigración masiva de los años 1950 a 1960, que se tradujo igualmente en ocupación del territorio, incluso en ocupación primaria, como se dio el caso en Barinas y en los llanos de Apure, que estaban materialmente fuera de la implantación hasta la década de 1950, cuando gran número de centroeuropeos, italianos, portugueses, españoles, y sobre todo colombianos, incorporaron esos espacios a la sociedad implantada.

Quiero terminar señalando que la caracterización que empleo para las sociedades latinoamericanas, al hablar de sociedades implantadas, me ha llevado a definir tres fases:

La primera fase, de estructuración de los núcleos primeros y primarios de implantación, recoge el momento a partir del primer contacto entre los europeos y las sociedades aborígenes, cuando el establecimiento en el territorio comienza a hacerse viable sobre la base de la formación de una economía de subsistencia y de un cierto nivel de integración o de organización social. Es un lapso que, generalmente, en los focos de toda América tomó no más de dos a tres décadas, a lo sumo.

La segunda fase, de desarrollo, fraguado y crisis de la implantación, es el lapso durante el cual los núcleos que apenas habían ganado una existencia todavía precaria comenzaron a desarrollarse y llegaron a funcionar como sociedades. Esto, incidentalmente, me permite señalar algo que valdrá la pena retener para el resto del análisis: hasta ahora, cuando he hablado de la sociedad venezolana he dicho que esta se inserta en el corto período histórico, y he dicho que este corto período abarca cinco siglos. En realidad esto no es exacto. Para el caso venezolano no parece posible hablar con propiedad de la existencia de una sociedad sino a mediados del siglo xviii. Quizá no sea posible hablar de la sociedad venezolana como un ente constituido, fraguado, diferenciado socialmente, con una estructura económica relativamente compleja, cierto grado de división social de trabajo y de integración territorial, funcional, sino a mediados del siglo xviii, lo que significaría que cuando intento estudiar esta sociedad estoy estudiando una criatura que apenas tiene más de dos siglos de existencia, lo que en términos históricos no puede ser considerado ni siquiera primera infancia. Es casi un período de gestación.

La tercera fase es la que llamo «de articulación plena con el sistema capitalista mundial» o, según otra terminología, de desarrollo dependiente de la implantación. En esta fase se recoge el momento cuando aquellas sociedades que se venían desarrollando, y que entraron en crisis al final de la segunda fase, rompen el nexo colonial y entran en un proceso que las lleva a establecer con el sistema capitalista mundial una articulación creciente, la cual llega a ser *conformante* hasta el punto de que la que había sido dinámica endógena de la fase dos se convierte en una dinámica dependiente. Es decir, las sociedades latinoamericanas entran a funcionar socio-históricamente no bajo el influjo de factores dinámicos generados en ellas mismas, sino bajo el influjo de factores dinámicos generados exteriormente a ellas y actuantes por vía de la articulación plena.

Si hablara de cronología, muy tentativamente, porque esto varía para cada sociedad, diría que la primera fase abarcaría dos o tres décadas; la segunda se prolongaría hasta aproximadamente 1870, y la tercera se iniciaría aproximadamente hacia fines de siglo y más tardíamente en otras sociedades. En el caso de Venezuela, la iniciación fue tardía, ya muy entrado el siglo XX, quizás en la década de 1930. Por consiguiente, este ciclo de charlas-conferencias abarcará un lapso histórico que recogerá la parte final de la fase dos, es decir, la crisis de la sociedad implantada colonial, y el conjunto de la fase tres, o sea la que cabría denominar el *desarrollo dependiente o conformante de la implantación*.

Primera charla-conferencia

La crisis de la sociedad implantada monárquica colonial: el agotamiento de los factores dinámicos de la implantación y la ruptura del nexo colonial (1800-1830)

DEBO COMENZAR DICIENDO QUE AUN A RIESGO de detenerme un poco en apreciaciones conceptuales que podrían parecer un tanto teóricas, y hasta «profesionales», es necesario hacer algunas puntualizaciones sobre la historiografía venezolana y otras de carácter metodológico, referidas justamente a la crisis de la sociedad implantada monárquica colonial venezolana. Creo que esto es necesario por cuanto toda nuestra visión de la existencia republicana de Venezuela está condicionada por la visión de este momento. No intento hacer planteamientos expresamente polémicos respecto de otras concepciones historiográficas. Esto lo he hecho en su hora y lugar[11], pero necesariamente algunas de las apreciaciones que formularé contendrán cierta carga crítica respecto de puntos de vista de historiadores y de corrientes historiográficas.

Esta charla-conferencia constará de ocho breves partes. Las tres primeras estarán dedicadas a esas apreciaciones de carácter conceptual, en lo metodológico y lo historiográfico, y las restantes estarán dedicadas a presentar las etapas de la crisis de la sociedad implantada monárquica colonial venezolana.

La primera parte trata de la importancia de la perspectiva historiográfica. Esa importancia está dada por el hecho de que ella es, a la vez, producto y factor del conocimiento histórico. Es

---

11 Esta charla-conferencia se basa en mi obra *La crisis de la sociedad colonial venezolana* (Cuadernos de Difusión N.º 5). 2.ª edición. Monte Ávila Editores, Caracas, 1983.

decir, cabe afirmar que la perspectiva historiográfica es la vía por donde penetra en la labor del historiador —por muy alerta que esté— el influjo condicionante del marco ideológico en el cual se desenvuelve como hombre y como científico. Por esa vía se puede llegar no solo a una modelación intencionada del *pasado histórico*, sino incluso a una auténtica manipulación de ese pasado con fines diversos. No me detendré a comentar este aspecto; me limitaré a presentar las modalidades del mismo que advierto. Es decir, las perspectivas historiográficas tradicionales, referidas a la crisis de la sociedad colonial; las perspectivas recientes y las que a mi juicio corresponden a este ciclo de charlas-conferencias.

En cuanto a las perspectivas historiográficas tradicionales, corresponden en su origen a la necesidad de ideologizar la lucha librada para romper el nexo colonial. Constituyen —en lo que se refiere a Venezuela— parte de la teoría de América Latina de la cual hablé en la charla-conferencia introductoria; teoría esencialmente vinculada con la práctica política en todas sus manifestaciones. Corre en los documentos políticos y de Estado, y adquiere sistematicidad en la historiografía de la emancipación, que se cultivó en Venezuela durante casi todo el siglo XIX. Historiografía partidaria, militante, intolerante, más preocupada por echar las bases del nuevo edificio socio-político, la *República*, que de formar conocimiento histórico.

No puedo hacer el inventario de estas perspectivas historiográficas tradicionales; ni siquiera exhibir sus modalidades ni seguir su evolución. Baste decir que ellas constituyen el núcleo originario del complejo ideológico que se denomina *historia patria* y que se condensa en un conjunto de cuestiones como las siguientes: ¿fue la Independencia una guerra civil o una guerra internacional? ¿Fue o no una revolución? ¿Fue o no obra de una élite ilustrada y filantrópica, mal comprendida o temida por el bajo pueblo?, etc. En suma, un conjunto de cuestiones que todavía mantienen en un callejón esterilizante gran parte de la investigación histórica; un conjunto de cuestiones sobre las cuales tanto se ha debatido y que en cierta forma sirven de base todavía a los programas escolares.

Según la posición adoptada ante estas cuestiones se pondrán en primer plano tales o cuales factores determinantes: ideológicos, políticos, sociales, socio-económicos, estructurales, coyunturales, etc.; pero, y esto es lo que realmente creo importante destacar, situándose todas estas concepciones dentro de la misma perspectiva global: unos complacidamente –pienso en los académicos–; otros –pienso en el caso de los llamados rebeldes– inadvertidamente; es decir, no percatándose del condicionamiento limitador de la investigación científica en Historia que esto implica. Desde el momento en que acepto esa temática como área de trabajo estoy, quiéralo o no, participando de una determinada perspectiva historiográfica y en el fondo pagándole tributo. De esta manera las perspectivas historiográficas tradicionales cumplen una función ideológica también en la actualidad, como parte substancial de la trampa jaula ideológica montada por las clases dominantes, gracias a la formulación del *proyecto nacional,* cosa que estudiaremos en la próxima charla-conferencia.

En cuanto a las perspectivas historiográficas recientes, diría que también forman una gama amplia. Algunas son propiamente remodelaciones de las perspectivas historiográficas tradicionales. Otras representan esfuerzos significativos para lograr una visión estructural del proceso histórico. Otras, por último, procuran la mayor inteligibilidad de los fenómenos estudiados, ubicándolos en contextos más inclusivos. Sobre todas estas perspectivas pesa, gravándolas considerablemente, el hecho de que en gran parte se nutren del conocimiento histórico generado por las perspectivas historiográficas tradicionales, aunque a veces sometiendo este conocimiento a revalidación crítica, según metodologías no siempre claras ni definidas. Este es el punto más débil de esa revalidación. No puede utilizarse un conocimiento producido en función de un determinado aparato metodológico y criteriológico para trasplantarlo a otro contexto interpretativo sin correr el riesgo de que junto con el supuesto conocimiento se vaya algo de la perspectiva en la cual fue generado.

Entre las perspectivas historiográficas recientes que son remodelaciones de las tradicionales, es posible mostrar algunas, simplemente como punto de referencia. Citaré como ejemplos las siguientes:

La que fue esbozada por Mario Briceño Iragorry, como inicio de una crítica de la función histórica de las clases dominantes venezolanas, sobre todo en su obra *Casa León y su tiempo,* referida específicamente al período que vamos a estudiar.

Otra remodelación fue la fundamentada por Caracciolo Parra-Pérez cuando propuso una nueva visión del regionalismo y del caudillismo; y cuando formuló la teoría del heroísmo plural en beneficio de las clases dominantes, sobre todo en sus dos grandes obras: *Mariño y la Independencia de Venezuela* y *Mariño y las guerras civiles.*

Otra de las remodelaciones es la desarrollada por Augusto Mijares y otros, como intento de fundamentar históricamente la ideología de la clase dominante actual, sobre todo en su obra titulada *Lo afirmativo venezolano,* que ha desembocado en la teoría del *héroe empresario.* De paso me permito apuntar que el interés que han demostrado y demuestran, consecuentemente, los representantes ideológicos y culturales de la clase dominante por el período de la Independencia no es de ninguna manera injustificado. Por el contrario, se corresponde con el propósito de definir una continuidad de la clase dominante y de rescatar para ella una especie de vocación de dirección del conjunto de la sociedad.

Entre las remodelaciones citaré, por último, la que bajo la denominación de historiografía marxista se ha propuesto rescatar para las masas populares una función en su propia vida histórica, cual lo intentó Carlos Irazábal en su obra *Hacia la democracia,* con el fin de convalidar históricamente la acción política inspirada en el marxismo-leninismo.

Pero entre estas perspectivas cabe mencionar todavía las perspectivas historiográficas recientes, que representan significativos esfuerzos por lograr una visión estructural del proceso histórico. Estas responden a inquietudes que globalmente pueden ser referidas a la *teoría de la dependencia* y a la *teoría del subdesarrollo*. Muy recientes y de desigual expresión, de estas perspectivas historiográficas puede decirse que se hallan enmarcadas en la problemática de las ciencias sociales desarrollada a partir de la Segunda Guerra Mundial; que responden sobre todo a una necesidad de los científicos sociales ocupados en formular diagnósticos, como punto de partida para proposiciones de desarrollo, y que en general los historiadores profesionales somos aún refractarios al influjo de esas perspectivas historiográficas.

En contraste con su todavía potencial estímulo renovador, puede decirse que esas perspectivas historiográficas suelen ser modélicas, teorizantes y dependientes de las corrientes historiográficas tradicionales desde el punto de vista del fondo de conocimientos manejado. Es la segunda ocasión en que señalo este hecho. Es decir, la dependencia respecto de las corrientes historiográficas tradicionales, desde el punto de vista del fondo de conocimientos manejado. Igual me atrevo a decirlo en lo que se refiere a la historiografía marxista venezolana, hasta tiempos muy cercanos.

Las perspectivas historiográficas recientes, que buscan un grado mayor de inteligibilidad de la crisis de la sociedad implantada monárquica colonial, situando los fenómenos en contextos más inclusivos, pueden ser ilustradas invocando obras y nombres relevantes. Son resultado de historiadores profesionales que tratan de colocarse en una perspectiva americana –no ya solo latinoamericana– y mundial. Esto, por ejemplo, se percibe muy bien en la obra del notable historiador norteamericano Charles C. Griffin, en sus ensayos sobre historia de América. Acaba de aparecer, dentro de esta misma tendencia, una notable obra del historiador inglés John Lynch, titulada *Las revoluciones hispanoamericanas, 1808-1826,* publicada a fines del año pasado y todavía no traducida al español, pero ya próxima a serlo. En general, desde el punto de vista europeo o supralatinoamericano, estos autores se esfuerzan por proponernos un conocimiento de la crisis de la sociedad monárquica colonial situándolo en contextos más amplios, que por lo mismo resultan altamente explicativos.

Dije en la charla-conferencia introductoria que mi punto de vista tiende a ser una perspectiva historiográfica histórico-integral, que se manifiesta en algunas proposiciones básicas. Estas son las siguientes:

La llamada *Independencia* es vista como crisis de la sociedad implantada monárquica colonial, en una línea de continuidad histórica abierta, es decir, la constituida por el proceso de implantación de la sociedad hoy venezolana, iniciado hacia 1500 y todavía inconcluso. Vale decir que no ha habido fracturas en el proceso socio-histórico venezolano; que la llamada *Independencia* no fue, en rigor, una ruptura, sino el comienzo de un nuevo estadio del proceso de implantación de la sociedad monárquica colonial.

Cabe subrayarlo: la crisis de la sociedad implantada monárquica colonial venezolana expresa un estadio del desarrollo de esa sociedad y de las sociedades implantadas monárquicas coloniales latinoamericanas en general. Por lo mismo, esa crisis es función de procesos socio-históricos específicos. Si bien la actualización crítica de esos factores se daba en una coyuntura histórica que se correspondía con un marco más inclusivo, en el cual se desenvolvía todo el proceso de implantación, es decir, el proceso de formación, desarrollo y expansión del sistema capitalista mundial, se pretende rescatar para nuestro proceso su carácter específico americano.

Vista así, la crisis de la sociedad implantada monárquica colonial venezolana corresponde a un estado de los factores dinámicos del proceso de implantación que desborda los marcos cronológicos tradicionales y conforma una crisis estructural que ya era perceptible a fines del siglo XVIII, que se agudiza en la primera mitad del siglo XIX y que se mantiene en estado crónico hasta comienzos del siglo XX, cuando se reanuda el proceso de implantación bajo el impulso de factores dinámicos suscitados desde fuera de la sociedad implantada venezolana, dándose inicio al desarrollo dependiente de la misma. En consecuencia, la de emancipación no fue la única expresión bélica de esta crisis, y las llamadas «guerras civiles» que se suceden durante el siglo XIX cobran un nuevo sentido, por cuanto no difieren, en su génesis histórica, de lo que fue la de emancipación, sino que son todas ellas partes o componentes de un solo y único proceso, que denomino *crisis de la sociedad implantada monárquica colonial*, y que ocupa casi un siglo, o un poco más de un siglo, de la existencia de esta sociedad, en consonancia con el *tiempo histórico* requerido para que se operase ese *cambio histórico* mayor en las demás sociedades que vivieron una experiencia socio-histórica semejante, comenzando por la francesa.

Obviamente, aquí se nos plantea el problema de correlacionar lo que acabo de decir con el programa de estas charlas-conferencias. Cuando establecí para la presente un lapso, 1800-1830, consentí por lo mismo en variar el esquema con el que estoy trabajando. Lo hice con la intención, justamente, de poder ofrecer una explicación como la que ahora doy. Consiste en mostrar la correlación que puede haber entre los dos esquemas. Desde este punto de vista mi enfoque se corresponde con una concepción de la crisis de la sociedad implantada –nacida monárquica y bautizada republicana– que se extiende por un período mucho más largo que el señalado como tema para la charla-conferencia de hoy. En realidad, el tema de hoy constituye un corte didáctico dentro de ese período, más prolongado.

Creo que es pertinente, todavía, hacer algunas observaciones antes de entrar a la presentación de las fases de la crisis de la sociedad implantada monárquica colonial. Esas consideraciones son las siguientes:

La gestación de la crisis de la sociedad implantada monárquica colonial suscita, quizás más que ningún otro momento histórico, un conjunto de cuestiones que solo pueden ser comprendidas en función de una perspectiva latinoamericana y mundial. No parece posible, de ninguna manera, explicar la gestación de esta crisis a nivel de una sola sociedad latinoamericana, por cuanto esa gestación comprometía, necesariamente, el sistema monárquico colonial integrado por las sociedades implantadas latinoamericanas, en función tanto de la evolución del nexo colonial como del desarrollo del sistema capitalista mundial.

Diríase que una ajustada apreciación de la forma como se articulan estos componentes de la crisis de las sociedades implantadas monárquicas coloniales permitiría captar su compleja dinámica interna y externa, e igualmente resolver cuestiones tales como la simultaneidad del estallido de la crisis en las diversas sociedades implantadas monárquicas coloniales latinoamericanas, al igual que permitiría relacionar la crisis con el proceso sociopolítico europeo. De allí que sea posible rastrear los síntomas de la gestación de la crisis en tres órdenes de cuestiones: 1.º) en el agotamiento de los factores dinámicos de la implantación a escala americana y venezolana; 2.º) en la traumática situación del nexo colonial, representada por la virtual desintegración de la Corona; 3.º) en el nacimiento y desarrollo del sistema capitalista mundial y del consiguiente reordenamiento de las esferas de influencia. Veamos, aunque muy sumariamente, estas cuestiones.

En cuanto al agotamiento de los factores dinámicos de la implantación, diré que es una noción compleja, cuya presentación resulta extremadamente difícil en pocas palabras. Es forzoso apoyarla en uno de esos casi postulados a que me referí en la charla-conferencia introductoria, y que tanto temo, como el siguiente: la implantación de las sociedades latinoamericanas es un proceso abierto, impulsado fundamentalmente por factores dinámicos generados en el seno de esas mismas nacientes sociedades. Esto es algo que puede resultar un poco extraño para quien esté acostumbrado a la visión, ofrecida por la historiografía tradicional, del proceso trifásico denominado de *descubrimiento, conquista y colonización*, donde tal pareciera que la sociedad colonial habría participado más como escenario que como generadora de factores activos. Por el contrario, mi punto de vista invierte la relación y hace de la conformación de esas sociedades procesos obedientes sobre todo a factores dinámicos generados por las mismas sociedades. Me refiero a la fase anterior a la crisis. Ahora bien, esos son justamente los factores dinámicos, resumidos en la conformación de la base socio-económica autónoma, cuyo agotamiento, cuyo debilitamiento, constituyeron la esencia de la crisis de la sociedad implantada monárquica colonial. Esos factores dinámicos deben ser apreciados, en una visión de totalidad, en tres sentidos:

En primer lugar, para apreciarlos es necesario abarcar el conjunto de las sociedades latinoamericanas en proceso de implantación, pues es muy densa la red de interacciones que están implicadas en el carácter, unitario y diverso a un tiempo, del proceso de implantación. No es posible entender el proceso de implantación en una sola de las áreas latinoamericanas, por cuanto todas ellas están integradas en un proceso global único y diverso. Valga de ejemplo la virtual relación de dependencia económica y financiera de la sociedad monárquica colonial venezolana, respecto de la del Virreinato de la Nueva España, en función del tráfico del cacao y de la afluencia de la moneda necesaria para el funcionamiento global de la sociedad.

En segundo lugar, la apreciación de estos factores dinámicos debe abarcar la totalidad de los aspectos en que se realizaba la implantación, por cuanto es posible que se advierta recuperación en alguno de ellos y que sin embargo exista una situación de crisis en el conjunto. Esto es muy importante para evaluar ciertas perspectivas, ciertas visiones historiográficas, cuando un autor dice: todo iba muy bien en la colonia porque había tal o cual sector enriquecido; o había tal o cual signo de bienestar o de bonanza. Otros dicen: no, todo iba muy mal porque había tal o cual signo negativo. En realidad, la evaluación de conjunto permite apreciar que es perfectamente compatible la existencia de rasgos o de aspectos en los cuales aquellas sociedades estuvieran en auge, con la existencia global de una crisis en función de la ausencia de estímulos para el crecimiento. Asimismo, en lo que se refiere a las diversas sociedades, es perfectamente compatible que, dentro de un conjunto crítico que abarcaba todo el antiguo imperio colonial hispanoamericano, hubiese sin embargo alguna porción de este imperio que viviera un momento de auge e incluso de auge notable, como ocurrió con los centros predominantemente mineros.

Por último, esta visión de los factores dinámicos debe tener muy en cuenta la naturaleza de la articulación que en cada uno de los aspectos de la implantación se establecía entre los intereses propios de la sociedad implantada y los intereses coloniales, articulación que constituía la realidad del nexo colonial. Es un error, y un error muy grave, el ver el nexo colonial como algo existente fuera de las propias sociedades implantadas monárquicas latinoamericanas o de la propia sociedad implantada monárquica colonial venezolana. En realidad, alboreando la crisis, esta era una sociedad monárquica, inserta en un contexto denominado *nexo colonial,* no por imposición, no por mandato, no por vigilancia, sino por gestación. Es decir, se había formado en ese contexto. Y al mismo tiempo que se había dado en ese contexto –tal es el nexo colonial–, todo el proceso de la implantación de las sociedades latinoamericanas, y por consiguiente de la venezolana, tendía también, de manera creciente, al relacionamiento con el sistema capitalista mundial en formación; y esto, cabe subrayarlo, aun en el marco del nexo colonial. No existió nunca, nunca fue verdad, aquel exclusivismo que España intentó establecer tanto por vía de la legislación como por vía de una práctica política muy celosa. Esto solo funcionó en los informes de los virreyes y capitanes generales. En la práctica, la vinculación con el sistema capitalista mundial en formación fue constante, fue consubstancial y fue crecientemente significativa y eficaz.

El segundo aspecto por considerar es la evolución del nexo colonial. Esto implicaría evaluar un complejo de relaciones que no pueden caracterizarse fielmente como una relación de dominación, lo reitero. No se trataba de una sociedad que dominaba a otra, preexistente, sino de una sociedad matriz relacionada con otra en proceso de formación. Por eso la evolución del nexo colonial debe ser apreciada de acuerdo con los siguientes criterios: en primer lugar, debe vérsele como un complejo interno-externo de relaciones conformantes que surgían tanto de la sociedad colonial como de la sociedad metropolitana; complejo que, por lo mismo, estaba abierto al impacto de determinantes que se generaban en el proceso mismo de implantación.

En cierta forma, podría decirse que el nexo colonial era creado, al mismo tiempo que por la metrópoli, por la sociedad implantada colonial monárquica venezolana, en el caso específico. Ese nexo ha de ser visto, históricamente, como una realidad que se transformaba, una realidad que no estaba definida por su formulación o expresión jurídica, que evolucionaba en función tanto de las determinantes surgidas en la metrópoli como de las surgidas en las sociedades en proceso de implantación.

El agudo historiador inglés John Lynch llega a hablar en este sentido de las dos conquistas de América: una realizada en el siglo XVI, la original; y otra intentada más que realizada en la segunda mitad del siglo XVIII y comienzos del XIX, intento conquistador que se frustró con la Independencia.

Por último, el nexo colonial ha de ser visto como una fuente de determinaciones que está condicionada, a su vez y tanto a nivel de la metrópoli como a nivel de la colonia, por la formación del sistema capitalista mundial. Sobre este último considero que no es necesario entrar en mayores desarrollos. Es materia de sobra tratada. Simplemente me permitiré señalar que actuaba como una condicional, constante y global, del proceso de implantación de las sociedades coloniales latinoamericanas, y por lo tanto de la venezolana; que respondía a determinaciones propias; pero que, a su vez, en su gestación y su desarrollo participaba América como componente y como contribuyente fundamental. Pero además, el sistema capitalista mundial constituyó el vehículo mediante el cual el proceso de implantación latinoamericano se relacionaba con los procesos más universales; y desde este punto de vista casi podría decirse que la existencia histórica de América Latina, en una perspectiva mundial, se da justamente en función de su incorporación al sistema capitalista mundial.

De acuerdo con estos criterios, es posible afirmar que en la segunda mitad del siglo XVIII se produjo una crisis estructural de las sociedades implantadas coloniales monárquicas latinoamericanas. No puedo caracterizar esta crisis para toda la América Latina, pero sí intentarlo para Venezuela. ¿Qué se apreciaría en el caso de Venezuela? Si consideramos que el proceso de implantación se da en dos direcciones, es decir, en el sentido horizontal o espacial de ocupación del territorio y en el sentido vertical o social de conformación de la sociedad, respecto de Venezuela en la segunda mitad del siglo XVIII encontramos lo siguiente: se detiene la actividad de ocupación efectiva del territorio. Cesan las fundaciones. La última fundación, la de San Fernando de Apure, se efectuó en 1788; y en realidad cuando estalló la fase bélica de la crisis San Fernando de Apure no pasaba de ser un villorrio de casas primarias. Cesó la penetración del territorio; es decir la exploración comenzada en 1500, y por lo mismo ya no se establecían nuevos contactos permanentes con la base indígena. El proceso de exploración, conquista y colonización, partiendo de los núcleos primeros y primarios de implantación, se detuvo. Por consiguiente, hubo estancamiento en el desarrollo de la todavía incipiente infraestructura. Esto es visible en los documentos referidos al Real Consulado de Caracas. La sociedad implantada monárquica colonial venezolana no logró desarrollar una infraestructura ni siquiera embrionaria. He dicho en alguna ocasión que si por consecuencia de las guerras de Independencia una plaga hubiese tenido el efecto de borrar del mapa a la sociedad venezolana, quizá dos o tres décadas después la única huella de la existencia de esta sociedad, en el paisaje, habría sido el castillo de Araya, a pesar de haber sido volado unas cuantas décadas antes; y quizá más por las características del paisaje que por las mismas propiedades de la obra. Baralt, en su célebre capítulo sobre el carácter nacional, dice que la sociedad venezolana, en 1840, estaba constituida todavía por núcleos supuestamente urbanos a cuya orilla crecía la selva, donde los caminos no existían, ni los puentes. En realidad, esa sociedad no había sido capaz de marcar en el paisaje una huella perdurable.

En el sentido social del proceso de implantación, cabe decir que el mestizaje, factor fundamental de la nueva sociedad, quedó convertido en Venezuela, desde fines del siglo XVI, casi exclusivamente en una mezcla de castas, no en mestizaje entre blancos e indios. Este mestizaje, que virtualmente se había detenido, fue pronto estorbado, a nivel de las mismas castas, por una exacerbación de la discriminación social y racial institucionalizada. Me refiero a la oposición que hicieron los criollos caraqueños a la cédula de 1795, llamada de «gracias al sacar». Fue la única sociedad en todo el Imperio español que puso en marcha una defensa decidida y eficaz contra esa real cédula; y el celo demostrado por el Ayuntamiento caraqueño en la defensa del sistema de castas y de la discriminación racial y social fue realmente notable.

La estructura social revelaba una agudización de conflictos que se expresaba en la lucha por la libertad que mantenían, a un nivel los esclavos y, a otro, los criollos. En el caso de los esclavos era *su* libertad; en el caso de los criollos era esencialmente la libertad de disponer de sí mismos, en función del control de la sociedad y de las luchas igualitarias entre los sectores sociales criollo y peninsular. Pero esto era significativo, especialmente, en lo que se refería a la oposición entre pardos y criollos. El grado de encono a que llegó este enfrentamiento, a fines del siglo XVIII, según testimonio de diversos autores y fuentes, constituyó uno de los factores –quizá el más importante– de la temida conversión de la crisis de la sociedad implantada colonial en una verdadera guerra social.

La base indígena había entrado en un proceso de creciente marginalidad, tanto en sentido geográfico como en sentido social. Las sociedades aborígenes quedaban, en su mayoría, relegadas al sur del Orinoco. En lo que se refería a los grupos que habían quedado incrustados en la sociedad implantada, se les mantenía al margen de esta misma sociedad en sus resguardos y por vía de la discriminación racial y social. En cuanto a la fuerza de trabajo, la sociedad venezolana de fines del siglo XVIII vivía problemas nacidos tanto de la crisis de la esclavitud –es decir, dificultad de su tráfico o, lo que significaba lo mismo, carestía, evasiones, rebeldía–, como dificultades nacidas de la formación de un sector de trabajadores libres –peones– cuya inserción asalariada en la estructura económica esclavista resultaba difícil. Este es uno de los problemas menos estudiados de nuestro proceso socio-histórico, y me permito pensar que es uno de los que más sorpresas nos reservan.

El incremento demográfico del sector de pardos significaba un aumento muy considerable de la oferta de mano de obra, al mismo tiempo que las dificultades en el tráfico de esclavos y su carestía determinaban la obligación de recurrir a esta mano de obra. Pero esta era una mano de obra libre que, aun poniendo lo de libre entre comillas, estaba en cierto modo fuera de la estructura económica; y sobre todo de la mentalidad del dueño de hacienda, que representaba al *empresario* en esa sociedad. La idea de pagar un jornal, y de que quien recibiera ese jornal de alguna manera pudiese optar entre percibirlo o no percibirlo; la dificultad de mantener la mano de obra libre ligada a la unidad de producción; el hecho de que buena parte de esta mano de obra prefiriera el bandolerismo, el vagabundeo o la mendicidad a trabajar en condiciones miserables, incluso peores que las de la esclavitud, de que habló el doctor Antonio Gómez refiriéndose a la situación de los trabajadores agrícolas en la región de Valencia; todo esto creaba una grave dificultad en el seno de la sociedad monárquica colonial. Impresiona ver los pronunciamientos del Real Consulado, y de representantes de la clase dominante criolla, en el sentido de reclamar medidas que obligaran a esos hombres «libres» a aceptar trabajar en los términos por ellos impuestos, hasta el punto de llegar a proponer ni más ni menos que el establecimiento de un apenas disimulado régimen de trabajo forzado, aplicado a vagos, falsos pordioseros y peones de hato.

Por una parte, la dificultad para obtener esclavos; por otra parte, la necesidad de reclutar mano de obra y la oferta de una mano de obra con la que resultaba engorroso tratar generaron tensiones que pronto se expresaron en forma aguda, advirtiéndose signos de crisis en diversos planos de la estructura económica. Por ejemplo, se advierte la crisis en las dificultades para desarrollar nuevos sectores, además del agrícola primario, es decir, los esfuerzos para desarrollar la actividad comercial, como cambio del que fue patrón original de la sociedad.

No hablo del desarrollo de una manufactura, que ni siquiera llegó a plantearse. Pero al mismo tiempo se sentía la necesidad de una diversificación de la estructura económica. Se aprecia la crisis, con especial énfasis, en los problemas propios de la microeconomía de la *hacienda*. Esta es una de las cuestiones importantes que aguarda estudio: la hacienda como unidad de producción, como medio de ocupación del territorio, como punto de apoyo de la estructura social, fracasa en su intento de evolucionar hacia la plantación; es decir hacia una forma de explotación de la tierra más racional, más dotada desde el punto de vista técnico y administrada según criterios de eficiencia y rentabilidad capitalistas. Si recuerdan los pasajes de Depons en su visión de Costa Firme, donde hace la comparación entre los hacendados venezolanos y los señores de plantación de Santo Domingo, verán clara esta situación. Consideró primitivos a los hacendados venezolanos en comparación con los plantadores de Santo Domingo.

La hacienda venezolana de fines del siglo XVIII no alcanzaba a evolucionar. Se caracterizaba por baja rentabilidad, baja productividad y, consiguientemente, por muy baja capacidad competitiva en el mercado exterior. El azúcar de Venezuela, por ejemplo, no podía de ninguna manera concurrir al mercado europeo en competencia con el de Santo Domingo. La hacienda era, por consiguiente, una unidad de producción muy vulnerable; sobre todo por su baja productividad y su escasa rentabilidad. Esto se aprecia muy bien a fines del período, cuando casi todos los hacendados cargaban con tremendas deudas en beneficio de la Iglesia; deudas que jamás podrían ser redimidas, en razón de que una o dos malas cosechas virtualmente demolían la potencialidad económica de la hacienda como unidad de producción.

En el aspecto comercial, se perciben los signos de la crisis en lo que podía considerarse una especie de contrapunteo entre monopolio, contrabando y libre comercio: un monopolio difícil de sostener, un contrabando que de hecho constituía un «segundo monopolio» en favor de los holandeses, y un comercio libre que se iba abriendo con reticencias y que de ninguna manera se correspondía con lo que los criollos venezolanos y americanos esperaban. Es decir, con la posibilidad de vender sus productos a cualquier comprador en función de los precios, y con la posibilidad de comprar los productos que se necesitaran a cualquier oferente y también en función de los precios. Esta era la aspiración del criollo americano, y tal parece que habría de seguir siendo la aspiración del criollo americano.

En lo concerniente al relacionamiento más expedito y general con el mundo exterior, es posible apreciar, para el caso de Venezuela, lo siguiente: la crisis de la sociedad implantada monárquica colonial se daba en una situación de simultaneidad con la crisis de las demás sociedades coloniales monárquicas implantadas de América Latina. En segundo lugar, esa crisis era función del deterioro estructural de la metrópoli, cuya búsqueda de salidas la llevó a racionalizar el contenido de dominación del nexo colonial. Es también en este sentido que John Lynch habla de la segunda conquista de América. A mediados del siglo XVIII, la metrópoli se dio cuenta de que América había dejado de ser un buen negocio, porque virtualmente todo el producto americano se quedaba en América o tomaba otros destinos; solo una porción relativamente pequeña llegaba a la metrópoli. El esfuerzo de racionalización del imperio –lo que nuestros historiadores tanto exaltan, hablando de liberalismo, de Carlos III, de la modernidad americana, de todo eso que nos hace en cierta forma sentirnos casi orgullosos de haber sido objeto de tal tratamiento– no era otra cosa que un esfuerzo por racionalizar el contenido de dominación del nexo colonial –hasta entonces recíprocamente consentido– haciéndolo vehículo más operativo del control real de la sociedad, y sobre todo de percepción del excedente económico en magnitud mayor.

Por último, es necesario tener presente la circunstancia de que la crisis de la sociedad implantada monárquica colonial venezolana se dio en función del desarrollo de la expansión del sistema capitalista mundial, que desembocó en la gran crisis política europea y mundial que ha sido caracterizada como *la crisis de la monarquía universal*.

* * *

Ahora bien, en este cuadro construido un poco a retazos, porque de otra manera habría que hacer muy largas exposiciones, es posible estudiar la crisis de la sociedad implantada monárquica colonial venezolana dividiéndola, para comodidad del enfoque crítico, en una serie de etapas. Quiero advertir que al descender a este nivel actuaremos en el marco de lo que llamaría el *microperíodo*. Es decir, que habremos descendido desde la visión de totalidad a la visión de infra- o subtotalidad que es el *microperíodo*, entendido como un lapso de pocas décadas, si bien puede revelarse cargado de potencial *cambio histórico*. Es muy difícil hacer una periodificación para un lapso tan corto, porque los criterios no pueden ser referidos realmente a procesos estructurales, sino que deberán tener muy en cuenta rasgos históricos secundarios, signos que podrían parecer en cierta forma accidentales.

Hechas estas advertencias, cabría distinguir las siguientes etapas: primero la de preparación de la crisis política del poder colonial, entre 1795 y 1810; la segunda, de planteamiento de la crisis política del poder colonial, la cual se extiende entre 1810 y 1812; la tercera, de definición y deslinde de los factores críticos internos, entre 1812 y 1815; la cuarta, de ocupación militar «extranjera» y de reacción nacionalista colombiana, entre 1815 y 1821; y por último, la de definición de la conciencia nacional venezolana, entre 1821 y 1830. Trataré de apuntar, para cada una de estas etapas, algunos rasgos relevantes, con la esperanza de que al volver sobre estos aspectos en las charlas-conferencias siguientes sea posible precisarlos.

La primera etapa, denominada *de preparación de la crisis política del poder colonial*, se extiende entre 1795 y 1810. Tiene como acontecimiento culminante los sucesos del 19 de abril de 1810. La historiografía venezolana, necesitada de legitimar la emancipación, incluso vinculándola con lo que se ha considerado el legado autonomista hispano –quizás cediendo también un poco a la obsesión de los orígenes–, ha hecho entroncar los movimientos calificados de precursores de la emancipación con actos de rebeldía tan tempranos como los de Lope de Aguirre, en el siglo XVI, y de

Juan Francisco de León en el siglo XVIII. Mientras esto hacen los historiadores «hispanistas», los historiadores «americanistas» pretenden establecer una relación semejante con la rebelión del negro Miguel, hacia 1555. De todos estos alegatos, el más consistente quizá sea el que se refiere a Juan Francisco de León. No obstante, parece claro que no se trató de una acción dirigida a comprometer el *poder colonial*, sino de un acto de rebeldía del cual es posible encontrar ejemplos en la propia historia de la metrópoli a través de todos los tiempos.

Por eso, y para los fines de nuestro esquema, utilizaré, quizás con mayor acierto, como punto de partida las fechas 1795-1797; las cuales se corresponden, respectivamente, con la sublevación de los negros y mestizos de Coro, capitaneados por el zambo libre José Leonardo Chirinos, y con la conspiración de Picornell, Sebastián Andrés, Manuel Gual y José María España, en La Guaira y Caracas. A estos intentos les siguieron cronológicamente los de Francisco de Miranda, hasta culminar con los sucesos del 19 de abril de 1810. ¿Cuáles fueron las características de esta etapa? Desde el comienzo de ella se hizo patente el influjo de factores externos a la sociedad implantada monárquica colonial. Pero este influjo de factores externos parece revelar la siguiente dinámica: la de ser un condicionamiento indirecto —me refiero a la crisis de la monarquía, a la Revolución francesa— que tendió a volverse directo claramente con el intento de Picornell, Gual y España, y con los de Miranda; pero que cuando consiguió cambiarse de indirecto a directo perdió efectividad. Este es un hecho muy interesante; tiene mucho que ver con el alcance de las llamadas «influencias ideológicas», que suelen apreciarse como estimulantes y nunca como desalentadoras.

La sociedad monárquica colonial implantada rechazó, y lo hizo sistemáticamente, el planteamiento revolucionario francés; y lo hizo respecto de sus tres versiones: en la versión directa, por tratarse de una formulación ideológico-política que rápidamente tomó un carácter antimonárquico y antirreligioso, y la venezolana era una sociedad genésicamente monárquica y genuinamente cristiana católica. Rechazó esa influencia en su vertiente antillana, sobre todo la actuante en Santo Domingo, porque tenía un peligrosísimo contenido de igualdad social y racial, y de abolición de la esclavitud; y se pretendía hacerla valer en una sociedad discriminatoria y esclavista. Rechazó la vertiente procedente de la propia metrópoli –en el caso de la conspiración de San Blas, la traída por Juan Bautista Picornell y Sebastián Andrés–, porque ella misma enarbolaba un fondo ideológico liberal vinculado con el jacobinismo y sobre todo un declarado propósito de liberación de los esclavos y de igualdad social. Como, repito, esta era una sociedad monárquica, católica, esclavista y discriminatoria en lo racial y lo social, estas influencias, que podían actuar de una manera indirecta en la medida en que provocaban en Europa una crisis social y política, y por lo mismo condicionaban el proceso americano, se tornaban ineficaces en cuanto intentaban actuar directamente en el escenario colonial.

En segundo lugar, en esta etapa la participación social de las castas fue primaria y constante, y este es un hecho muy importante. Tal participación fue directa en cuanto se trató de acciones que se referían a las reivindicaciones específicas de esclavos y pardos, e indirecta en cuanto estimulaba la reacción de los otros sectores sociales. Es particularmente importante la significación de este hecho en los llamados «movimientos precursores». La presencia en ellos de pardos y negros, muy lejos de ser un signo de cohesión de la sociedad, muy lejos de ser un signo de malentendida democracia, lo fue positivamente de la aguda contradicción que estaba en la base de la sociedad; es decir, la que enfrentaba a hombres libres con hombres no libres y la que enfrentaba a hombres blancos privilegiados con hombres no blancos desasistidos socialmente, como símbolos de la estructuración y la dinámica de la sociedad.

Pero es un hecho que este proceso, en el cual inicialmente participan las castas como elemento fundamental, por su sola existencia adquiría precisión y coherencia en la medida en que los criollos se incorporaban al movimiento, por entonces autonomista. En este sentido, los criollos siguieron una evolución en tres momentos: estuvieron ausentes, como sector social, durante los conatos del 95 y 99; se radicalizaron negativamente contra los del 97, por igualitarios, y los de 1806 de Francisco de Miranda, dada su relación con Inglaterra y la surgente república de los Estados Unidos de América; y se mantuvieron en una posición de participación moderada, monárquica autonomista, en 1810.

La creciente participación de los criollos en esta fase tuvo un carácter históricamente reaccionario respecto de la acción específica de pardos y esclavos, y también respecto de los brotes más radicales: el de 1797, por su carácter antiesclavista y por su sentido liberal avanzado; y el de 1806, por sus conexiones con sociedades de predominio reformista. Es decir, hasta 1810 este sector social, que constituía la clase dominante, reaccionaba ante esos movimientos en una actitud de conservación de la sociedad, de mantenimiento del orden social y de rechazo, por lo mismo, de todo contenido socialmente subversivo.

Sea dicho de paso, tengo ciertas dudas sobre el alcance revolucionario de algunos de estos movimientos. Son dudas que no puedo fundamentar sino en una preocupación de carácter metodológico. Cada vez que hubo una rebelión de esclavos, o que los pardos participaron en una rebelión, se da el hecho de que los historiadores conocen esos sucesos a través de dos fuentes. Una está constituida por los testimonios de la época, siempre de representantes o miembros de la clase esclavista y tope de la estructura social. La otra fuente está constituida ni más ni menos que por los expedientes judiciales levantados contra los supuestos conspiradores y alzados, que podían terminar en el cadalso. No conozco ninguna prueba documental directa del pensamiento, de los propósitos ni de los anhelos de los esclavos que participaban en los movimientos. En cambio, el conocimiento, aun ligero, del procedimiento como se instruía el sumario en las actuaciones judiciales permite pensar que el instructor podía hacer que el presunto culpable confesara hasta lo que no sabía. Y como es lógico, el juez siempre trataba de presentar la rebelión bajo la luz más negativa, para hacer del delito cometido algo todavía más censurable y odioso. Así, no había negro que se resistiera a unos palos que no fuera un agente francés, que no tratara de acabar con la sociedad, que no quisiera o no pretendiera violar a las mujeres blancas, acabar con la religión, restablecer el paganismo, etc., porque el juez, representante de la sociedad esclavista, cuando iba a condenar al esclavo alzado, o al pardo inculpado, sencillamente configuraba un monstruo. Por eso no sé hasta qué punto esos movimientos tuvieron realmente una proyección, para la época revolucionaria, en el sentido de potencial alcance subversivo. Quizá los únicos elementos de juicio para establecer su grado de discordancia con el marco social tradicional hayan sido los matices de la reacción de los esclavistas ante ellos.

La segunda etapa fue la del planteamiento de la *crisis política del poder colonial*. Está constituida por un conjunto de sucesos sumamente novedosos, y aparentemente contradictorios, acumulados en un brevísimo período de veintisiete meses que corren entre el 19 de abril de 1810 y el 25 de julio de 1812. Apreciado al ras de los tiempos, el saldo de esta etapa no sería otro que el fracaso. Ubicado en una visión histórica prospectiva, podría decirse, sin embargo, que en esta etapa se realizó el planteamiento definitivo de la crisis de la sociedad implantada monárquica colonial, en el sentido de que afloraron en forma precisa los elementos que habrían de barajarse en las etapas subsiguientes. El acontecimiento desencadenante todos lo conocemos: fue la sustitución de la Junta Central Gobernativa del Reino, instalada en Aranjuez, por un Consejo de Regencia; decisión que llevó a la constitución en Caracas de la Junta Suprema Conservadora de los Derechos de Fernando VII. En estos sucesos los criollos, es decir la poco más que embrionaria burguesía comercial y agraria –recuérdese que cultivaban y comerciaban sobre todo el cacao, el tabaco y luego el café–, asumen y conservan la dirección general del movimiento, basándose inicialmente en su órgano de poder tradicional, el Ayuntamiento, y proclamándose representantes del conjunto de la sociedad gracias a la incorporación de los circunstanciales diputados del pueblo.

Pero fue en esta etapa, justamente, cuando se operó el deslinde de los factores críticos. Fracasaron los esfuerzos realizados para conjugar la lucha ahora abierta de los criollos por ejercer la autonomía necesaria para preservar su poder social, con la que venían librando los pardos por la igualdad y los esclavos por su libertad. Este es el hecho más importante, más significativo. La crisis de la sociedad monárquica colonial no aparece como producto de la acción de un solo grupo social, de un solo sector social, sino como la acción de diversos grupos, mediante acciones independientes e incluso enfrentadas entre sí, que se trataron de conjugar, de vincular, de orquestar desde el punto de vista de la clase dominante, es decir, de los criollos. Todo el esfuerzo cumplido, a lo largo de esta fase y la siguiente, consistiría justamente en el intento que hizo la clase dominante por conjugar los intereses particulares de las diversas clases en una dirección única que le permitiera mantener el control de la sociedad, por cuanto el movimiento mismo se había desencadenado como un intento que realizaron los criollos por mantener el control de la sociedad en vista de la crisis metropolitana, de los factores disolventes que se generaban en Europa y también de la manifiesta incapacidad del poder metropolitano de contribuir a la preservación de la estructura social mediante la vigencia del *poder colonial*. Es decir, los criollos actuaron en función de la autonomía requerida para preservar esa estructura social en momentos en que la metrópoli era incapaz de contribuir a hacerlo preservando la naturaleza simbiótica del *poder colonial*.

Pero la existencia de estas luchas, paralelas o enfrentadas según los casos, determinó que la conducción del movimiento por los criollos no podría hacerse sin alguna forma de apertura respecto de los intereses propios de otros sectores sociales, cuyas luchas reverdecieron en el inicio mismo de la crisis socio-política del nexo colonial. Por eso se instauró la igualdad legal, mientras de hecho se consolidaba la preeminencia social y política de los criollos mediante el establecimiento del sufragio censitario y se intentó establecer un régimen de trabajo forzado en detrimento de los pardos, disimulándolo en las llamadas Ordenanzas de Llanos de la Provincia de Caracas. En cuanto a los esclavos, la prohibición del tráfico y el mayor control de la esclavitud, so pretexto de perseguir el bandolerismo, no dejaron duda acerca del propósito esclavista del nuevo régimen. Por lo mismo, se creó un ambiente propicio no solo para la continuación de las luchas que pardos y esclavos movían desde mediados del siglo XVIII, sino para que estas luchas alcanzaran un nivel más alto, tanto en el orden político como en el militar, en el sentido de defensa del nexo colonial, en tanto este representaba control, si no oposición, respecto de las motivaciones y aspiraciones de los blancos, criollos y peninsulares.

Fue también en esta etapa cuando afloraron los factores críticos de la integración nacional, revelándose en toda su crudeza lo precario y formal de la integración que se había consagrado legalmente en las últimas décadas del siglo XVIII. Repuntan las autonomías provinciales y dan así ocasión para que la historiografía tradicional cometa una de las más arteras deformaciones de la historia de Venezuela, al presentar estos repuntes de las autonomías provinciales bajo la luz del caudillismo tan acertadamente menospreciado, tan criticado, que se manifestaría a lo largo del siglo XIX. Es decir, presenta el repunte de las autonomías provinciales como la destrucción de una unidad que habría sido lograda; unidad que desde el punto de vista de esta historiografía simbolizaba la *Patria*. Así, parecería que tanto los corianos como los maracuchos, los cumaneses como los bolivarenses, al afirmar su autonomía histórica, habrían despedazado la apenas naciente *Patria* en 1810-1811.

Nada es más incierto. La integración representada por la Capitanía General de Venezuela, instituida en 1777, no pasaba de ser una integración formal, precaria, todavía demasiado basada en la formulación jurídico-constitucional, si puede decirse, y de ninguna manera en la práctica del relacionamiento de núcleos de implantación que habían tenido su propio curso histórico, prácticamente autónomo. De tal manera que en 1813 y 1814, al tratar los generales Simón Bolívar y Santiago Mariño, lo hicieron en términos de relaciones exteriores, entre la República de Venezuela y el Estado de Oriente. Aquella situación no era ridícula ni absurda; tampoco regresiva. Ocurría, pura y simplemente, la culminación de procesos históricos paralelos que se habían iniciado en el siglo XVI y que no habían concluido aún en una integración nacional que superase lo meramente jurídico e institucional dispuesto por la metrópoli.

Esta fue la etapa durante la cual entraron también en crisis los valores y modos de la conciencia monárquica, pero sobre todo en un reducido grupo. Siempre sería más fácil *ver al rey que ver a la república*. Como régimen socio-político, era un concepto, por lo mismo abstracto, difícilmente comprensible para la mayoría de la población. En cambio, el rey era un principio vital, de origen divino, que no necesitaba ser probado. De allí la enorme dificultad de suplantar la conciencia monárquica por la conciencia republicana, porque habría sido sustituir algo real, algo que todo el mundo asumía como real, por un concepto, por algo abstracto, cuya eficaz realización nadie había comprobado, pero sí llegado a temer como reacción ante los excesos asociados con sus conatos de instauración, comenzando por el regicidio cometido en París en 1793.

La crisis socio-política entró en una nueva fase, la bélica. La actividad militar la inició el nuevo poder, todavía monárquico colonial, como una demostración de fuerza destinada a propiciar la reincorporación de las provincias de Coro, Maracaibo y Guayana; pero de inmediato adquirió otro carácter, como consecuencia de los siguientes factores: la resistencia de las provincias, la conspiración contra el nuevo poder, que culminó con la insurrección de Valencia, y la activa política de sometimiento de los súbditos rebeldes puesta en práctica por las autoridades coloniales. El nuevo poder organizó una fuerza militar considerable, encuadrada por criollos y extranjeros con desigual experiencia militar, cuya efectividad resultó anulada por un complejo de circunstancias más bien sociales y políticas que militares.

Fue, también, el momento cuando se revelaron contradicciones internas en el sector de criollos, que se agudizarían a medida que el proceso político avanzara, hasta culminar con la declaración de Independencia. Estas contradicciones fueron estimuladas por la política seguida respecto de pardos y esclavos, por la ruptura definitiva del nexo colonial y por el advenimiento de la guerra.

Puede decirse que a lo largo de la etapa coexistieron en el territorio de la Gobernación y Capitanía General de Venezuela diversos y contrapuestos regímenes políticos. En un primer lapso rigieron el monárquico colonial absoluto y el monárquico colonial autonómico (¿fue otra cosa la Junta Suprema Conservadora de los Derechos de Fernando VII?). Les sucedieron el monárquico colonial, alternativamente constitucional (a partir de la promulgación, el 19 de marzo de 1812, de la Constitución Política de la Monarquía Española) y absoluto; y el republicano federal, (a partir del 21 de diciembre de 1811). Estos fueron hechos que, valorados desde el punto de vista jurídico-político, revistieron una alta importancia, porque condicionaron la pugna por el poder político librada en el seno de los independentistas hasta la reunión del denominado Congreso de Angostura, el 15 de febrero de 1819. Me refiero a que al final de esta etapa, que culminó con la restauración del nexo colonial en 1812, se produjo en la sociedad venezolana un vacío de poder legítimo.

El fracaso de la república federal significó, del lado republicano, un vacío de poder legítimo porque Francisco de Miranda, quien había sido investido de una dictadura comisoria por el

Congreso, para restablecer el orden, con obligación de comparecer luego ante el mismo, no suscribió la denominada Capitulación de San Mateo, ni pudo comparecer ante su mandante, por la desbandada de este y por haber sido hecho prisionero el mandatario. Por consiguiente, no había sucesor en el poder republicano como no fuera el propio Congreso, cuya reunión de hecho no era posible. Por el lado del poder monárquico metropolitano, el vacío de poder legítimo se produjo en razón, inicialmente, del enfrentamiento entre Domingo de Monteverde y el capitán general don Fernando de Miyares, que determinó, inicialmente, la existencia de una suerte de *poder de facto* regido por Monteverde, y de un cascarón de poder legítimo, representado por Miyares.

La tercera etapa se correspondió con la importancia de la *definición y deslinde de los factores críticos internos*. Se inició la etapa con el transitorio restablecimiento del nexo colonial, bajo el mando de Domingo de Monteverde, y culminó con el nuevo restablecimiento del mismo por obra de José Tomás Boves, luego de disipado el fugaz restablecimiento, jurídicamente cuestionable, de la república por Simón Bolívar, en 1814. De allí que los límites cronológicos de la etapa habría que fijarlos entre julio de 1812 y los primeros meses de 1815.

Cuando hablo de definición y deslinde de los factores críticos internos durante esta etapa, quiero decir que en su transcurrir se diferenciaron claramente los diversos grupos y sectores sociales, las diversas fuerzas enfrentadas, en la que he denominado la *disputa de la Independencia*. La fase se cierra con la ocupación militar «extranjera», denominación que seguramente sonará extraña. La etapa se abrió con el definitivo restablecimiento del nexo colonial por el general Pablo Morillo, pero en condiciones tales que lo envuelven en contradicciones. Monteverde había rehuido aplicar la Constitución Política de la Monarquía Española, bien que la mandó publicar, pero con reticencias, y de hecho suspendió su aplicación. La designación de una «junta para acordar medidas de seguridad», llamada Junta de Proscripción, reveló rápidamente el verdadero sentido del poder colonial restablecido –el llamado *poder canario*–, que representó, en lo social, el retorno del ordenamiento socio-político precedente al 5 de julio de 1811, pero con una substancial modificación: borrando de este ordenamiento el papel hegemónico de los criollos. Igualmente, Monteverde desvirtuó las aspiraciones igualitarias de los pardos volviéndolas retaliación, así como la lucha de los esclavos por su libertad. El nuevo poder colonial incluso se movilizó contra el muy temido alzamiento de los esclavos en la región de Guarenas y Ocumare del Tuy, que por amenazar Caracas ha sido considerado factor decisivo en la culminación de la destrucción de la república.

Pero tal política de seguidas enajenó –al poder colonial restablecido– fuerzas que habían sido determinantes en la etapa anterior. El así restablecido nexo colonial no llegó a definirse como ejercicio de una política de pacificación coherente y positiva. Por el contrario, estuvo constituido por prácticas revanchistas y retadoras, cuando las circunstancias parecían objetivamente propicias a la aplicación de una política susceptible, por lo menos, de desactivar por algún tiempo los ímpetus emancipadores. En efecto, la pacificación parece haber sido posible en aquel momento. Una visión patriótica de la historia hace pensar que la emancipación fue un proceso de suyo irreversible, desencadenado de tal modo que cualquier posibilidad de que no culminase de seguidas estaba fuera de las expectativas de la mayoría de los ahora, constitucionalmente, españoles americanos. Por el contrario, en 1812 y al menos aún hasta 1818, a este proceso se le tuvo por reversible, dando motivo a la denominada Declaración de Angostura, suscrita por Simón Bolívar el 20 de noviembre.

Esto ocurría en momentos cuando el desaliento producido por el aparatoso derrumbe de la república, y el sometimiento incruento de regiones que habrían podido presentar resistencia y que ni siquiera habían sido afectadas por el terremoto, abonaban un propósito de reconciliación, si no de sometimiento. Como buen cumanés que soy, no deja de resultarme un poco amargo decir que Cumaná reconoció a Monteverde sin disparar un tiro, cuando no había sufrido los efectos del terremoto y tenía intactas sus fuerzas que, en todo caso, no eran inferiores a las que existían en Coro cuando se negó a sumarse a lo actuado en Caracas. Pero la errónea política seguida por Monteverde, que difería, por cierto, de la tradicional política de la Corona para someter súbditos rebeldes, según la observación del oidor José Francisco Heredia y Mieses, condujo a que a los seis meses se reanudase la lucha. Santiago Mariño tomó Güiria el 13 de enero de 1813, aunque en condiciones precarias, y los republicanos, vistos como súbditos doblemente rebeldes, por reincidentes, sintieron recrudecerse la política represiva ya practicada por Monteverde, la cual no era otra que la política de tierra conquistada.

El vacío de poder en el campo republicano dejaba abiertas las puertas para el juego de las iniciativas que compondrían, entre los independentistas, la que denomino la *disputa de la Independencia*[12]. La dramática y controversial salida de escena de Francisco de Miranda había dejado el poder vacante. Estos fueron el momento y la circunstancia altamente significativos que, a mi juicio, permiten decir que no hay base para calificar de manera adversa la iniciativa personal de Santiago Mariño y la aparentemente legal de Simón Bolívar, en 1813, puesto que si bien el primero invadió Venezuela por oriente, como una empresa propia, el segundo la invadió por occidente, con un mandato emanado del Congreso de la Nueva Granada, que carecía de jurisdicción sobre Venezuela. Por consiguiente, se trató de dos iniciativas que acabaron por enfrentarse en territorio venezolano. Quizá el único argumento en que podía basarse la aspiración de Simón Bolívar a ejercer un poder superior era de orden militar: en contraste con el lento y

---

12 Véase mi obra titulada *La disputa de la Independencia y otras peripecias del método crítico en historia de ayer y de hoy*. Ediciones Ge, Caracas, 1995.

poco eficaz avance de Santiago Mariño en el oriente, la campaña de Simón Bolívar en occidente –a la postre más impresionante que eficaz, sin embargo– ocasionó el derrumbe del reinstaurado poder colonial, por cuanto no solo impidió la movilización de fuerzas contra las de Santiago Mariño, en formación, sino que obligó a una división de las fuerzas coloniales –recuérdese que estaban formadas entonces casi totalmente por venezolanos– que acarreó su momentánea derrota.

El restablecimiento de la República en 1813-1814 suscita un problema político de primera magnitud. Su sentido más general está dado por lo siguiente: ¿qué relación guardaba con el orden establecido en 1811? El Congreso de 1811-1812 seguía vigente, pese a que era muy difícil, si no imposible, reunirlo –algunos de sus miembros habían muerto, otros estaban asilados en las Antillas o dispersos en las respectivas provincias–. El mandato del Congreso de la Nueva Granada, dado a Simón Bolívar, prescribía que el Gobierno debía ser restablecido en el mismo pie en que se hallaba cuando la invasión capitaneada por Domingo de Monteverde. Pero Simón Bolívar había compuesto su «Memoria dirigida a los ciudadanos de la Nueva Granada», llamada Manifiesto de Cartagena, y nada podría estar más lejos de sus propósitos que restablecer en Venezuela el mismo régimen al cual imputaba la responsabilidad por el derrumbe de la república. Por otra parte, el repunte autonomista provincial en oriente, en Barinas y en otras porciones del territorio anunciaba una reivindicación del federalismo que no era, probablemente, muy del gusto del por entonces aspirante a Libertador.

El recuperado control del territorio resultó precario y limitado: no solo extensas zonas seguían en poder de los colonialistas, sino que aun el territorio controlado por los insurgentes republicanos estaba infestado de guerrillas colonialistas. Por eso fue una campaña más impresionante que militarmente efectiva la llamada Campaña Admirable. Consistió en atravesar, gracias a una cadena de sorpresivos triunfos, el cuerpo del poder colonial restablecido en Venezuela, pero sin poder consolidar el control sobre lo recuperado. De tal manera que, cuando el conductor victorioso entró en Caracas, lo recuperado pronto quedó convertido en una suerte de espacio sitiado, casi limitado a Caracas y los valles de Aragua.

La política fuerte o el *plan enérgico,* como solía decir Simón Bolívar, que él había esbozado en Cartagena, no gozó del crédito que esperaba. Fueron constantes las oposiciones que se le enfrentaron, a tal punto que todo parecía conspirar en favor del restablecimiento de la república criolla de 1812. De allí que, en cuanto a la organización del Estado en 1814, Simón Bolívar se vio obligado a acudir a expedientes para retardar un pronunciamiento y asumió un remedo de dictadura comisoria avalada, mediante consulta, por notables juristas republicanos. Fue solo ante la creciente amenaza personificada en José Tomás Boves que esta situación comenzó a cambiar; y el acatamiento de la dictadura de Simón Bolívar por los representantes del poder en 1812 parece haberse debido más al temor que al convencimiento que podía haber efectuado en ellos el planteamiento político propuesto en Cartagena.

Al término de esta etapa, se advierte claramente que los pardos y esclavos proseguían sus propias luchas por el logro de sus reivindicaciones de carácter social, sin llegar estas a conjugarse, pese a los esfuerzos por incorporarlos, con la lucha movida por los rebeldes criollos. Esta situación, que se había manifestado muy claramente en la inmediata insurgencia de pardos y esclavos contra la república criolla recién restablecida, se volvía la realidad que los criollos más temían; aquello cuya inminencia les había hecho desencadenar el preventivo proceso autonómico: *la guerra social,* que en algunos casos y en algunos niveles podría convertirse, de implícita, en franca *guerra racial.* Este era el fantasma que más asustaba a los criollos, el que hizo a muchos abandonar sus posiciones iniciales de lucha por la Independencia, como el marqués del Toro; el fantasma que hizo decir a Martín Tovar Ponte, cuando le escribía a su esposa instándola a que se embarcase prontamente en La Guaira: «este país ya no lo compone nadie; yo creo, (*reservado*) que vamos a caer en manos de los negros». Efectivamente, era la guerra social, pero por los momentos también la guerra racial. Los esclavos, embrutecidos por el trabajo y los castigos, cuando se sublevan en los valles del Tuy, en los alrededores de Guarenas o de Guatire, no se contentan con quemar las haciendas, no se contentan con quemar las casas, no les basta con matar al amo, tampoco con violar a su mujer ni con matar a los hijos; matan los caballos, matan las reses, cortan los árboles; es decir, destruyen cuanto les recuerda su condición. Esto se había hecho en Santo Domingo y esto se hacía por momentos también en Venezuela; por eso el temor de Martín Tovar Ponte no era de ninguna manera inmotivado.

Cuando Simón Bolívar salió de Venezuela, luego de ser derrotado por José Tomás Boves el 7 de setiembre de 1814, lo hizo decepcionado política y doctrinariamente, superado en lo militar por un inusitado género de guerra y desconocido en su jefatura. El bando republicano quedaba virtualmente aniquilado, cerrándose la etapa con el restablecimiento del poder colonial en condiciones que en cierta forma reprodujeron las reinantes en la etapa anterior: José Tomás Boves estaba alzado frente al poder legítimo representado por el mariscal de campo Juan Manuel de Cajigal. Pero su oportuna muerte, el 5 de diciembre de 1814, puso cese a esa situación.

Casi al mismo tiempo se restablecía el poder monárquico absoluto en la metrópoli, en mayo de 1814. Esto determinó el fin de otro alzamiento que, si cediéramos por un momento a la tentación de *la historia si,* a la historia condicional, no podríamos dejar de pensar que habría podido tener muy serias repercusiones en la ya descalabrada sociedad monárquica colonial venezolana. Me refiero al conato de alzamiento de su segundo, Francisco Tomás Morales, en virtud de la llamada Acta de Urica, justificativa de que una vez muerto José Tomás Boves, reunió una junta de jefes y fue declarado sucesor. Procuró el reconocimiento de su jefatura, pero el restablecimiento del absolutismo en España determinó a su vez una nueva política hacia América, en la cual los Boves y los Morales no tenían cabida como jefes. El alzamiento de Morales se frustró en virtud de este cambio político.

Se inició, de esta manera, la que he caracterizado como etapa de ocupación militar «extranjera» y de reacción nacionalista colombiana. Abarca, aproximadamente, desde 1815 hasta 1821, y es la más significativa de toda la crisis socio-política de la sociedad implantada monárquica colonial. Se abrió bajo el influjo determinante de factores de procedencia metropolitana. Es decir, del restablecimiento del absolutismo y la derogación, por consiguiente, de la denominada Constitución de Cádiz. Esta política desembocó en un nuevo intento de restablecimiento, puro y simple, del antiguo orden de cosas con muy graves consecuencias. De hecho, la política de pacificación puesta en práctica por el general Pablo Morillo condujo a lo que podría denominarse una ocupación militar «extranjera», en el sentido de que constituyó el primer y único acto de presencia masiva del sector peninsular; y expresó un tipo de política colonialista que contrariaba el carácter popular que hasta entonces había tenido la guerra en favor de la preservación del nexo colonial. Usar la expresión ocupación militar «extranjera», puede parecer excesivo, pero se compagina un poco con lo que John Lynch llama la *segunda conquista*. En realidad, los batallones de gallegos y de navarros que trajo Pablo Morillo resultaban ya para esta sociedad tan extranjeros como podía serlo un batallón de franceses o de ingleses. Es decir, no solo representaban una antítesis en el orden cultural, en el orden político, sino que su grado de vinculación posible o remota con lo que estaba en curso en esta sociedad se había debilitado todavía más por obra de la propia crisis en marcha.

Pero frente a esta situación, la magnitud de la derrota sufrida por los ahora republicanos y su descrédito político; la devastación padecida por el país, con el consiguiente estado de miseria; el exterminio o la ausencia de los primeros jefes republicanos –con excepción de Simón Bolívar y Santiago Mariño–, por supuesto sumado a la expectativa abierta con el retorno del rey; y todo esto en función de la persistente conciencia monárquica, abrió de nuevo una posibilidad de reconciliación. En 1814 todavía era posible un entendimiento. Cajigal lo estimó viable. Pero presuponía el desarrollo de una política de conciliación cuyo punto de partida no podía ser sino la aceptación de la posición hegemónica que los criollos desempeñaban en la sociedad monárquica colonial venezolana. La idea de restablecer el orden monárquico colonial suprimiendo la función hegemónica de los criollos, como lo pensaron los canarios y blancos de orilla que fueron detrás de Domingo de Monteverde, no podía resultar sino en la radicalización del sector de criollos prominentes, despojados de sus bienes, perseguidos y condenados a la frustración como clase dominante. (Me parece que eran suficientes factores como para excitar el patriotismo).

A su vez, el general Pablo Morillo, en lugar de desplegar una política adecuada al momento, llegó a Venezuela como comandante de un ejército de ocupación «extranjero», con la circunstancia agravante de que su actuación resultó tan irritante para los criollos republicanos como para los criollos colonialistas, y hasta para los peninsulares mismos. Comenzó por prohibirles a los oficiales de su ejército contraer matrimonio con criollas y llegó hasta a prohibir la venta de pan de trigo a quien no formara parte del ejército expedicionario, esto bajo pena de muerte; suspendió la Real Audiencia –que daba un viso de legalidad a la que de hecho era una suerte de reconquista–, creó una Junta de Secuestros y agudizó las exacciones y los empréstitos para sostener las tropas y dotar la expedición destinada a la Nueva Granada. Aunque ya eran suficientes elementos como para crear malestar en la sociedad, hubo algo más. Tomó, de acuerdo con sus instrucciones, una medida que parecía concebida para debilitar la restauración del poder colonial. Esa ominosa instrucción dispone:

> En un país donde desgraciadamente está el pillaje y el asesinato organizado, conviene sacar las tropas y jefes que hayan hecho allí la guerra; y aquellos que como algunas de nuestras partidas han aprovechado los nombres del Rey y de la patria para sus fines particulares, debe sí separárseles con marcas muy lisonjeras, destinándoles al nuevo Reino de Granada y bloqueo de Cartagena.

¿El designio era hacerlos morir de fiebre amarilla en Cartagena y Panamá y así limpiar el campo de aquellas bandas de mulatos y zambos que habían restablecido, con José Tomás Boves a la cabeza, el nexo colonial y que habían demostrado ser los únicos instrumentos eficaces de la voluntad de Dios? El efecto de esta política fue transformar los ejércitos del rey, despojándolos de su carácter popular, que había sido clave de su superioridad hasta entonces, enfrentados como habían estado a un ejército no popular y más bien aristocrático en su mandos, como lo era el republicano. La causa del rey pasó a depender, fundamentalmente, de los contingentes de peninsulares, cuya moral no era propiamente muy alta. Son elocuentes los testimonios sobre soldados que desertaban de los cuarteles de Cádiz. A la propia expedición de Morillo se le mantuvo secreto su destino hasta que estuvo en alta mar. Venir a librar la *guerra a muerte* en Venezuela no era un incentivo, sobre todo para los jóvenes oficiales metropolitanos: hambre, desnudez y muerte eran los premios esperables.

Simultáneamente con este proceso de reorientación política del poder colonial, se produjo una reorientación política entre los independentistas. Al destruir el ejército mantuano, José Tomás Boves creó condiciones para que el nuevo ejército republicano se hiciese popular. Esto puede sonar un poco cínico, pero como ya casi no quedaban mantuanos disponibles, el ejército que se gestaba ahora, forzosamente, habría de ser uno en el cual los mandos serían ejercidos por pardos, en una perspectiva de reorientación de la política, tanto militar como social, mucho más coherente y de largo plazo, que se encargó de formular Simón Bolívar en su llamada Carta de Jamaica, a mi juicio un excelente anticipo de lo que serían los programas de los partidos políticos modernos.

En adelante, a partir de 1815-16, la nueva política definida por el sector republicano, caracterizada por un cambio de actitud respecto de pardos y esclavos –en tanto que ya no se mantenían posiciones esclavistas y se actuaba con un criterio social progresivamente menos discriminatorio– encontró su consagración en el acto simbólico que fue el fusilamiento de los autonómicos jefes orientales en la persona del general Manuel Piar. Por eso, cuando se reanudó la lucha en 1816, estaban dadas las condiciones para una reorientación política y estratégica de la guerra, en términos de formular no ya la estrategia tradicional, que consistía en incursionar hacia el centro de la república, como se correspondía con la estrategia seguida hasta este momento por Simón Bolívar, sino en la creación de bases periféricas que pudieran dotar, de alguna manera, de estabilidad al naciente poder republicano, a la vez que tener en jaque a las fuerzas de Pablo Morillo.

Este fue el momento cuando se produjo el enfrentamiento final entre los jefes militares orientales y Simón Bolívar. Los primeros, representados en este caso por los generales Manuel Piar y Santiago Mariño, eran partidarios de convertir el triángulo Maturín-Angostura-Barcelona en la base de la nueva república. Simón Bolívar alegaba que no tenía interés en irse a los Llanos *a hacer una guerra de bandidos*. Pero la derrota que sufrió en Clarines lo persuadió de que había posibilidades en la estrategia que rechazaba y, como buen político, sabedor de que no se podía hacer política sin estar cerca del poder, marchó a Angostura y, al posesionarse del ejército comandado por Manuel Piar, sentó las bases del nuevo orden político y militar.

A renglón seguido, su alianza con José Antonio Páez, al permitirle disponer de sus propias fuerzas, determinaría no solo el sometimiento de los díscolos jefes orientales, sino también el logro, por fin, de una unidad de mando que permitiría reorientar la guerra en función de la más novedosa y rica de las concepciones estratégicas que tuvo Simón Bolívar. Durante los años 1816 y 1817 fue evidente que las partidas de guerrilleros que operaban en los bordes del territorio controlado por el poder colonial, es decir, la llamada Provincia de Venezuela, eran militarmente inhábiles para penetrar el dispositivo estratégico montado por Pablo Morillo, y mucho más lo eran para desarticularlo. Simón Bolívar resolvió cambiar no solo la estrategia sino también la táctica. Dispuso constituir un nuevo ejército, capaz de enfrentarse al español, y acudió a una nueva estrategia para proveer ese ejército de los recursos necesarios. Esos recursos estaban en la Nueva Granada: hombres, dinero, abastecimientos.

Por consiguiente, la estrategia neogranadina de Simón Bolívar debe ser apreciada también a la luz de esa nueva concepción del desarrollo de la guerra, decidida en función de los recursos. La correspondencia de Simón Bolívar en este período es en verdad impresionante: convirtió a sus jefes de escuadrones o de grupos guerrilleros en verdaderos recolectores de cuanto cuero, algodón, tabaco y mula pudiese encontrarse. La idea era garantizar el desarrollo futuro de la guerra, mediante la adquisición de considerables cantidades de pertrechos, y para ello era necesario acudir a todos los medios de pago disponibles. Casi esquilmado el territorio de Venezuela, se hizo evidente para Simón Bolívar que jamás podría constituir un ejército eficiente sobre la base de los solos recursos de Venezuela; que era absolutamente necesario encontrar esos recursos donde los hubiere; y encontrarlos significaría también privar de ellos a Pablo Morillo.

De allí la estrategia que daría por resultado la liberación de la Nueva Granada, es decir, de la etapa que se inició con el establecimiento de la República de Colombia como resultado de esta nueva concepción estratégica, y de una alianza política que había comenzado a fraguar, en el seno del Congreso reunido en

Angostura, entre Simón Bolívar y los diputados de Casanare, reliquias del gobierno de la Trinidad de Arichuna, relegados a los llanos por la presencia de Pablo Morillo en la Nueva Granada, en 1815. La nueva república, expresión culminante del esfuerzo realizado por los criollos venezolanos para mantener el control de su propia sociedad, se presenta como resultado de un compromiso político, al mismo tiempo que la expresión de una necesidad estratégica. Es decir, la derrota del poder colonial metropolitano en América era todavía el objetivo central, y a su consecución se supeditaban todas las demás consideraciones, incluso los ya perceptibles sentimientos nacionales, por no hablar de la embrionaria conciencia nacional.

A mediados de esta etapa, termina el primer acto de la vertiente militar de la crisis, con la capitulación de Francisco Tomás Morales en Maracaibo el 3 de agosto de 1823 y la de Puerto Cabello el inmediato 10 de noviembre. Los graves efectos de la guerra en todos los órdenes, en conjunción con la confrontación sociopolítica que se inició al promulgarse la denominada Constitución de Cúcuta, determinaron que la reestructuración de la sociedad se entrabase: no había claridad en los niveles de decisión política, reinaba un ambiente de indefinición y transitoriedad y, sobre todo, surgía en los venezolanos la prejuiciada conciencia de que más que una unión con la Nueva Granada se había producido la incorporación de Venezuela a la República de Colombia. Paradójicamente, la gran república, gestada en Venezuela y establecida fundamentalmente por los venezolanos, tropezaba de inmediato, también en Venezuela, con el que habría de ser el foco de su destrucción.

Mas esta situación no era obra de la ambición de José Antonio Páez, ni lo era de la malignidad de Miguel Peña. Lo era de una razón histórica, a mi juicio bastante clara: la parte fundamental de Venezuela, por su importancia política y su población, es decir, las provincias de Caracas, Barinas, Coro y Maracaibo, se hallaban bajo el ininterrumpido control colonial: desde 1814 las dos primeras y de siempre las dos últimas. No estuvieron, por lo tanto, representadas en el Congreso constitucional reunido en Cúcuta, lo que daba oportunidad para que se plantease un reparo de participación en la formación del cuerpo político. Así lo hizo la Municipalidad de Caracas, desde el 29 de diciembre de 1821, o sea solo cuatro meses después de constituida la República de Colombia. En ese momento, la Municipalidad de Caracas hizo constar su inconformidad con el hecho de que la nueva república y su Constitución se habían producido en ausencia del voto de la mayoría de los venezolanos; no solo de la mayoría desde el punto de vista numérico, sino también del sector más importante y representativo de esa sociedad. Los argumentos abarcaron desde la capitalidad hasta la ineficacia de la alianza militar y económica. Pero en realidad lo que estaba en el fondo era otra cosa: la nueva política de la emancipación, que había sido formulada en la fase anterior, se mantuvo siempre en la periferia de la región nuclear de Venezuela, cuya población había vivido bajo el absolutismo militarizado desde 1814, sin que se registren históricamente muestras concretas de que se reaccionase contra la restauración del nexo colonial. Este es un hecho muy revelador. Dije hace un momento que, como buen cumanés, no me sentía nada feliz de pensar que Cumaná se había sometido a Domingo de Monteverde sin luchar; pero el hecho fue que desde el 6 de agosto de 1814, Caracas, esa *cuyo ejemplo habría que seguir*, había vivido bajo el despótico poder colonial sin que se registre un intento de subvertirlo. Y, lo que es más grave, Maracaibo y Coro en ningún momento reaccionaron contra ese poder. ¿Estaban obligados a ello por hallarse controlados política y militarmente o se trataba en realidad de una sociedad que no se incomodaba bajo el dominio colonial? Cuando, después de la definitiva batalla de Carabobo, se estableció la república, en esas regiones sus pobladores se vieron incorporados a un régimen político diferente del hasta entonces vigente, que se había gestado e instaurado por completo sin su participación. El general Carlos

Soublette informó a Simón Bolívar, en setiembre de 1821, que se hallaba –le escribía desde Caracas– en medio de un país de godos.

En los hechos, dado el rápido desenlace de la guerra después de la batalla de Carabobo, incluso por la forma desordenada y poco menos que caótica que asumió la entrega de Caracas bajo la égida de la nueva política pautada en los Tratados de Trujillo en sus aspectos más benévolos, la base *goda* del centro de Venezuela permaneció poco menos que incólume. El retorno de los emigrados de inmediato fortaleció esa base y así fue posible a los godos de Caracas, el 4 de julio de 1823, enfrentarse al decreto de expulsión de los españoles e impedir su aplicación. Por eso la nueva organización socio-política adoptada en Cúcuta no satisfizo de ninguna manera las aspiraciones de los diversos sectores de la sociedad. No satisface la aspiración de los esclavos porque mantuvo la esclavitud, aunque institucionalizó la manumisión; y disgustó a los esclavistas porque consideraron que la ley de manumisión era demasiado liberal y violaba el derecho constitucional de propiedad. Tampoco satisfizo a los pardos, porque mantuvo un régimen que si bien daba respuesta a algunas de sus reivindicaciones, en el fondo preservaba básicamente el régimen de 1811 en cuanto a la posibilidad de participación política; y si bien algo se adelantó en lo que se refería al régimen de trabajo forzado, como consecuencia del régimen electoral censitario quedaban marginados de la plena ciudadanía republicana.

Se formó así terreno abonado para que la oposición de los criollos caraqueños a la nueva república se desarrollara con creciente vigor. Sin embargo, hubo que esperar hasta 1828 para que se produjera la conjunción de fuerzas que dio al traste con la nueva república; porque mientras la de Colombia estuvo regida por los congresos de evidente orientación liberal, el sector liberal que subsistía en Venezuela desde 1811, enfrentado a este resurgir de los *godos*, veía en la República de Colombia una respuesta, aunque insatisfactoria, a sus aspiraciones. Así lo expresaba el periódico *El Venezolano* hacia 1823. Pero cuando fue establecida por Simón Bolívar, en la República de Colombia la reacción preservadora de la Independencia, en 1828, y como respuesta a la conspiración de los septembristas, este sector liberal dejó de ver en la República de Colombia alguna forma de respuesta a sus intereses políticos y ya nada impidió el que se formase un frente único de los criollos contra la nueva república. Estos, *godos* y *no godos*, pudieron manipular la opinión pública holgadamente, con el beneplácito de los pardos y la indiferencia de los esclavos, que nada tenían que ganar en ello. La República de Colombia se derrumbó y, para alivio de la clase dominante, quedaron los sectores populares cargando con la culpa del consiguiente parricidio.

Segunda charla-conferencia

La crisis de la sociedad implantada: la formulación del proyecto nacional (1830-1870)

Es un período breve, de apenas cuatro décadas, pero especialmente denso si se le ve con el enfoque que pretendo adoptar. Me propongo centrar la atención en las cuestiones y procesos que constituirán el conjunto nuclear de la evolución socio-histórica de la sociedad venezolana, ya perceptibles en ese período. Para ello tendré que trazar líneas un tanto apresuradas, cuya legitimidad, aunque ya manifiesta, podrá derivarse a plenitud del complejo que componen más que de la fundamentación que pueda proporcionarles ahora. Habré de moverme alternativamente en diversos planos de lo histórico: desde la expresión ideológica de los procesos históricos —tomada como indicio de la existencia misma de los hechos—, pasaré a la comprobación de la situación que es objeto de ideologización, para examinar luego cómo se enfrentó, en la práctica, la situación real; y, por último, ver cuáles fueron los intentos de producir una nueva ideologización de esa realidad. Muchas cosas han de quedar sueltas, y seguramente no faltará quien de ustedes extrañe que se dejen de mencionar muchas cuestiones importantes. Me propongo invitarlos a ir a lo que estimo el fondo del problema. Sin duda que sobre esto habrá interpretaciones, pero el hecho de que intente llamar la atención sobre lo que estimo esencial creo que se justifica por cuanto permitirá poner de relieve algunos aspectos no muy tratados respecto de la historia de la Venezuela republicana.

La charla-conferencia de hoy constará de cinco partes. La primera estará destinada a establecer las articulaciones del período que vamos a estudiar, es decir, del 1830 al 1870, con lo que es propiamente el primer período bélico de la crisis de la sociedad implantada monárquica colonial; o sea, el de la ruptura del nexo colonial o *guerras de Independencia*. En la segunda parte trataré de fijar el momento en que se inició, propiamente, la formulación del *proyecto nacional*. En la tercera parte presentaré, muy brevemente, la significación, respectiva, de la ruptura del nexo colonial y de la desmembración de la República de Colombia. En la cuarta parte veré las expresiones ideológicas y la realidad de la crisis estructural de la sociedad en trance de hacerse republicana. Y en la quinta parte veré cuáles fueron los medios empleados por la sociedad para hacerle frente a ese trance o, mejor dicho, para intentar hacerle frente. Por supuesto, cada una de estas partes requeriría una extensa presentación, y habría que movilizar una documentación muy abundante. Pero es obvio que no sería posible hacerlo en una charla-conferencia. Por eso, algunas consideraciones tendrán el carácter de generalizaciones muy ligeras, pero que alguna razonable fundamentación tienen, y habrá ocasión de demostrarlo.

Iniciemos la primera parte, preguntándonos cuáles son las articulaciones del período que vamos a estudiar con el inmediatamente precedente, o sea, el de las *guerras de Independencia*. Comenzaré por llamar la atención de ustedes sobre la siguiente cuestión: pienso que el término de la primera guerra de Independencia –convencionalmente marcado por la batalla de Carabobo y en la realidad de los acontecimientos por la Capitulación de Francisco Tomás Morales en Maracaibo, el 3 de agosto de 1823, y la Capitulación de Puerto Cabello, el 10 de noviembre del mismo año– no significó el fin de la crisis de la sociedad implantada colonial; ni siquiera significó el fin de la etapa bélica de tal crisis.

En realidad, inmediatamente después de Carabobo empezó a hacerse más visible, hasta llegar a ser evidente, el carácter estructural de la crisis, su permanencia y, sobre todo, su complejidad. Más rápidamente aún se hizo evidente que la guerra había dejado sin resolver las cuestiones fundamentales, atinentes a la sociedad y a la integración nacional. La subsistencia de un sector *godo*, como lo observaba el general Carlos Soublette, que controlaba la porción fundamental del territorio y de la sociedad, permite pensar que la decisión alcanzada en Carabobo fue militar más que socio-política. En marcado contraste, la considerada como casi anodina entrega de Caracas, que expresa la nueva postura moderada de Simón Bolívar, en acentuada diferencia con la política de guerra a muerte, es decir, aquel acto por el cual el comandante Pereira hizo entrega de la plaza y de sus fuerzas, significó que en el último acto de la larga guerra de catorce años no hubo decisión clara ni definitiva en el enfrentamiento entre los llamados criollos realistas o *godos* y los llamados criollos patriotas o republicanos.

Ello significó que en el momento cuando la contienda, que había sido fundamentalmente un enfrentamiento entre los intereses de sectores de la misma clase dominante colonial, habría podido llegar a una definitiva decisión sobre cuál sector de la clase dominante habría de controlar la sociedad, esa decisión quedó aplazada en virtud de que una apenas disimulada rendición permitió la ocupación pacífica de Caracas. Inmediatamente que se supo en Caracas el triunfo en Carabobo del ejército de la República de Colombia, comandado por Simón Bolívar, hubo pánico en la ciudad y se estuvo a un paso de que se produjera algo semejante a lo ocurrido en 1814, cuando la convencionalmente denominada *emigración a oriente*. Todos quienes habían vivido al amparo del poder colonial restablecido desde 1814 temieron por la entrada a Caracas de las tropas republicanas y pensaron abandonar la ciudad. Algunos lo hicieron, y tuvo Simón Bolívar que dictar bandos para tranquilizar a la población, asegurándole que no venía como conquistador sino en representación de una nueva política, y que esta era de tolerancia, de comprensión, de acuerdo con los tratados suscritos en Santa Ana de Trujillo, lo que significó que el sector al cual el general Carlos Soublette llamaba *godos* ingresó al nuevo orden social y político sin pérdida total de sus atributos de poder.

En los otros niveles de la sociedad, Carabobo no resolvió, por ejemplo, el problema de la esclavitud, ni abrió la posibilidad de una repuesta franca y categórica a la aspiración igualitaria de los pardos. Por eso digo que Carabobo fue una decisión militar más que socio-política, porque marcó la culminación de la denominada Campaña de la Nueva Granada, al completar la Independencia de la recién creada República de Colombia, y por consiguiente la de su Departamento de Venezuela.

En el nivel económico, por último, la guerra había puesto de relieve la debilidad de la estructura económica de la sociedad implantada monárquica colonial, desarticulándola, agotándola y, lo que es más grave, sumiéndola en un estado de casi imposibilidad de enfrentar las nuevas condiciones del mercado internacional, como veremos.

El cese de la primera de las *guerras de Independencia* –téngase en cuenta que la segunda ha sido denominada Campaña del Sur, la cual consolidó la Independencia de la República de Colombia–, no marcó, tampoco, el final de la llamada etapa bélica de la crisis socio-política de la sociedad implantada monárquica colonial venezolana, pues esta se extendió hasta 1870, aproximadamente, al paso de la crisis estructural en el orden económico y social, y en el complejo global de esa sociedad.

Las denominadas *guerras civiles* que se suceden entre 1831, con la llamada Revolución Integrista y la Revolución de Abril de 1870, que condujo al general Antonio Guzmán Blanco al poder, denotan una continuidad esencial, como expresión de las renovadas modalidades de la lucha por la libertad y de la lucha por la igualdad, ya claramente perceptibles entre fines del siglo XVIII y el momento de la ruptura del nexo colonial. Desde el punto de vista de la decisión que dejó pendiente la batalla de Carabobo, en lo concerniente al sector de la clase dominante criolla que habría de controlar la sociedad –si el sector que anduvo o se identificó con Simón Bolívar, o el que se había acomodado a la restauración del nexo colonial–, la ocupación de Caracas por el general Antonio Guzmán Blanco, en los días 26 y 27 de abril de 1870, llevó a su culminación lo que la capitulación entre Simón Bolívar y el coronel José Pereira había dejado pendiente. No en balde un historiador venezolano de nuestros tiempos dice que Antonio Guzmán Blanco aplicó, cuando entró a Caracas «una política de represiones y venganzas como Monteverde o Boves»[13]. Fue el momento cuando el victorioso liberal dictó una sentencia que mucho se le enrostró después: la de que terminaría con los *godos* hasta como sector o clase social.

Simón Bolívar comprendió muy bien, en 1821, que era insensato continuar debilitando a la clase dominante; comprendió que nada había más urgente para esa clase que velar por su reconstitución, por recuperar su fortaleza como única manera de enfrentar lo que el mismo Simón Bolívar bautizó como la *pardocracia*. Llevar el enfrentamiento entre criollos republicanos y criollos colonialistas al extremo de producirle una nueva sangría a la clase dominante, en 1821, habría significado más o menos que entregarles Venezuela a los pardos. De allí que no era de ninguna manera una equivocación política la que Simón Bolívar asumía. Cabe recordar que desde 1819 Simón Bolívar realizó esfuerzos por atraer de vuelta a Venezuela a los criollos emigrados que, en las Antillas, estaban un poco a la expectativa de lo que sucedería en su paraíso perdido. Los llamaba insistentemente, los llamaba urgentemente, no para que se incorporaran al ejército sino para que se sumaran al campo republicano, como una forma de reconstituir la clase dominante, de darle de nuevo coherencia, para que pudiera actuar como un freno, como una valla, ante el desbordamiento de

---

13 Antonio Arellano Moreno, *Guía de historia de Venezuela*. Caracas-Madrid, Ediciones Edime, 1955, p. 79.

la *pardocracia,* resultante de la profunda perturbación de la estructura de poder interna de la sociedad. Desde este punto de vista, lo sucedido en Caracas en 1821 respondía también a una lógica clasista. Pero cuando Antonio Guzmán Blanco entró a Caracas en 1870 la situación era otra. Estaba consciente –y esto lo revelan muy bien los textos preparados por él como parte de la formulación programática de la llamada Revolución Federal– de que la única forma de facilitar el desarrollo de una clase dominante, modernizada e ilustrada, era justamente llevando el conflicto con los que entonces eran tildados de *godos* hasta sus últimas consecuencias. Es decir, que era necesario quebrar el poder político y social de aquel sector de la clase dominante para que la surgente nueva burguesía que Guzmán concebía y representaba pudiera desarrollarse a plenitud. Por esto, aun a riesgo de parecer volar sobre los hechos, diríase que se advierte una continuidad lógica e histórica entre lo sucedido en Caracas en 1821 y lo sucedido en Caracas en 1870.

Una visión deformadora de la Historia, quizás por particularizar, en el sentido de fraccionarlo, el proceso histórico; o por inspirarse en la *historia patria,* pretende establecer una diferencia fundamental, de naturaleza, de esencia, de propósito, de significado, entre las *guerras de Independencia* y las *guerras civiles.* Estas últimas son presentadas como episodios de violencia en los cuales se degradó todo lo que había resultado excelso en las primeras. En realidad, cabe señalar que Laureano Vallenilla Lanz percibió muy bien la semejanza esencial de ambos procesos, pero pienso que no la interpretó correctamente como continuidad. No se trataba de que las *guerras de Independencia* hubiesen sido o no una guerra civil. Se trata de que tanto las llamadas *guerras civiles* como las *de Independencia* fueron expresiones de un mismo proceso, sin solución de continuidad. No es degradación el período de la guerra civil, no es decadencia; es pura y simplemente desarrollo de algo que había quedado inconcluso en el de la guerra de Independencia.

Mucho tiene que ver en esto una manipulación del pasado histórico en función del *proyecto nacional*, como expondré. Es decir, el *proyecto nacional* concebido y adelantado por la clase dominante como instrumento de control de la sociedad y como instrumento de consolidación de esa misma clase en la correspondiente estructura de poder interna. Sobre esto volveré.

Las *guerras de Independencia*, y entro en la segunda parte de esta charla-conferencia, cierran con su culminación una etapa de la crisis de la sociedad implantada monárquica colonial venezolana, en la cual es sintéticamente posible identificar un complejo ideológico cuyos puntos de apoyo parecen haber sido los siguientes: en primer lugar, durante un momento inicial, la expresión político-militar de la crisis se fundó en el supuesto de que sería posible transferir la totalidad del simbiótico *poder colonial* a los criollos, manteniendo estos el control de la sociedad. Ello en momentos cuando los criollos dudaban de la capacidad del poder político metropolitano para contribuir eficazmente en garantizar este control. Fue en lo fundamental esta duda, vuelta convicción, lo que motivó su decisión extrema de asumir directamente la totalidad de ese poder.

Pero cuando esto hicieron los criollos, estuvieron conscientes de que otros sectores de la población habían planteado, desde mucho antes —no en balde habían sobrellevado los sucesos ocurridos desde finales del siglo xviii–, sus específicas y propias luchas, en función del logro de la libertad, en función del logro de la igualdad, según se tratase de esclavos o de pardos. De allí que cuando los criollos intentaron operar esa transferencia del poder colonial en favor de su ejercicio autonómico por sí mismos, debieron practicar cierta apertura hacia los sectores dominados de la sociedad. Esto se hizo en la Constitución de 1811. Dicha apertura estaba destinada, sobre todo, a facilitar el control de esos sectores dominados de la sociedad, desalentando —aunque fuese parcialmente— sus luchas.

En la más elemental estrategia política quedaba claro que si los criollos intentaban hacer esa transferencia del *poder colonial* manteniendo una posición tan ultramontana y rígida como la que el Ayuntamiento de Caracas había asumido ante la Real Cédula de gracias al sacar, fechada el 10 de febrero de 1795, podría abrirse para la sociedad una perspectiva de conflicto muy grave. Por lo mismo, fue necesario desarmar los sectores dominados, ofreciéndoles una satisfacción aunque fuese parcial, aunque fuese más formal que real, de sus aspiraciones. Pero estos son puntos a establecer: ¿eran esas aperturas las más adecuadas? ¿Eran suficientes? ¿Se produjeron demasiado tarde? Todas son preguntas que valdría la pena examinar. El hecho fue que la irrupción de las aspiraciones de los sectores dominados trascendió el escenario político inmediato. Lo que se creyó que podría ser una transferencia de poder casi palaciega, y sin generar mayores conflictos, derivó en una cruenta y prolongada guerra que produjo la división de la clase dominante, comprometiendo por lo mismo su otrora probada capacidad para controlar la sociedad. Por consiguiente, la clase dominante que salió de la primera de las *guerras de Independencia* fue una clase disminuida en cuanto a su significación numérica, débil en cuanto a su coherencia y, lo que era más importante, presa de una considerable desorientación.

En un segundo momento, durante el primer período de la fase bélica de la crisis de la sociedad implantada monárquica colonial, comenzó a operar el supuesto de que era posible encontrar un terreno o plataforma común para que las luchas de los diversos sectores sociales coincidieran, y que dicha plataforma sería la Independencia, entendida como ruptura del nexo colonial. En verdad que esto fue difícil de lograr. Una imagen historiográfica deformada de los acontecimientos induce a pensar que desde muy temprano andaba una conciencia de patria buscando cómo realizarse. Los acontecimientos fueron muy diferentes de lo que suele presentarse a la luz de esa concepción historiográfica. Para los criollos se trataba ni más ni menos que de realizar una gran proeza, y la realizaron. Una proeza ideológica. Esa proeza fue hacer recaer sobre el *poder colonial* la responsabilidad, incluso de los efectos de la propia dominación interna ejercida por los criollos. No era nada fácil persuadir a los pardos, por ejemplo, de que la discriminación y la explotación, que constituían el fundamento de la preeminencia social de los criollos, eran consecuencias del nexo colonial, y sin embargo se logró, pero con mucho esfuerzo. Quizás no sea posible decir que esto se logró antes de 1818. Fue necesaria la ley marcial para «estimular» el patriotismo de los defensores de la República, pero se logró; pues poco a poco se fue estableciendo, aun en los sectores dominados, la conciencia de que la lucha por la Independencia era el escenario en el cual podían coincidir las diversas luchas: la de los esclavos por su libertad, la de los pardos por la igualdad y la que los propios criollos proseguían desde el punto de vista de la libertad de disponer de la sociedad y de la igualdad respecto de los metropolitanos.

Esto significó que la Independencia comenzó a conformarse como un objetivo no estricta o exclusivamente político, sino más bien como la expresión de una aspiración global de una nueva sociedad, diferente, donde los valores negativos de la sociedad monárquica colonial se viesen trocados en positivos. Simón Bolívar tuvo especial comprensión de esta situación, y quizá una de las demostraciones más sorprendentes y más claras de su realismo político fue, justamente, el hecho de comprender que en esta especie de orquestación de las luchas particulares de los diversos sectores sociales estaba la clave de la crisis político-militar. Por eso aquel Simón Bolívar esclavista, decidido y tenaz de 1814, que había enviado al licenciado Miguel José Sanz a instruir el sumario de los esclavos alzados en los valles del Tuy; el hombre que dio instrucciones al enviado diplomático que habría de tratar con el jefe del apostadero naval inglés de las Antillas para que destacase una división de 6000 hombres con el objeto de someter a las esclavitudes que ponían en peligro a los blancos, entendió perfectamente que habría de diseñarse una nueva política respecto de los esclavos, como habría de diseñarse una nueva política respecto de los pardos; y en adelante, a partir de 1815, así lo hizo. De allí su preocupación constante por abrir una perspectiva para que los esclavos pudieran ver coincidir su lucha con la de los criollos; y en cuanto a los pardos, en el general Manuel Piar no solo se fusiló a un disidente, no solo se fusiló la autonomía de los caudillos orientales, sino se quiso también enterrar lo que se calificó de discordia en la sociedad desde el punto de vista de las diferencias de casta y de la discriminación basada en el color. Cuando Simón Bolívar hizo enjuiciar al general Manuel Piar, una de las primeras cosas que puso de relieve, como máximo crimen contra la causa, fue justamente el pretender promover la guerra social, reviviendo los conflictos de casta que él consideraba definitivamente superados. En suma, que desde este punto de vista el esfuerzo se centraba en establecer una plataforma que propiciara la conjunción de las diversas luchas de viejo libradas en el seno de la sociedad monárquica colonial.

Por último, en un tercer momento y a manera de consideración general, diría que se crea un estado de conciencia en el sentido de que la ruptura del nexo colonial habría de significar la superación casi automática de la crisis estructural de la sociedad, crisis cuyos síntomas eran percibidos en todos los órdenes desde fines del siglo XVIII. La Independencia habría de significar en lo económico el «libre comercio», y este habría de significar prosperidad y bienestar en una forma casi inmediata. La Independencia habría de significar, en lo social, el advenimiento de la igualdad, y aun de la fraternidad. Y en lo político, por supuesto, el reino de la libertad. En suma: la libertad, la seguridad, la propiedad y la igualdad, (Título 1, Sección 1, Art. 3.º), que fueron principios constitucionales de la República de Colombia.

Ahora bien, tan pronto cesó la guerra, fue visible que estos resultados demoraban, por decir lo menos. Se percibían dificultades en la realización de esas expectativas, de esos supuestos, y esto generó realmente necesidades a cuya satisfacción se orientó, durante todo este lapso, la acción política. ¿Cuáles eran esas necesidades? En primer lugar, fortalecer el poder de la surgente burguesía criolla como clase dominante. Me refiero a una clase que denomino *burguesía* con todos los cuidados que implica el uso de este concepto. En segundo lugar, era imprescindible arbitrar medios para contener o embridar las luchas específicas de los sectores dominados, que afloraron al día siguiente de Carabobo: entre 1821 y 1823 los altos llanos occidentales, el piedemonte y buena parte de los bajos llanos estaban infestados de bandoleros; incluso en regiones cercanas a Caracas las partidas de bandoleros mantenían a la población en jaque. *Bandoleros* es el término de la época, pero en realidad es muy difícil establecer una diferencia entre esos bandoleros y aquellos que en 1813-14 llevaron a su derrumbe la República mantuana. Es decir, los esclavos y pardos alzados mandados por Francisco Rosete y otros caudillos colonialistas.

La tercera y última necesidad era estimular el surgimiento de factores dinámicos que impulsaran la instauración de la sociedad republicana. En este sentido, la ruptura del nexo colonial y la desmembración de la República de Colombia entregan significados muy importantes. De manera general, y en lo que concierne a Venezuela, creo posible afirmar que las repercusiones, de todo orden, que habría podido tener la ruptura del nexo colonial se vieron aplazadas, retardadas o matizadas por la formación de la República de Colombia y por la apertura de un nuevo teatro de operaciones militares en el sur. ¿Por qué digo esto? Porque si bien se había adelantado, en el caso de Venezuela, en la definición de la república como forma de gobierno –recuérdense la Constitución de 1811, la de 1819 y la de 1821–, era un hecho que en la práctica había regido la autocracia militar. La república no había pasado de ser, en ningún momento, mucho más que una proposición socio-política. Fue solo después de la batalla de

Ayacucho, librada el 9 de diciembre de 1824, cuando esta situación comenzó a sincerarse, y con ello se abrió la larga secuencia de enfrentamientos en lo que se vivió como pugna entre el poder civil y el poder militar. Pero esto fue perceptible, de manera social y políticamente significativa, una vez adelantada la ruptura de la República de Colombia.

La constitución de la República de Colombia retardó también la toma de conciencia del carácter estructural de la crisis, porque mientras ella existió fue siempre posible encontrar una nueva explicación, o una nueva justificación, para el retardo en el advenimiento de todos aquellos bienes que se esperaban de la ruptura del nexo colonial. Si la sociedad no era libre, si no era igualitaria, si no era próspera, en una primera instancia se debía al nexo colonial, pero roto el nexo colonial la explicación de esta situación recaía en las consecuencias de la fusión con Nueva Granada, por cuanto esa unión socio-política llegó a ser considerada gravosa para Venezuela. ¿Probablemente porque lo que fue resuelto como la *unión* de dos repúblicas en una nueva, según los términos de la Ley Fundamental de Colombia, aprobada en Angostura en el 17 de diciembre de 1819, fue reformulado como una *fusión* por el Congreso constituyente reunido en la Villa del Rosario de Cúcuta, en razón de la Ley Fundamental de la Unión de los Pueblos de Colombia, promulgada el 6 de octubre de 1821, cuyo propósito no sería ya *constituir un Estado* sino *formar una Nación*?[14].

Por último, diríase, quizás, que resultaron pospuestos, en función de conflictos de una magnitud mayor, los problemas propios de la integración nacional; es decir la ventilación de los conflictos derivados de la tendencia autonómica de las provincias, que ya en 1831 reaparece con el general José Tadeo Monagas en

---

14 Véase mi obra titulada *Colombia, 1821-1827: Aprender a edificar una república moderna liberal. Demolición selectiva de la Monarquía, instauración de la República y reanudación política de la disputa de la Independencia*. Fondo Editorial de Humanidades y Educación. UCV-Academia Nacional de la Historia, Caracas, 2010.

la llamada Revolución Integrista, justamente como un eco del desmembramiento –¿caraqueño-valenciano?– de la República de Colombia.

En suma, el desmembramiento de esa república planteó para la sociedad venezolana tareas fundamentales. En primer lugar, la muy compleja consistente en deslindarse, tanto respecto del genésico estadio monárquico colonial como respecto del conformante presente republicano liberal colombiano. Comenzaban los venezolanos a definirse positivamente como tales: ya el problema no era hacerlo en cuanto no eran *españoles americanos*, como lo dispuso la bautizada Constitución de Cádiz; ni en cuanto no eran *colombianos*, como lo dispuso la bautizada Constitución de Cúcuta. Ahora necesitaban definirse en cuanto *venezolanos*; y por lo mismo era necesario echar las bases de la organización republicana. Desde este punto de vista, la inclusión de Venezuela en la República de Colombia constituyó mucho más que una especie de transición entre el acto de ruptura del nexo colonial y el inicio de la organización republicana independiente.

Las necesidades de la guerra habían determinado la posposición del ensayo republicano, como práctica, desde su primaria adopción constitucional en 1811. En rigor, fue tal la falta de cohesión de la República de Colombia, y tan voluntariamente ajenos estuvieron a la existencia de la misma los venezolanos –en especial los habitantes de la Provincia de Caracas, la más extensa, poblada y rica–, que el ensayo nacional colombiano apenas superó su estadio programático, salvo en sus más gloriosos campeones: el Libertador Presidente, Simón Bolívar, y el Primer Mariscal de Colombia, Antonio José de Sucre. De allí que cuando el Congreso Constituyente instalado en Valencia, en mayo de 1830, convalidó el separatismo perpetrado, se inició de lleno el esfuerzo por dar contenido concreto a una república que hasta el momento había sobrevivido tan solo en los campamentos militares. Quien estudie cómo fueron elegidos los diputados al Congreso de Angostura, ese momento tan justamente exaltado de nuestra historia, probablemente descubrirá cómo los comandantes militares literalmente elegían a dedo a los patricios que habrían de ejercer la facultad legislativa.

Pero el establecimiento de este nuevo orden republicano requería operar otros deslindes. Uno, dramático, significó el desconocimiento de la deslumbrante autoridad de Simón Bolívar y, de hecho, su exilio. Consistió en cometer el genuino *parricidio*. El entonces denominado Estado de Venezuela, y luego República de Venezuela, nacieron, no de la sangre, como sí lo hizo la Independencia, sino de las cenizas de Simón Bolívar, quien había llegado a ser considerado como una suerte de «ciudadano imposible», es decir, aquel cuyo prestigio y cuya majestad embarazaban el camino hacia la reconstitución de la sociedad, en el nuevo marco republicano.

Otro deslinde, más laborioso, debía significar la redefinición de patrones sociales conformados en el seno del nexo monárquico colonial, para hacerlos corresponderse con el nuevo *proyecto nacional* que comenzaba a formularse. ¿Cuáles habrían de ser las grandes líneas de esta organización nacional?

El punto de partida estaba dado por un territorio de más de un millón de kilómetros cuadrados, en el cual se hallaba diseminada una población estimada en poco más de un millón de habitantes. Ambos factores reflejaban el impacto de la guerra que, por más de un década, destruyó y desarticuló las incipientes estructuras de una sociedad cuyo primer intento de integración jurídico-política apenas contaba tres décadas en el momento en que se desencadenó su primaria crisis socio-política. Este es un hecho fundamental. Decía, hace un momento, que la clase dominante surgió de la guerra escasa en número y débil en cuanto a su coherencia interna. Es un hecho sobre el cual las observaciones pueden resultar, quizás, un poco chocantes; pero cuando Fermín Toro, en 1858, en la Convención Nacional reunida en Valencia, hizo su célebre discurso sobre si debía optarse por el federalismo o por el centralismo, reforzó sus argumentos con uno que, visto con la mayor objetividad, tiene una fuerza tremenda. Dijo lo siguiente:

> El proyecto de Constitución establece que las legislaturas departamentales consten por lo menos de veinte individuos; veinte individuos en un territorio que componga dos o tres provincias de las actuales no gravarían excesivamente las localidades, pero sí sería mucho para cada una de las veinte provincias, y tendríamos veinte multiplicado por veinte, cuatrocientos legisladores en Venezuela en el régimen municipal, y ciento en el Congreso; poco más o menos serían quinientos individuos legislando en Venezuela. Esto solo indica la irrealización del proyecto de conservar las actuales provincias. Añádase a esto veinte gobernadores, algunos cien jefes políticos, un número cuádruple tal vez de concejales, y veamos si puede Venezuela en el estado lánguido en que se halla sostener este tren municipal. Es imposible.

Y concluyó el orador: «Esto es, señor, por lo que respecta a la economía; por lo que respecta a inteligencia, el argumento es el mismo; ¡quinientos legisladores! Venezuela no tiene tantos hombres hábiles».

Es decir, una clase dominante que no contaba con quinientos miembros capaces de articularse en el control de la sociedad. Por eso, cuando hablo de lo escuálida, numéricamente, que era esa clase dominante, señalo un hecho importante. Por último, recuerden lo dicho sobre la ocupación del territorio y de cómo más del veinticinco por ciento del mismo aún quedaba por ver iniciarse el proceso de implantación de la nueva sociedad. La base agropecuaria había sido dislocada por la guerra y, lo que es más importante, la guerra había causado la pérdida o la destrucción de la escasa infraestructura que se había logrado formar, sobre todo en el siglo XVIII, hasta el punto de que los que eran, en 1810, núcleos más o menos urbanos, incluida Caracas, para 1830 presentaban un aspecto desolador de casi retroceso; de recuperación del terreno —en los términos de Rafael María Baralt— por la selva. Es decir, la presencia urbana de la sociedad se había debilitado. En 1854 aún eran visibles en Caracas los efectos del terremoto de 1812.

En consecuencia, se planteaba un conjunto de tareas que comprometían todos los órdenes de la vida social. En lo económico, restablecer la base agropecuaria y dar a la actividad económica un sentido acorde con el nuevo marco de relaciones internacionales, determinado por la procuración de la articulación plena con el sistema capitalista mundial, ya en vías de desarrollo y expansión. En lo social, había que enfrentar las consecuencias de un orden colonial muy resquebrajado pero no demolido, aun presente en la sociedad, particularmente en lo tocante a la esclavitud y a la supervivencia, en la práctica, de los factores de diferenciación social implicados en el concepto de casta, tal como se lo entiende para la sociedad venezolana. En lo político, la tarea consistía en alcanzar un grado de cohesión nacional que garantizase la integridad territorial y perfeccionase la tendencia jurídicamente integradora de fines del siglo XVIII, seriamente afectada por la guerra. En lo ideológico, este conjunto de tareas concluía en la necesidad de robustecer la conciencia nacional; y a esto justamente tendía la formulación inicial del *proyecto nacional*.

Con lo dicho entro en la cuarta parte de esta charla-conferencia. Consiste, como cuestión, en el verdadero despertar de la toma de conciencia de la realidad de la crisis que vivía la sociedad, crisis que he calificado de estructural. Cuando se recorre el pensamiento venezolano en el lapso 1830-1870, no resulta difícil percibir diversas formas, modos y grados de conciencia respecto del malestar de la sociedad. En cambio, resulta menos fácil establecer, con el rigor necesario, la posible correlación entre estos estados de conciencia y la realidad del proceso socio-histórico. Esto, porque en muchos aspectos el proceso socio-histórico no nos es bien conocido, en razón del escaso desarrollo de la investigación histórica crítica y deslastrada de esquemas y criterios preestablecidos o servilmente adoptados.

Las muestras de conciencia, referidas al malestar de la sociedad, llegaron a conformar las constantes esenciales del pensamiento venezolano del siglo XIX. Revelan no solo un esfuerzo incesante por producir el diagnóstico de la dolencia padecida por la sociedad, sino también por formular el tratamiento específico que habría de sanarla. En efecto, en este lapso se formaron, básicamente, las dos constates del pensamiento venezolano que he definido como *optimismo lírico* o *alucinado* y *pesimismo sistemático*, sintetizados en la expresión «En este país...» y añádanle ustedes lo que quieran. Todo es posible, nada es imposible en este país, de acuerdo con la expresión utilizada por Luis Manuel Urbaneja Achelpohl, para titular su importantísima novela.

El esfuerzo por producir el diagnóstico que permitiera identificar los males padecidos por la sociedad se tradujo en un incesante señalamiento de orígenes y causas. Por ejemplo, fueron señalados: la disolución de Colombia, el mal Gobierno colombiano, el militarismo, la mala calidad de los ciudadanos... Por esta vía se llegó al planteamiento de carácter más típicamente racista, producido en 1939 por obra de Alberto Adriani, cuando llegó a la conclusión de que la mala calidad de los ciudadanos venezolanos se debía a su contenido de «sangre negra», a la decadencia moral y ética –la que en el fondo también tiene a los negros para cargar con la culpa–, a la falsa riqueza corruptora derivada de los empréstitos colombianos, a la desaplicación al trabajo –con lo que les tocaba su parte a los indios–, a la falta de espíritu cívico, al caudillismo; en fin, a toda suerte de determinismos. Se podría componer una larga serie de causas, entre las cuales terminaron por reinar las consecuencias de haber desatendido el legado ideológico bolivariano[15].

---

15 A este respecto véase mi obra titulada *El culto a Bolívar. Esbozo para un estudio de la historia de las ideas en Venezuela*. Instituto de Antropología e Historia de la Facultad de Humanidades y Educación

Diagnosticado el mal, pronto era propuesto el específico, cuya acción habría de ser siempre inmediata y poco menos que portentosa. Es decir, hecho el diagnóstico, aplicado el remedio, la situación debía cambiar de la noche a la mañana. Hubo quien pensara que el remedio era estudiar la economía política, porque todos los males del país se debían a que la gente no sabía economía política. Otros pensaron que el remedio estaba en el espíritu societario y por eso había que fundar la «Sociedad de Amigos del País». Otros pensaron que era conveniente transformar las costumbres, y para eso nada más indicado que traer robustos y, como decía Simón Rodríguez, dóciles inmigrantes europeos que hicieran el trabajo de los levantiscos pardos y de los flojos esclavos. Más tarde, la transformación del medio social, la «revolución», «el antiimperialismo», todos estos serían remedios aplicables.

El resultado fue que la contraposición entre el *optimismo lírico* y el *pesimismo sistemático* desembocó en el desconcierto o extravío de la naciente conciencia nacional, llegado hasta el extremo de que se pusiese en tela de juicio la noción de *patria*. Incluso se expresaron dudas sobre la viabilidad de la sociedad venezolana. Todavía a fines del siglo XIX y comienzos del XX, un buen sector de la opinión pública abrigaba dudas acerca de que la sociedad pudiese superar la antítesis civilización *vs.* barbarie; y se llegó a alentar el proyecto de incorporar esto que no llegaba a ser una sociedad –y que según todos los indicios no habría de serlo jamás–, al Imperio británico, en calidad de protectorado, para que pudiese siquiera aspirar a un desarrollo semejante al de las Antillas británicas.

Las muestras, literarias y sociológicas, de estos avatares de la conciencia de patria son muy significativas, porque no solo se sucedieron en hombres que participaron directamente en las guerras de

---

de la UCV, Caracas, 1970. 2.ª ed.: EBUC, Caracas, 1973. 3.ª ed.: Universidad Nacional de Colombia, Bogotá, 1978. 4.ª ed.: Editorial Grijalbo, Caracas, 1989. 5.ª ed. Editorial Alfadil, Caracas, 2003. 6.ª ed., Editorial Alfadil, Caracas, 2008. 7.ª ed.: Editorial Alfadil, con prólogo de John Lynch, Caracas, 2013.

Independencia sino también en una de las mentes más lúcidas que estudiaron este proceso a nivel de los tiempos. El hecho de que un intelecto como el de Francisco Javier Yanes, quien había sido de los padres de la patria desde 1810, que había corrido todas las suertes de la República, que había permanecido firme en su posición de luchador contra el dominio colonial, que incluso fue parte fundamental en el «parricidio» –animado de su sincero amor por la república y por la libertad– pudiese escribir, hacia 1842, palabras que muchas veces he citado, lleva a pensar que la crisis de conciencia vivida por la sociedad era realmente profunda. Escribió en aquel momento lo siguiente:

> Cuando la patria no cumple sus deberes, cuando quebranta la fe de los pactos más sagrados, cuando se hacen ilusorios los derechos y los objetos que compraron los ciudadanos a muy alto precio, cuando por el mal gobierno no hay unión civil, benevolencia y fraternidad; entonces patria no es más que un nombre vano, una tierra ingrata, y aun enemiga, pues que no solo no provee a la subsistencia y seguridad, sino que mantiene en desorden la administración, apoya la opresión y despotismo de los agentes del Gobierno, y autoriza la omisión e impunidad de los delitos más contrarios a la sociedad.

José de Austria, luchador también desde los primeros momentos, llegó a escribir, casi contemporáneamente: «¡Dichoso aquél que nazca en otra era, cuando no existan ni los que han sido testigos de la horrenda catástrofe que ha superado la América, para fijar en sus gigantes cimas el estandarte de la libertad! Los fríos recuerdos de la historia le excitarán una tranquila admiración; mas no devorarán su alma, ni el espectáculo de las crueldades ni el vivo dolor de los que las presenciaron».

Y Rafael María Baralt, estudiando la sociedad venezolana en su historia publicada en 1841, llega a decir que los pueblos de Venezuela persiguen ansiosos una libertad… «sin la cual la guerra de independencia no habría sido otra cosa que una insigne y descabellada maldad»[16].

Este era pensamiento de hombres ilustrados de la clase dominante, que percibían y expresaban la profunda crisis de la apenas naciente conciencia nacional, vivida por la maltrecha sociedad, comprometida, sin embargo, a hacerse republicana para hacer fructificar el heroísmo de que había dado pruebas.

¿Cuál era la realidad de esa crisis? He dicho que a mediados del siglo XVIII se detuvo el proceso de implantación de la nueva sociedad, por agotamiento de los factores dinámicos endógenos, según pudo percibirse en el cuadro de factores que presenté en la charla-conferencia anterior. Pues bien, esto es perceptible también en lo concerniente a la crisis estructural republicana y a la evolución del contexto internacional, a los que vengo refiriéndome. Simplemente, haré unos pocos y sumarios enunciados:

En cuanto a la crisis estructural en la economía, esta se expresaba genésicamente en tres aspectos: la *hacienda*, como unidad económica, como instrumento de control del territorio y de fijación de población —en suma, de estructuración de una base agropecuaria— que fuese en las primeras fases del proceso de implantación, se reveló como un ente económico poco propenso a evolucionar. No lograba promoverse a sí misma a nuevos niveles de desarrollo y, sobre todo, se mantuvo siempre por debajo de la pauta sentada, también en la región del Caribe, por la plantación de tipo capitalista. La estructura socio-económica de la hacienda la convertía en un ente económico incapaz de generar una dinámica de intercambio comercial actualizado y creciente.

Se expresa la crisis también en lo que se refiere a los cambios operados en la fuerza de trabajo: la decadencia y condena de la esclavitud, el crecimiento del sector de peones y demás «asalariados» —lo que por tal se entendía en la época— crearon en la

---

16 Véase mi obra, citada, *El culto a Bolívar*...

estructura económica, que todavía se correspondía con la vigencia de la esclavitud, tremendos desajustes y dificultades por la inserción de la mano de obra libre, aun cuando fuere en la condición servil del *peonaje*.

El tercer aspecto de expresión de la crisis concernía a la tecnología. No solamente a la tecnología agrícola, que no evolucionaba y seguía siendo fundamentalmente la que ya habían practicado los aborígenes y la que había sido enriquecida, con la introducción de instrumentos metálicos de labranza y el empleo de semovientes, desde los primeros tiempos del período colonial, es decir, en el siglo XVII; sino también la tecnología en lo que se refería a la capacidad de operar sobre el medio físico. Venezuela era un país sin infraestructura: carecía de puertos, de caminos que no fueran de recuas, y no había posibilidades reales de cambiar esta situación. En 1847 –lo he citado otras veces–, Guillermo Iribarren Mora presentó una memoria, titulada *Pensamientos sobre caminos,* en la cual quiso demostrar, entre otras cosas, que la sociedad venezolana podía, sin recurso al crédito extranjero, abrir «una buena carretera» que comunicase a Caracas con Petare, como logro extraordinario y como demostración de la aptitud tecnológica de la sociedad.

Se advertían síntomas de crisis en la estructura social, determinada o expresada particularmente en la lucha de los esclavos por su libertad. La *historiografía patria* oculta muy cuidadosamente algo que dos investigadoras de la Escuela de Historia de esta Universidad han puesto en claro; me refiero a las profesoras Antonieta Camacho y Carmen Gómez: el auge de las rebeliones de esclavos y de los *cumbes* inmediatamente después de la batalla de Carabobo, sobre todo en la región central de la república. Pero también se expresa la crisis en lo social, en cuanto a la lucha de los pardos por la igualdad. Tal era el contenido igualitario de las guerras civiles, que encontró su mejor manifestación en la Guerra Federal.

En la estructura política, la crisis ya se planteaba como la crisis de participación de que hablaba en la charla-conferencia anterior, tanto en sentido regional como en sentido social. Pero se actualizaba en otro orden muy importante: el de la integración político-territorial, que se venía esbozando desde fines del siglo XVIII y que sufrió un serio trauma con las primeras guerras de Independencia. En 1830 Venezuela era, desde el punto de vista de las provincias, forzada a confluir en lo jurídico político en 1777, un ente tan falto de integración o inarticulado en lo político-territorial como lo era a mediados del siglo XVIII. Las guerras de Independencia no hicieron avanzar orgánicamente el proceso de integración. Por el contrario, robustecieron y esclarecieron los movimientos autonomistas locales. No solo en el oriente venezolano ese proceso autonomista habría de perdurar a lo largo de toda la crítica instauración definitiva de la República, sino que hubo regiones que con su autonomía literalmente comprometieron, desde su inicio, el curso de los acontecimientos; me refiero a Coro, Maracaibo y Guayana.

Estas crisis, en muchos casos estimuladas por las guerras de Independencia, se expresaban luego de 1830 en un contexto internacional que había evolucionado, igualmente. Entre 1808 y 1821-22, los contactos de la sociedad venezolana con el marco internacional fueron de un orden muy peculiar. Las repercusiones de las guerras napoleónicas, las demandas de protección y ayuda a la Gran Bretaña, el comercio con los Estados Unidos, todo se dio dentro de un marco de excepcionalidad. Pero después de 1821-24, cuando comienza a actualizarse la articulación con el surgente sistema capitalista mundial, lo primero que se percibió fue que este último había entrado en una fase de desarrollo que implicaba su transformación. Tendía a superar el estadio primario de comercial y manufacturero para convertirse en capitalismo industrialista, lo que sentaba nuevas pautas para la circulación de bienes y, sobre todo, generaba nuevas necesidades. La sociedad venezolana no producía, en ese momento, ninguno de los insumos principales del proceso de industrialización que se estaba desarrollando sobre todo en Europa. Producía insumos complementarios, es decir: cueros de res, un poco de algodón, etc.; pero los insumos fundamentales, es decir: hierro, carbón, lana, eran extraños a su economía. Por consiguiente no existía, de parte del sistema capitalista en desarrollo, un interés fundado por esta sociedad, que solo seguía proveyendo de algunos productos tropicales, los cuales todavía tenían en Europa un consumo más bien elitesco: el café y el cacao no eran consumo de extensos sectores de la población; y el tabaco, el azúcar y el añil interesaban sobre todo desde el punto de vista de la comercialización, no desde un punto de vista industrial; por lo que no figuraba Venezuela como proveedor en atención a las demandas prioritarias del nuevo sistema económico. Pero Venezuela había entrado a la guerra en una situación completamente contraria; justamente cuando todavía el capitalismo tenía un marcado carácter comercial; y cuando los productos tropicales constituían un negocio muy jugoso. De esta manera había ocurrido un primer cambio significativo en el cuadro de las posibilidades de viabilidad de la naciente república.

El segundo cambio estuvo dado por los efectos de la libertad de comercio. Era cierto que ahora los hacendados podían vender libremente, pero también lo era que la libertad de comercio significaba la concurrencia, en los mercados europeos, de otros productores, en escala latinoamericana, con lo que entró a prevalecer una circunstancia determinante: la baja capacidad competitiva de la hacienda venezolana. Esta era de baja productividad, y de muy escasa capacidad competitiva debido a los altos costos, determinados por insuperables factores. En esto faltan estudios cuidadosos, seriamente hechos, que permitan llegar a conclusiones mucho más firmes que las que me atrevo a aventurar. Digo baja capacidad competitiva en razón de una administración deficiente –observaba el viajero François Raymond Depons–, en razón de los altos fletes determinados por la escasez y el primitivismo de los caminos; y también en razón de las gravosas hipotecas que pesaban sobre la generalidad de las haciendas. Pero, en los hechos, lo que parece globalmente comprobado es la baja capacidad competitiva.

Resumiendo: como resultante, la sociedad venezolana padeció muy limitada posibilidad de que se pudiese estimular el desarrollo de su estructura económica. Primero, porque no ofrecía productos que fuesen necesitados con urgencia por el sistema capitalista en desarrollo. Segundo, porque habría de competir con otros centros productores, aun sobre sus productos tradicionales. Y tercero, porque padecía una insuperable y perdurable baja capacidad competitiva. De allí que el tráfico exterior resultase favorable durante los dos o tres primeros años, cuando el mercado europeo, aun restringido, no había podido ser satisfecho durante la guerra en lo que se refería sobre todo a café y cacao; y los precios alcanzaron niveles altos. Pero pasados esos primeros años, a partir de 1825 los precios del cacao comenzaron a bajar. Para 1840 los precios, que en 1824 estaban en el orden de los 24 pesos el quintal, habían bajado hasta los 7 pesos. Casi costaba más sacar un quintal de cacao de las haciendas de Caucagua hasta la Guaira y embarcarlo, que lo que podría representar en algún puerto europeo.

Frente a la crisis estructural –así apenas esbozada–, la clase dominante criolla intentó reaccionar en dos direcciones –y entramos con esto en la última parte de la charla-conferencia–. En primer lugar, intentó hacerlo fomentando el surgimiento y desarrollo de factores dinámicos en el área de la economía. En segundo lugar, perfeccionando la compensatoria ideologización de la crisis, al reanudar la formulación del *proyecto nacional venezolano*, desligándolo del *proyecto nacional colombiano* y haciendo de este propósito, expresándolo como *la Independencia nacional,* el logro compensatorio de todas las carencias.

En lo concerniente al fomento de los factores dinámicos, se operó de la siguiente manera: en lo económico, se barajaron planes para estimular la agricultura mediante empréstitos; se realizó una política de arriendo y enajenación de tierras baldías que tuvo su expresión más alta en 1848 –lo que constituyó el cercano origen del latifundismo–; se promovieron asociaciones privadas con el objeto de que actuasen como medios para la introducción de nuevas tecnologías modernas, para los fines agrícolas y pecuarios, partiendo de la temprana creación por José Antonio Páez, jefe superior, civil y militar de Venezuela, el 26 de octubre de 1829, de la «Sociedad Económica de Amigos del País», «para difundir los conocimientos útiles: atraer a su seno las publicaciones de los países más ilustrados, los informes de las personas nacionales o extranjeras más instruidas en los procesos de las diferentes clases de industria, y en la economía política aplicada a nuestras circunstancias».

En lo social, se intentó introducir un correctivo a la crisis por la única vía que a la clase dominante criolla le parecía razonable y expedita: aumentar el sector blanco de la población fomentando la inmigración. No se trataría de procurar inmigrantes negros o amarillos, no. Tenían que ser blancos, y de preferencia de la Europa no latina. En cuanto a los españoles, quedaban descartados en función de las proyecciones ideológicas de la guerra. Muy buena conciencia hipócrita tenía la clase dominante criolla en este aspecto, porque al mismo tiempo que rechazaba a los españoles por atrasados, por oscurantistas, por ignorantes, aceptaba a los canarios; quienes, por atrasados e ignorantes, literalmente habrían de convertirse en productivos semisiervos de hacendados y artesanos. Desde 1831 se siguió una política de benevolencia respecto del ingreso de canarios.

En lo político, el gran correctivo, el gran instrumento que al menos habría de paliar la crisis, distribuyéndola, fue la nominal adopción del federalismo. Si bien entendido apenas como la estructuración federativa del Estado; única forma de articular las inquietas autonomías locales y provinciales en el marco de la instauración de la República. Esto en lo que se refería a las políticas que se proclamó querer poner en marcha.

Mas en lo que se refería a la ideologización de la difícil situación que atravesaría la naciente República de Venezuela, se reanudó –y se completó, al final de este período– la formulación inicial del *proyecto nacional,* esbozado en 1811, el cual debe ser entendido como un complejo ideológico-político, formulado por la clase dominante como expresión y como factor de su predominio, en tanto rigiera, como modelo, la organización y el funcionamiento de la sociedad. Pero un modelo cuyo objetivo era justamente mantener, consolidar y ampliar la posición preeminente que en la sociedad tendía a reasumir la diezmada clase dominante monárquica colonial.

Es posible distinguir, en el *proyecto nacional,* sus bases y fundamentos, sus instrumentos, sus mecanismos ideológicos y sus expresiones. Todo esto debería ser objeto de extensas exposiciones, pero apenas haré una presentación muy sumaria.

En cuanto a las bases y fundamentos, cabe señalar lo siguiente: la formulación inicial del *proyecto nacional* implicaba establecer –y a esto también sirvieron las historiografías *patria* y *nacional,* conjugadas, y para esto se emplearon los canales educativos, precarios pero eficaces– la identificación entre independencia y libertad, entre independencia e igualdad y entre independencia y progreso. Esto se procuró mediante una operación ideológica que es posible detectarla mediante el texto, por ejemplo, de los «catecismos de historia patria». ¿Cuál fue el resultado? Por esta vía se llegó a ver la independencia no solo como un fin en sí mismo –cosa que todavía se nos inculca en las escuelas–, sino también como un bien compensatorio de la ausencia de otros bienes: no hay libertad, pero somos independientes; no hay igualdad, pero somos independientes; vivimos en la miseria, pero somos independientes. En suma, la independencia es un valor tan alto que compensa la ausencia de libertad, la ausencia de igualdad y la ausencia de bienestar.

En cuanto a los instrumentos, cabría señalar por lo menos dos. Uno consistió en la deliberada confusión entre el establecimiento del Estado liberal y el interés nacional. Por esta vía se llegó a la igualación de esos términos: Nación igual Estado; liberal como complemento. Otro instrumento fue la manipulación del pasado histórico, necesaria para lograr esos resultados ideológicos. ¿Cómo opera esta manipulación? Primero, mediante la negación del antecedente hispano: la Independencia, cuyo reconocimiento en 1845 marcó el inicio jurídico de la ruptura del nexo colonial, habría sido un corte, pero un corte entre la noche y el día; nada de lo que siguiera existiendo, o llegara a existir, tendría su origen «en el pasado español». Esto podría parecer el punto más alto de una conciencia independentista, de una formación socio-política específica; pero serviría también para otra cosa: permitiría desligar al criollo del pasado colonial; y por lo mismo también serviría para eximirlo de su responsabilidad participativa en el poder monárquico colonial, y así poder transferir al español peninsular toda la responsabilidad de una sociedad discriminatoria y explotadora, de la cual el criollo había sido principal agente y beneficiario.

Hubo y hay manipulación en la conformación del culto rendido a Simón Bolívar, entendido como factor de unidad nacional, como medio de gobierno y control social, como estímulo a la ciudadanía y como factor de superación nacional[17]. La figura histórica de Simón Bolívar tiene, desde este punto de vista, una gran ventaja para la clase dominante: Simón Bolívar nos dio libertad, Simón Bolívar nos dio igualdad, Simón Bolívar nos dio la Patria. En suma, Simón Bolívar nos dio todo aquello por lo que habría razón de luchar. Por consiguiente, ya no es cuestión de conquistar estos valores, que nos han sido dados, sino de merecerlos honrándolos. Si en la sociedad no están vigentes esos valores, no es porque no los tengamos. Simón Bolívar nos los dio; lo que pasa es que los hemos administrado mal, y hasta degradado. No había, por estas razones, objetivos para cambios sociales en Venezuela.

---

17 Véase mi obra, *El culto a Bolívar. Esbozo para un estudio de la Historia de las ideas en Venezuela.*

El contexto de la historia patria condujo, en este aspecto, a una formulación muy importante: la del sentido antipopular de las guerras de emancipación; «el pueblo» habría estado representado por José Tomás Boves, *agrarista*[18]. La ruptura del nexo colonial, estructurado este socialmente por los criollos, fue presentada como el acto de suprema renuncia de una clase social responsable e ilustrada, que abandonaba sus prerrogativas y privilegios en beneficio del interés colectivo, en beneficio de la igualdad, en beneficio de la libertad y aun de la fraternidad para hacer a un pueblo mucho más feliz de lo que era. Pero ese pueblo ignorante, ingrato, estúpido por no conocer su propio bien, y que luchaba contra quienes se lo procuraban, destruía la República, ignoraba a Simón Bolívar, arremetía contra los mismos que querían hacerlo feliz. Sin embargo, la tenacidad de la élite ilustrada era tal que se sobrepuso a todas las adversidades y logró que el pueblo se hiciese feliz, como un acto gracioso. Esto tiene una enorme proyección: en lo porvenir la clase dominante se cuidará muy bien de mantener su filiación heroica, sosteniendo en todo momento que ella fue una y la misma a lo largo de todo el período. Es decir, la élite que hizo la Independencia sería la misma que hizo la república. Desde este punto de vista, sus títulos para ejercer el control de la sociedad difícilmente podrían ser discutidos.

En cuanto a los mecanismos ideológicos, dos operaban, de manera combinada, generando un conjunto de expectativas socio-individuales altamente motivadoras de actitudes que han llegado a ser significativas, y hasta decisivas, en la determinación del rumbo político.

El primer mecanismo lo resumo con la expresión *deber ser*. El pensamiento venezolano en este período sufrió una tremenda

---

[18] Véase mi obra titulada: *Boves, aspectos socioeconómicos de la Independencia*. 2.ª ed. (1.ª edición separada). Ministerio de Educación, Colección Vigilia N.º 14, Caracas, 1968. 3.ª ed. Ediciones de la Biblioteca de la Universidad Central de Venezuela, Caracas, 1972. 4.ª ed. Monte Ávila, Caracas, 1991. 5.ª ed. Academia Nacional de la Historia, Caracas, 2009.

concentración en lo que Venezuela debía ser, no en lo que era. Por eso hubo escasa formación de conocimiento científico, pero sí mucha literatura, mucha fantasía, mucho *optimismo alucinado*. Lo que Venezuela *debía ser* no solo era estimulante para un patriotismo vacilante, si no en decadencia. Llenaba otra función: eximía de responsabilidad a la clase dominante. Todo estudio de lo que Venezuela era habría tenido como consecuencia ineludible comprometer a la clase dominante en aquel resultado. Ella, sin embargo, conservaba una carta en la manga: si no lo había hecho mejor había sido porque el pueblo venezolano no era bueno. Había sido porque había demasiados negros, y los negros no entendían de libertad sino de libertinaje; no entendían de régimen socio-político republicano sino de desorden; no entendían de sociedad sino de rochela.

El otro instrumento ideológico se condensaba en la expresión «seremos porque hemos sido». Es muy interesante, porque distanciaba de la percepción crítica del presente –de paso eximía de responsabilidades a la clase dirigente– y daba la certidumbre del futuro. Forma en los textos laudatorios en los cuales se hacía sentir que *Venezuela heroica* estaba destinada a un futuro de grandeza. Nada importaba que estuviera inmersa en una realidad de miseria, atraso, escasez y despotismo; estaba llamada a un futuro de grandeza porque había liberado otros pueblos, porque «con agua del Orinoco se fue a regar el Chimborazo»; y porque, en definitiva, se tuvo a Simón Bolívar. Es decir, los venezolanos habríamos de ser grandes, y la seguridad de ello manaba de que ya lo habíamos sido. ¿Qué mejor garantía? Se tendía, desde este punto de vista, una especie de puente que se saltaba el presente. El presente se convertía en un lamentable «valle de lágrimas» transitorio y por lo mismo llevadero, si no soportable.

En cuanto a las expresiones del *proyecto nacional*, cabe centrar la atención en dos: los textos constitucionales, en primer lugar, y los programas de partido en segundo. Debo advertir que si en el caso de los textos constitucionales me refiero a los contenidos y no a la estructura constitucional efectiva, en el caso de los programas de partido me refiero a la práctica política más que a los documentos que se refieren a esa práctica.

Los textos constitucionales y la actividad ideológica que ellos generan tienden a hacer aparecer el Estado liberal, en su estructura constitucional, como la única forma de organización política de la sociedad capaz de responder a las expectativas y aspiraciones de todos los sectores que la integran. Por eso el rechazo de las guerras civiles, como medio de hacer valer esas aspiraciones. Se conformó, de esta manera, lo que denomino «la trampa jaula ideológica», dentro de la cual habrían de caer y moverse, creyéndose en libertad, todos los venezolanos hasta el presente. Ya tendré ocasión de referirme a esto. En pocas palabras, la trampa jaula ideológica consiste en una conformación ideológica tan bien implantada en las personas, tan concientizada, que no hemos logrado pensar nuestra sociedad organizada en otra forma que no sea el *proyecto nacional* formulado por la clase dominante. Es decir: división de poderes, Estado de derecho, etc.; patrón históricamente formulado por la clase dominante y que ha sido manipulado por esa clase hasta nuestros días. Nos movemos dentro de esa trampa jaula ideológica. Con trampa jaula no quiero decir engaño, quiero decir recinto cerrado del cual es en extremo difícil, si no imposible, escapar.

Imposible, igualmente, seguir la secuencia de todos nuestros textos constitucionales; pero habré de referirme a algunos de ellos un poco más adelante, porque la primera expresión lograda del *proyecto nacional*, en el orden constitucional, correspondiente a la práctica política, la encontramos en la Constitución federal de 1864; instrumento idóneo concebido por la clase dominante para resolver las dificultades de que hablé al comenzar esta charla-conferencia. Es decir, el instrumento apropiado para echar las bases del desarrollo de la burguesía como clase dominante; y para arbitrarles salidas a las luchas de las clases entonces dominadas —concretamente, esclavos y pardos— y a la crisis de participación política. Instrumento ideado, también, para armonizar las tendencias autonómicas regionales.

Por último, fue el instrumento utilizado, a lo largo del siglo XIX, para intentar favorecer la actualización de factores dinámicos en la economía. Todo esto fue la Constitución federal de 1864. La historiografía tradicional suele poner énfasis en la Constitución de 1811, estimada como la que dio la pauta de nuestra vida histórica republicana global, ¿probablemente porque recoge el acto supremo de abandono de privilegios por la élite social que hizo la emancipación? Pero el camino que llevó desde 1811 a 1864 es, justamente, el de la formulación inicial del *proyecto nacional*. Cuando el general Antonio Guzmán Blanco entró a Caracas, en abril de 1870, tenía en mano el instrumento legal que le permitiría adelantar el primer intento de puesta en práctica del *proyecto nacional*, ya definido como el instrumental jurídico-político de la clase dominante para construir una sociedad que llenase, como requisito básico, la consolidación y el mantenimiento de esa clase en situación de hegemonía.

Concluyo diciendo que, en suma, el período al que me vengo refiriendo puede ser visto como el proceso de formulación inicial del *proyecto nacional*, entendido como complejo ideológico, mediante el cual la clase dominante de la sociedad implantada rescató, consolidó y ha desarrollado su condición de clase dominante. La orientó en la superación de las dificultades imprevisibles surgidas en el momento primero de la crisis socio-política padecida por el nexo colonial, cuando intentó hacer la transferencia del control del *poder colonial* en su beneficio; y las cosas se complicaron. La consolidó en la medida en que en su marco logró establecer o formular un instrumento idóneo para enfrentar las expresiones de la crisis estructural de que hemos tratado. La desarrolló en la medida en que permitió sentar las bases para que esa clase dominante emprendiese el conformarse, definitivamente, como una burguesía en desarrollo, hasta penetrar en el siglo XX.

Tercera charla-conferencia

El primer intento de modernización como búsqueda de una salida a la crisis de la sociedad implantada (1870-1900)

PARA TOMAR ESE TEMA ME PERMITIRÉ hacer un breve recordatorio de algunas de las ideas planteadas en la charla-conferencia anterior. Vimos cómo la formulación del *proyecto nacional* por la clase dominante constituyó la respuesta a los problemas surgidos de la falta de operatividad de los tres supuestos básicos que se advierten en la expresión político-militar de la crisis de la sociedad implantada colonial. Me refiero a los siguientes supuestos básicos:

Primero, que era posible transferir el ejercicio del simbiótico *poder colonial* a la clase social dominante criolla, manteniendo esta el control de la sociedad monárquica colonial. Es el primer supuesto, sin el cual tal parece que el movimiento de emancipación no solo no se habría emprendido entonces, sino que ni siquiera se habría planteado. Puede servirnos de apoyo para decir esto el proceso cubano contemporáneo.

Segundo, que era posible encontrar una plataforma común para las luchas movidas por los diversos sectores sociales, es decir, la lucha por la libertad y la lucha por la igualdad, tal como las practicaba cada uno de esos sectores: esclavos, pardos y criollos.

El tercer supuesto consistía en creer que la ruptura del nexo colonial habría de significar la superación, casi automática, de la crisis estructural que padecía el proceso de implantación de la sociedad monárquica colonial.

Estos tres supuestos estaban en la base del proceso de crisis socio-política que se inició, en su expresión político-militar, en 1810. El juego histórico de esos supuestos básicos, como expresión conceptual de procesos socio-históricos concretos, generó toda la compleja formulación de diagnósticos de los males de la sociedad, y de proposiciones remediales a las que me referí en la charla-conferencia inmediata anterior. Este proceso, intenté demostrarlo, no fue otro que el conducente a la formulación del *proyecto nacional*, entendido como el marco jurídico-político en el cual, y por medio del cual, la clase dominante ejercería su control y dirección de la sociedad comprometida en el muy complejo cambio histórico constituido por el trance de abolir la monarquía ontogénica y substituirla por el régimen socio-político republicano en trance de experimentación desde la ruptura del nexo colonial por las colonias británicas de la América del Norte. Cerré la charla-conferencia anterior con una referencia a la Constitución federal de 1864, señalándola como cabal expresión jurídico-constitucional de ese también complejo ideológico-político denominado *proyecto nacional*.

Debo tratar ahora del lapso comprendido entre 1870 y 1900, sin que tales límites cronológicos, como es obvio, puedan ser tomados rígidamente. Ese lapso ha sido visto, en general, por la historiografía venezolana, en una doble perspectiva. Ha sido visto como un período de modernización, seguido de inmediato de un resurgimiento del caudillismo. Pero ha sido visto también como un período de autocracia modernizadora, seguido de un desbordamiento del caudillismo apenas contenido de manera transitoria. Según la perspectiva que se adopte, se será guzmancista o antiguzmancista, dentro de una concepción simplista del problema. Mas ambos puntos de vista tienen algo en común. Esto es que se corresponden con una visión histórica inspirada en los requerimientos, para los fines de su realización, del *proyecto nacional*. La mente del historiador que adopte esta perspectiva no puede ver los procesos políticos, sociales y militares del siglo XIX sino como desorden, desintegración, dejación de valores nacionales, etc.; y que confluyen en la visión del caudillismo durante el lapso. El resultado, simplista, consiste en culpar al caudillismo de la traumática marcha hacia la república, debido a que no se valora críticamente la transición entre los dos regímenes como el laborioso reemplazo, en una sociedad genuinamente cristiana católica, de un ordenamiento socio-político regido por la voluntad divina por otro de obra humana.

Mi perspectiva pretende ser otra. Consiste en que ese lapso ha de ser visto como aquel durante el cual culmina el *proyecto nacional* en su formulación y se intenta, sostenida y sistemáticamente, su implementación; todo con una perspectiva global de esfuerzos socio-políticos por superar la crisis estructural de la sociedad implantada ahora republicana, y todo en el transcurso de un corto período histórico de un siglo.

Esta charla-conferencia constará de cuatro partes. La primera estará dedicada al planteamiento global y sucinto de la problemática de la formulación definitiva y la implementación, primera y primaria, del *proyecto nacional*. La segunda parte intentará ofrecer una visión de esa problemática en el plano de su instrumentación ideológico-política. La tercera parte consistirá en una presentación, muy sumaria, de la misma problemática, en el plano de su instrumentación constitucional. Por último, en la cuarta parte haré una presentación, en sus grandes líneas, de la instrumentación política del proceso así integrado. En el tratamiento de estas partes me propondré presentar algunos indicios de aspectos y temas que podrían ser objeto de estudio más detenido. En la presentación acudiré a testimonios y textos, que espero no resulten demasiado fatigosos, porque creo oportuno mostrar un poco cómo operaría de no tratarse de una charla-conferencia. Igualmente, para que se advierta que detrás de las afirmaciones generales hubo indagaciones más serias, más firmes.

Comenzaré por la problemática de la formulación definitiva, y la consiguiente implementación, del *proyecto nacional*. Suponían arbitrar modos de respuesta a los problemas fundamentales constitutivos de la crisis estructural de la sobreviviente sociedad implantada monárquica colonial, ahora comprometida a ser independiente republicana; problemas que en algunos aspectos resultaron hasta exacerbados con motivo del intento de transferir el componente político metropolitano del *poder colonial* al sector social dominante criollo, pretendido el 19 de abril de 1810. Estos problemas fundamentales se expresan como conflictivos complejos de aspiraciones socio-individuales cuya satisfacción, aislada o mancomunada, pronto alimentó la expresión político-militar de la crisis, entendida esta en la forma amplia que expuse en la charla-conferencia anterior. Es decir, no separando las *guerras de Independencia* de las *guerras civiles*, sino considerándolas manifestaciones genuinas, expresión de una misma crisis de comunes procesos socio-económicos. Los modos de respuesta a esos complejos de aspiraciones socio-individuales se inscriben en una gama que abarca desde la satisfacción de esas aspiraciones, en algunos casos, hasta la manipulación ideológica más acabada de las mismas en otros casos, si bien es posible afirmar que tal manipulación se dio, en cierto grado, en todos los modos de respuesta, circunstancia que vale la pena subrayar.

Los problemas fundamentales constitutivos de la crisis de la sociedad implantada monárquica colonial, en trance de hacerse independiente y republicana, generadores de los complejos de aspiraciones socio-individuales a que me he referido, formaban el siguiente cuadro, en los inicios del lapso al que se contrae esta charla-conferencia, de cuestiones que se intentó encarar mediante la instrumentación del *proyecto nacional*, como reemplazo de la real potestad.

La lucha de los sectores dominados por la libertad y por la igualdad expresa la incapacidad de la república mantuana, restablecida en 1830 como Estado de Venezuela, para satisfacer las aspiraciones socio-individuales que alentaban esas luchas, tanto desde el punto de vista del marco jurídico institucional –puesto que estableció el sufragio censitario, mantuvo la esclavitud, etc.–, como desde el punto de vista de la práctica política: con base en la Constitución de 1830 se estructuró un régimen liberal en lo concerniente al sistema jurídico-político de la estructura de poder interna de la sociedad, o sea la conformación del Estado; y régimen oligárquico en lo concerniente al sistema jurídico-social de esa estructura, o sea lo concerniente al ejercicio y la finalidad del poder público. Todavía en 1864 podía decirse que la abolición legal de la esclavitud, ocurrida una década antes, no era estimada como un hecho adquirido, y sobre todo irreversible. Una década era, quizás, apenas tiempo suficiente para que una noticia tal llegara a calar en las mentes; la desconfianza sembrada por los sucesivos rumores y proyectos de abolición, manumisión, etc., hacía pensar que todavía era posible una reversión de aquella medida, el retorno a la esclavitud, cuya abolición acentuó el desequilibrio financiero de la hacienda, efecto este cuya amenaza había pesado tanto en la ruptura de la República de Colombia.

El segundo problema fundamental consistió en la lucha por la participación política, tanto a nivel individual como a nivel regional. El sistema electoral indirecto y la restricción de la vida política para sectores de la población expresaban esta situación. En la escala territorial seguía sin lograrse un punto de convergencia, realmente operativo, de las autonomías provinciales que habían entrado en un proceso de repunte como consecuencia de la ruptura del nexo colonial. En el fondo, la cuestión planteada a este respecto en 1864 no difería esencialmente de la controversia que se actualizó cuando el primario intento de establecer la República, en relación con el temido predominio de la Provincia de Caracas. Debates en el Congreso de 1811 versaron sobre la cuestión de si en realidad se buscaba establecer una confederación, o si lo que se buscaba era, veladamente, supeditar las demás provincias a la de Caracas. Este conflictivo enfoque seguía vivo en 1864, cuando los constituyentes hicieron constar, en el art. 1.º, que «se declaran Estados independientes y se unen para formar una Nación libre y soberana, con el nombre de Estados Unidos de Venezuela». De allí la importancia de la división político-territorial que se contempló en los siguientes textos constitucionales. No se entendería muy bien el porqué de dividir y subdividir el territorio, una y otra vez, si no se le relacionase con esta problemática.

En tercer lugar, como problema fundamental, estaba la cuestión de la integridad territorial, como presupuesto para la integración nacional. El punto de partida fue establecido en el art. 5.º de la Constitución del Estado de Venezuela, que reza: «El territorio de Venezuela comprende todo lo que antes de la transformación política de 1810 se denominaba Capitanía General de Venezuela...». Guardaba relación con lo dicho acerca de la participación política y tenía sus expresiones más dramáticas en el fundado temor al desmembramiento; y, ya en el extremo, a la autonomía regional, en la medida en que la lucha por la Independencia dejaba de funcionar como factor integrador de las luchas específicas de los diversos sectores de la sociedad. Este es un punto sobre el cual no me cansaré de insistir. Hacia 1864, el encanto de la *independencia* había decaído mucho, y la posibilidad de que ese valor se desvirtuara, de que dejara de tener vigencia socialmente, se asomaba. Este es otro aspecto del proceso socio-histórico venezolano que no ha sido objeto de estudio científico, quizás porque repugna a la mentalidad de los historiadores insertos en el marco del *proyecto nacional*.

Para formarse una idea de la autenticidad y la importancia de este problema, sugiero tomar nota de lo siguiente: en el artículo 2.º de la Constitución venezolana de 1830 –adaptando el art. 1.º de la colombiana de 1821–, se reitera que: «La nación venezolana es para siempre e irrevocablemente libre e independiente de toda potencia o dominación extranjera, y no es ni será nunca el patrimonio de ninguna familia ni persona». Con esta declaración se salía al paso a actitudes como la asumida por los hermanos del Toro en 1813, cuando imploraron el protectorado británico. Igualmente se salía al paso a las aspiraciones monárquicas perceptibles en el proceso de disolución de la Gran Colombia. Ahora bien, no deja de impresionar el hecho de que el ordinal 2.º del artículo 12 del título II de la Constitución de 1864, es decir, 34 años después, cuando consagra las «Bases de la Unión», compromete a los «Estados que forman la Unión Venezolana» a «no enajenar a Potencia extranjera parte de su territorio, ni a implorar su protección».

¿Por qué era esto necesario en 1864, a más de cinco décadas de declarada la Independencia, y a más de tres de haberla recibido graciosamente de Isabel II? En realidad no se trataba de una especulación, ni de prever una posibilidad más o menos teórica: «Un grupo de terratenientes y godos, en carta anónima, le[s] piden a los ingleses, que intervengan en Venezuela para poner fin a la [G]uerra»[19] Federal, esto en 1861, e imploraron el protectorado británico.

Por otra parte, esta actitud de un sector de la clase dominante venezolana se correspondía con actitudes semejantes asumidas entonces en otros países de América Latina: fue el momento cuando se gestó y realizó la intervención francesa en México. Al estudiar el proceso mexicano, se advierte que tuvimos en Venezuela el embrión de un proceso semejante. Todo comenzó como asunto de unas cartas, de un informe, de unos contactos individuales; y lo que parecía la cosa más descabellada del mundo, al coincidir con intereses de carácter imperialista en cuanto a la posible apertura de un canal interoceánico, y a noticias más o menos fabulosas de las llamadas minas de plata de Sonora, donde las pepitas de plata eran

---

19 Antonio Arellano Moreno, ob., cit., p. 73.

del tamaño de barriles, llevó a que Francia se comprometiera en la intervención; y México anduvo cerca de perder la que algunos dudaban que fuese realmente benéfica independencia. Pero hubo algo más: la previsión del constituyente de 1864 se correspondía con una posibilidad real que se dio, por ejemplo, en el intento independentista del estado Zulia en 1869.

El cuarto problema fundamental consistía en la creación de condiciones propicias para el desarrollo de la clase dominante como tal. Esta apenas naciente burguesía urbano-rural había sido seriamente afectada por la guerra. Pero, obviamente, ese objetivo no puede ser apreciado sino como la resultante de decisiones sociales y políticas cuyos fines no podían ser los expresamente señalados. De manera general, podría hablarse, como lo hago, de creación de condiciones propicias para el desarrollo de la burguesía; mas es un hecho que participan de la clase dominante sectores de terratenientes, cuyos intereses contrastaban con los de la burguesía modernizadora urbana. Pero, también de manera general, las medidas que buscaban agilizar y estimular la actividad económica conllevaban el restablecimiento del poder económico de la clase dominante, así como en lo social y político la primaria formación de partidos favoreció el control político de la sociedad, al igual que la manipulación de las aspiraciones socio-individuales de los sectores sociales dominados.

Las determinaciones orientadas a encarar estos problemas fundamentales de la sociedad, ya fuera satisfaciendo aspiraciones socio-individuales, ya fuera manipulándolas e ideologizándolas, respondía al logro de un objetivo global. Ese objetivo consistía en la reanudación del proceso de implantación, y esto en función de dos condicionantes básicos: la promoción y preservación del *proyecto nacional* como clave del control de la sociedad por la clase dominante, y la definición de los modos de articulación de la clase dominante –en tanto rectora del *proyecto nacional*– con el sistema capitalista mundial en expansión. Estas fueron las dos orientaciones básicas de todas las políticas que se procedió a instrumentar.

La primera de esas políticas, es decir la reanudación del proceso de implantación, fue entendida inicialmente como simple continuidad de la que era su proyección espacial o de ocupación del territorio, tal como se venía produciendo desde el siglo XVI. Por ejemplo, en virtud de la Constitución de 1830 se ordenó a las provincias «Favorecer por todos los medios posibles los proyectos de inmigración y colonización de: extrangeros [sic] industriosos»…, (art. 161, ordinal 20), para incrementar la población blanca; y «Acordar el establecimiento de nuevas poblaciones, y la traslación de las antiguas á [sic] lugares más convenientes» (art. 161, ordinal 21). Progresivamente, se fue tomando conciencia de que la reanudación del proceso de implantación no era solo cuestión de fundar pueblos, sino que era fundamental o esencial generar factores dinámicos en la vida económica y social; lo que, a su vez, imponía la necesidad de practicar cambios en la estructura social, es decir, en el desarrollo vertical de la implantación de la sociedad: cambios en la fuerza de trabajo, homogenización en la clase dominante, etc.; cambios que reflejaban las luchas por la libertad y por la igualdad a que me he venido refiriendo.

La reanudación del proceso de implantación, concebida siempre como empresa de la clase dominante, conllevaba la promoción y la preservación del *proyecto nacional*. Esto explica el hecho de que la Constitución de 1830 (art. 6.º) no se contentase con adoptar la estructura constitucional liberal, sino que pretendiese imponerla a perpetuidad: «El gobierno de Venezuela es y será siempre republicano, popular, representativo, responsable y alternativo». A lo que se añadió la limitación del ejercido de la soberanía por el pueblo, al sufragio (art 7.º), y a la adopción del principio de la división del Poder Público (art. 8.º), para prevenir rebrotes del despotismo.

La caracterización de los modos de articulación de la sociedad republicana con el sistema capitalista mundial en expansión debe ser entendida como un intento de actualizar relaciones que se habían establecido, aunque de manera incipiente, indirecta y aun ilícita, ya en el seno del nexo colonial, pero que ahora habrían de plantearse en un nuevo contexto, tanto en lo nacional como en lo internacional. La actitud de la clase dominante respecto de este relacionamiento estaba regida por sus expectativas en cuanto al fortalecimiento de su poder. La clase dominante advirtió, con bastante prontitud, que su propia realización como clase dominante pasaba por una articulación, creciente hasta llegar a ser conformante, con el capitalismo mundial en desarrollo y expansión. De allí que la correlación entre las formas de articulación con el que sería bautizado como el *sistema capitalista mundial* y las necesidades de promoción y preservación del *proyecto nacional*, experimentasen ajustes y reajustes que en definitiva, como veremos, revelarán una tendencia a la articulación plena o conformante, como condición y fuente de estímulos para la realización del *proyecto nacional* formulado y promovido por la clase dominante.

El juego de estos conjuntos de problemas y de condicionantes ha constituido el proceso socio-histórico de Venezuela republicana; juego que puede ser apreciado en tres planos íntimamente interrelacionados, pero susceptibles de ser desagregados para fines de estudio. Tales planos son: el de la formulación programática, el de la definición institucional y el de la práctica política.

El plano de la formulación programática, o también de instrumentación ideológica, era el de captación de las aspiraciones socio-individuales, para que, una vez codificadas, permitieran sentar las bases, políticas y administrativas, que habrían de permitir su manipulación en los otros planos que podrían ser considerados como de realización.

El plano de la definición institucional, o de la instrumentación jurídica y constitucional, consistía en la composición del marco principista dentro del cual habrían de expresarse las aspiraciones socio-individuales, lo que presuponía haber alcanzado cierto grado de manipulación de las mismas, en la medida en que quedaría excluido cualquier otro marco principista que no fuere el formulado y adoptado por la clase dominante.

El plano de la práctica política, o de instrumentación jurídico-política, consistía en aquel en el cual se manifestaban con todo vigor las luchas específicas de las clases y el encauzamiento de las mismas por la clase dominante mediante el control del Estado, así como las medidas puestas en práctica por la clase dominante para favorecer su propio desarrollo y consolidación en una escala creciente. Estos objetivos estaban contemplados en la formación de estructuras nacionales en todos los órdenes, desde el infraestructural hasta el cultural, pasando por el político-administrativo.

* * *

Veamos cómo se planteaban las políticas referidas a este conjunto de problemas en lo concerniente a la instrumentación ideológica tanto como a la instrumentación constitucional y a la práctica política.

En cuanto a la instrumentación ideológica –y con esto entro en la segunda parte de esta charla-conferencia–, la tarea consistía en formar un cuerpo de doctrina que se correspondiese, estimulándola, con la consolidación socio-histórica y socio-política de la clase dominante, capacitándola para la manipulación socio-política de las clases dominadas. Este era el problema fundamental por resolver: la clase dominante, ya en evolución hacia lo que podría denominarse, con propiedad, una burguesía, requería un cuerpo de doctrina que le permitiera diferenciarse caracterizándose, pero que al mismo tiempo le permitiera manipular a las demás clases. No era un problema de sencilla solución; muy por el contrario. La dificultad no estaba representada solamente por las diferencias doctrinarias entre sectores de la clase dominante –los llamados *pensamientos conservadores, criollos o nacionales*, enfrentados a los denominados *pensamientos liberales, revolucionarios o democráticos–*. La dificultad mayor estaba representada también por los que han sido tipificados como «golpes militares», «revoluciones» o «movimientos populares».

Trataré de apreciar esto en relación con el que podría denominarse *Programa de la federación*, si bien creo que aquí hay algunas formulaciones que aguardan por una búsqueda más sistemática. Mucho se ha escrito sobre el Programa de la federación, pero quizás convenga hacer algunas observaciones críticas para ver hasta qué punto se ha enfocado bien la cuestión. Es un lugar común advertir que hay dos corrientes en ese «programa», consideradas en cierta forma contrapuestas. Igualmente hay algo de consenso en atribuirle al bautizado «programa de Zamora», vinculado con el pretendido agrarismo del general Ezequiel Zamora, un contenido revolucionario mayor que el del «programa de Falcón», vinculado con el atribuido conservatismo del general Juan Crisóstomo Falcón. Veamos qué revela un sumario examen crítico de algunos de los textos respectivos, nada más que a manera de muy puntuales señalamientos.

¿En qué consistió el supuesto o atribuido «programa de Zamora»? Diría que parece una abigarrada mezcla de ideas conservadoras con atribuidos, si no supuestos, propósitos «revolucionarios populares» y hasta de agrarismo socialista. Ezequiel Zamora predicó una «revolución» que se iniciaba invocando el perdón y el olvido de lo pasado, como lo proclamó en su alocución dada el 7 de marzo de 1859 en Coro. Así, su pensamiento «revolucionario» nació bajo la égida de estos principios:

> Corianos: Vuestra Patria, la tierra del heroísmo, el oasis de la libertad, se alza a la faz de los tiranos, y dice Federación; y a tan noble, a tan sublime, a tan grandiosa idea, se une la palabra de paz, de perdón, de olvido del pasado, no como lo dijeron los enemigos de la Patria, sino con pruebas, con la lógica elocuente de los hechos.

Al mismo tiempo fueron exaltados el orden y el respeto a la propiedad. En Orden General dada el 23 de febrero de 1859, proclamó como distintivo de sus seguidores que: «La moral, el orden, el respeto a la propiedad y el amor ardiente por la libertad de su patria, es el distintivo del carácter coriano, como civil; el denodado valor contra el enemigo *armado*, la generosidad y clemencia con el vencido, y la subordinación, es su divisa como militar».

Valdría decir, una revolución y un pensamiento revolucionario *sui generis*, que se situaban al amparo de la invocación del perdón y el olvido de lo pasado; del amor al orden, del respeto a la propiedad. ¿Eran compatibles estos principios con los propósitos revolucionarios radicales atribuidos a Zamora? Su más cercano biógrafo, Laureano Villanueva, relata la anécdota conocida del soldado que despojó a un campesino. Zamora le hizo devolver el fruto del despojo, diciéndole: «no se debe coger sino lo indispensable para la tropa, para comer, vestirse y pelear». O lo que es lo mismo, que debía respetarse la propiedad, convirtiendo en supuesto atentado contra la propiedad la que era una práctica común: obtener medios de sobrevivencia en trance de guerra; lo que hicieron desde José Tomás Boves hasta José Tadeo Monagas, pasando por Simón Bolívar, sin que esto estorbase en absoluto su conciencia de celosos defensores del orden.

Añadiré que, lo admito, cuando se examinan los textos no se sabe muy bien qué pensar: ¿hubo en el fondo un pensamiento revolucionario, intercalado con actitudes y con valores acentuadamente conservadores o, en cambio, han sido tendenciosamente interpretados fragmentos de una formulación programática muy poco definida, muy poco clara, que anduvo en contradicción con la práctica política, conformándose de esa manera «una conducta revolucionaria» amparada en un pensamiento nada revolucionario, si no conservador? Pero, por supuesto, esto depende de la posibilidad de documentar esa práctica revolucionaria y de contrastarla con el pretendido «Programa». Lamentablemente, hasta donde conozco la documentación, creo que no están al alcance de la mano las pruebas de que se diese tal disociación entre pensamiento y práctica. Nada difícil resulta comprobar que la satanización de Ezquiel Zamora por sus adversarios políticos no conoció límites; al igual que su exaltación revolucionaria por quienes han querido hacerlo simbolizar pleitos que no fueron los suyos.

Veamos ahora qué pasa con el «programa de Falcón», siempre considerado como más moderado que el de Ezequiel Zamora. Cuando dio su programa, el 11 de julio de 1861, abrió sus planteamientos con estas palabras:

> Todo el que acate el poder de la mayoría está en nuestro camino que es la senda del porvenir. Pero es menester no equivocarse. Esta revolución no se parece a ninguna de las que la han precedido. Son demasiado culminantes los puntos que la definen. Cansado el país de los sistemas medios, mitad liberales, mitad represivos, que ponen en antagonismo los principios de libertad; sistema de dos caras en que ninguna de las dos dice la verdad, busca ensayar un cambio radical por medio de la Federación, en que predomina la libertad sobre todo; o mejor, buscar un sistema por el cual sea el pueblo el que piense, administre, ejecute y cumpla su propio pensamiento.
> Y son tantos los errores pasados, tan malos los ensayos precedentes, que aun cuando no militasen otras razones, esa sola sería suficiente para decidirse por el «dejar hacer»...

Pero se trataba de un cambio que habría podido evitarse, según su *Proclama* dada el 24 de julio de 1859:

> Ved cómo escarmientan los pueblos a los que atentan contra su soberanía; apenas un año, y eso combatiendo, ha podido durar la obra de marzo[20], porque burló el voto de la revolución. Hubieran tenido sus conductores buena fe, y estaba conseguida la más bella ocasión de conciliar

---

20 Se refería a la Revolución de marzo, encabezada por el general Julián Castro, para derrocar el régimen del general José Tadeo Monagas.

los partidos, extinguir los odios, desarmar la venganza y fundar una paz duradera, libre y honrada.

Con ello la situación habría sido por completo diferente: «Para hoy la República sería una verdad práctica, con derechos reales y positivas garantías para el ciudadano, con discusión tan libre y franca como es franca y libre la razón del hombre. Tendríamos pacto social y no las precauciones, reticencias y ambigüedades de una bandería con otra».

¿La causa del conflicto? Las leyes y la facultad de dictarlas: «Sí, la cuestión no es que las leyes que hagáis sean buenas o malas, la cuestión es que el derecho de hacerlas no es vuestro, sino de la mayoría, porque en las Repúblicas corresponde a aquéllas el ejercicio de todos los poderes sociales». El remedio estaría en el sufragio: «La anarquía en que vivimos no es causa, sino efecto; la causa de las causas, la causa madre es esa: que el pueblo quiere, y no lo dejan elegir [...] Si se quería concluir con la guerra civil para siempre, debió respetarse el querer popular; la libertad eleccionaria es la paz en Venezuela».

Todavía enfocando la situación con una perspectiva si se quiere un poco ingenua, estimaba el general que en esa posibilidad de votar estaba la solución de todos los problemas políticos. Pero tiempo es de afirmar, recorriendo los textos, que estaba en ello muy claro un pensamiento cuyo contenido revolucionario se puede apreciar por las siguientes muestras:

Expresó una suerte de teoría de la revolución:

Las revoluciones populares suelen prolongarse, generalmente se prolongan, pero no se pierden jamás, que a la larga todo se gasta en política, excepto el surtidor inagotable y perenne, la opinión. La opinión es el pueblo, el pueblo, que lo puede todo, como quien tiene la suprema razón y la fuerza suprema de la sociedad que forma.

Sería una revolución encaminada a destruir el orden viejo. Así dijo Falcón con tranquila conciencia: «podemos destruir lo que existe porque hay algo mejor con qué sustituirlo; y pues que sentimos la inspiración del porvenir, nada nos detenga». Habría de ser una revolución edificadora de una nueva sociedad:

> No basta a las sociedades andar al paso del gradual desarrollo; tienen a veces que saltar con la fuerza propia y aceleratriz de cada siglo, que las empuja para que lleguen a la hora fijada por el Eterno. De ahí las revoluciones radicales, y como en un año de sacudimientos recorre un pueblo el trayecto de dos y tres generaciones.

Contrastan entre sí ambas posturas programáticas: Zamora llama al orden y al respeto de los valores que conforman ese orden; el otro llama ni más ni menos que a demoler lo existente, seguro de que lo existente no sirve. Sin embargo, el «programa de Falcón» es considerado moderado y hasta conservador. En cambio, el «programa de Zamora» es considerado revolucionario. Me temo que en el fondo de todo esto –lo asomo como posible interpretación– lo que existe es una ingenua y abusiva identificación entre dos términos que no siempre se conjugan: *revolucionario* y *popular*. El pensamiento popular no siempre es revolucionario. En no pocas ocasiones en la Historia, y concretamente en la de Venezuela republicana, el pensamiento popular ha sido conservador y hasta totalitario[21].

Y aquí está el segundo error de enfoque: estamos tratando un período de la historia de Venezuela durante el cual la clase en ascenso, la clase que representaba el proceso revolucionario de la

---

21 Mas no sobraría adelantar otra explicación de esta fraudulenta interpretación histórica: ¿habrá resultado de la circunstancia de haber sido propuesta por la naciente historiografía marxista de manual, en momentos cuando la III Internacional lanzó la obligatoria consigna de «la revolución agraria antiimperialista», y el naciente Partido Comunista de Venezuela necesitaba de un *líder agrarista*, y se llegó al exceso de tener que escoger entre dos candidatos a parangonarse con Emiliano Zapata: José Tomás Boves y Ezequiel Zamora?

sociedad, no era la constituida por los esclavos y los exesclavos; ni era la formada por los pardos; tampoco el campesinado; era justamente la burguesía todavía en su estadio primario. Era la clase representada también por Ezequiel Zamora, pero solo en la medida en que estaba a su servicio, y no como representante de una clase dominada.

Por eso el pensamiento auténtico de la Federación, el pensamiento revolucionario de la revolución, fue el «Programa de Falcón», y de ninguna manera el de Zamora, como se le entiende. Pero, ¿cuál era el pensamiento de Falcón? Parece haber sido el de Antonio Guzmán Blanco, quien lo había acompañado desde Curazao y quien, como eficiente propagandista del ejército, redactaba las proclamas; de manera que, por pluma del general Juan Crisóstomo Falcón, quien hablaba era Antonio Guzmán Blanco, quien produjo en este período un cuerpo de doctrina capaz de prestarle a la clase dominante coherencia, unidad, objetivos precisos; quien fuera, sobre todo, capaz de estimularla en su lucha por el control absoluto del poder socio-político y por la conformación de la sociedad, dentro de una nueva concepción que puede ser denominada «autocrática modernizadora».

No en balde, entre los personajes de la historia de Venezuela más consecuentemente detestados por la oligarquía criolla tradicional estuvo el general Antonio Guzmán Blanco. Pudo mostrarse benévola hasta con Ezequiel Zamora, pero siempre intransigente con Antonio Guzmán Blanco, y ya veremos hasta qué punto.

La formulación de esta doctrina revolucionaria, que le abrió a la clase dominante la perspectiva de evolucionar hacia su conversión en una burguesía acorde con los nuevos tiempos internacionales fue también un instrumento eficaz para la manipulación ideológica del resto de la sociedad. Y esto se lograría, justamente, con el «programa de la Federación». No solo la clase dominante logró definirse mejor a sí misma, sino que logró envolver ideológicamente a las clases dominadas y, terminada la guerra, bajo el

Gobierno del general Antonio Guzmán Blanco, se pusieron en funcionamiento los instrumentos jurídico-políticos que perfeccionaron esta manipulación ideológica. Fueron, en primer lugar, los llamados a invocar la potencia básica de la propaganda liberal; es decir, el concepto de opinión pública, apoyado en una identificación vocinglera entre progreso y modernidad, por una parte, y Federación y liberalismo por la otra. Digo esto porque en muchas ocasiones esta identificación no pasó de ser una simple formulación propagandística.

Para llevar este contenido ideológico a las clases dominadas se montaron y/o expandieron tres dispositivos que resultaron ser de notable eficacia.

El más eficaz dispositivo, al servicio de la propaganda oficial liberal, fue el periodismo. Antonio Guzmán Blanco presidente se ocupó de establecer el primer periódico moderno en Venezuela, *La Opinión Nacional*. Con su apoyo fue manipulada la opinión pública, recurriendo a ella como a una suerte de poder originario y fundamental, capaz de convalidar cuantas cosas se le ocurrieran al mandatario, en la medida en que este se hallaba en condiciones de llegarle a la opinión pública mediante su aparato de propaganda; y de reducir al silencio, mediante sus manejos represivos, a sus posibles adversarios.

El segundo dispositivo consistió en promover la instrucción pública primaria, gratuita y obligatoria, mediante decreto fechado el 27 de junio de 1870. Esto Guzmán lo entendió muy bien. Ya estaba consagrado en la Constitución de 1864, donde se estableció la libertad de enseñanza, es cierto, pero también se dispuso que el poder público quedaba obligado a vigilar y controlar la enseñanza, lo que se hizo más obligante en la Constitución de 1881, cuando se estableció taxativamente el control a ejercer, por los poderes de la Federación, sobre la educación. La educación, como tenaz conformador de la conciencia histórica, valiéndose de las historiografías *patria* y *nacional*, fue el segundo vehículo a través del cual se llevaron estos valores a la conciencia de la sociedad de analfabetos dominados; pero no menos que a la conciencia de la clase dominante.

El tercer dispositivo fue lo que Manuel Díaz Rodríguez denominó la «segunda religión». Es decir, la religión cívica, a la que el presidente Guzmán intentó dotar de sus santuarios, rituales y centros de apoyo. En primer lugar, los santuarios, entre los cuales se destaca el Panteón Nacional como el más representativo. El Panteón pasó a ser el símbolo de los sitios sagrados de esta religión que el presidente Guzmán impulsó y organizó con motivo de la conmemoración del centenario del natalicio de Simón Bolívar, en 1883, con toda la pompa de una gran función religiosa y la doctrina contenida en las grandes colecciones documentales que hizo publicar entre 1873 y 1883. Me refiero a la colección de documentos compilados por José Félix Blanco y Ramón Azpúrua, y a las *Memorias* de Daniel Florencio O'Leary, obras notables por su magnitud y por su realización, que constituyeron no solo la base documental sino el fondo ideológico del que se nutrió la *historia patria*, es decir el producto historiográfico que ha servido para manipular la conciencia histórica mediante la educación, los rituales y la propaganda de Estado. Por eso el lapso que corrió desde 1870 a 1890 presenta, como una de sus características, su alto nivel de ideologización, y el uso sistemático y hasta abusivo del llamado a la opinión pública, a través de los dispositivos que he mencionado.

Esto, unido a su ostentosidad modernizadora, que irritó mucho a los conservadores de la época, ha servido para ridiculizar a Antonio Guzmán Blanco como persona. Si leen las novelas de José Gil Fortoul, si leen a Miguel Eduardo Pardo en *Todo un pueblo,* y a otros, encontrarán la imagen de un Antonio Guzmán Blanco de opereta, exhibicionista, que se valió de la propaganda para engañar al pueblo, para confundir la opinión, etc. Él tuvo siempre muy clara conciencia de la importancia del nivel ideológico, como formulación de la doctrina del progreso para la clase dominante y como manipulación patriotera de las clases dominadas.

El segundo nivel que estudiaré constituirá la tercera parte de esta charla-conferencia. Es la instrumentación constitucional. En primer lugar tendré que referirme a la Constitución federal de 1864, como fundamento jurídico-político del Estado liberal y del consiguiente régimen socio-político. No sé si exagero, pero creo que no puede sino impresionar el ver cómo a nuestros historiadores, en general, y aun a los tratadistas de Derecho Constitucional, les es tan fácil caer en una postura de admiración ante la Constitución federal de 1811, y en cambio son poco expresivos, por decir lo menos, cuando se trata de la Constitución federal de 1864. ¿Habrá sido porque casi todos los reconocidos historiadores venezolanos han sido *godos*? No soy especialista en Derecho Constitucional, pero un estudio histórico-jurídico de la Constitución federal de 1864 permitiría, quizás, comprobar que este código constituye la expresión más acabada, fundamental y perdurable del *proyecto nacional* elaborado por la clase dominante. A tal punto que a partir de ese código fue posible retroceder, en cuanto a la claridad o a la precisión de algunos de sus preceptos fundamentales, como expresión del que era el *proyecto nacional* definitivo; pero difícilmente adelantar de manera significativa, hasta la reformulación democrática del *proyecto nacional* recogida en la Constitución de 1947, con la que se estableció un puente históricamente.

La Constitución de 1864 tuvo como objeto fundamental orientar y pautar la resolución de las cuestiones jurídico-políticas más urgentes que afectaban aquella primera versión de la sociedad republicana, las cuales se podrían agrupar en dos grandes bloques. Primeramente, la Constitución debía ofrecer una respuesta a las luchas de las clases dominadas por la libertad y por la igualdad. Pero debía asimismo dar respuesta a las aspiraciones de participación política, tanto a escala de los individuos como de las regiones. En segundo lugar, y con todo énfasis, señalaré la importancia que tuvo la Constitución como marco jurídico en el cual habrían de darse las condiciones para el desarrollo de la clase dominante como burguesía urbana.

Desde el punto de vista de las respuestas a las luchas de las clases dominadas, la Constitución de 1864 ofrece garantías a la lucha por la libertad: la libertad personal, la abolición del reclutamiento forzoso, la proscripción definitiva de la esclavitud, la libertad de hacer o ejecutar lo que no dañara a otro, la libertad de pensamiento y de prensa –sin restricción alguna, siempre, por supuesto, que no se contradijese al autócrata Antonio Guzmán Blanco–, la libertad de industria, la libertad de reunión y asociación, sin derecho de inspección –sobre todo para exaltar al autócrata– y la seguridad individual. Todo aquello a lo que podían aspirar las clases dominadas está consagrado allí. Semejante intensidad de respuesta hubo en lo que se refiere a la cuestión de la igualdad: eran elegibles los venezolanos varones y mayores de 21 años, con las excepciones que establecía la propia Constitución, que eran muy pocas –en contraste con el régimen censitario de 1830–; todos debían servir a la Nación; igualdad de derechos; gratuidad de la enseñanza primaria; igualdad legal, etc. Todo lo que entonces podía constituir bandera para luchar por la igualdad quedó consagrado en la Constitución.

De esta manera, en adelante los grupos o sectores de la clase dominante podrían seguir disputándose el ejercicio del poder público, pero sin temer la participación de intrusos, es decir, de las clases dominadas. Y con esto afirmaré algo que podría resultar, quizás, demasiado chocante o tremendista, pero que es una convicción profunda. Es lo siguiente: muy por lo contrario de lo que suele pensarse, la Guerra Federal no significó la irrupción de las masas populares en la historia de Venezuela, sino la salida de las masas populares de la historia de Venezuela hasta 1946-1947, cuando lo hicieron por la vía del sufragio. Después de esa guerra, los sectores de la clase dominante pudieron rivalizar entre sí sin temor al pueblo, sin temor a los negros, sin temor a los exesclavos. Fue solo en enero de 1958, reaccionando ante el amenazante continuismo militarista, cuando se volvió a ver masas participando directamente en la historia de Venezuela. Desde la Guerra Federal esas masas no habían comprometido ni amenazado la condición hegemónica de la clase dominante. Tal situación fue inadvertida consecuencia de la Guerra Federal y la Federación que, repito, significaron la salida de las masas populares de la historia de Venezuela, muy al contrario de lo que se suele afirmar.

En cuanto a la lucha por la participación política, en el plano individual, fueron estipulados todos los derechos y exenciones constitucionales respecto de la elegibilidad y el sufragio, abolición de la pena capital, etc. Más intensamente se planteó la cuestión de la participación política regional: el equilibrio federal establecido, por un lado, y por el otro una respuesta muy estimulante —que llegaría a ser muy jugosa— a las aspiraciones autonómicas de las provincias; el artículo 13 constitucional, ordinal 17, establece que se debe «reservar de las rentas nacionales a beneficio de los Estados que no tienen minas en explotación, la suma de veinte mil pesos que deberá fijarse en el presupuesto anual de gastos públicos, y darse a aquellos por trimestres anticipados». Es el situado constitucional, en una escala si se quiere un poco ridícula por la cantidad, pero que interesa como principio que llegó a resultar nugatorio del federativo, porque ya en 1881 la porción del situado, según la Constitución, había crecido considerablemente. Se estableció el principio de la repartición sobre la base del contingente poblacional, y se abrió para los caudillos locales una forma de participación fiscal capaz de aquietarlos en parte. La asignación del situado significaba comprar la paz, comprársela a los caudillos locales. Fue una manera de hacerlos participar legalmente del gran botín que era el erario. Esto lo entendió el legislador de 1864 y lo practicó Antonio Guzmán Blanco, quien pudo así comprar una buena porción de paz.

Lo demás era respetarles a los estados su autonomía, en el sentido de garantizar la igualdad entre ellos. Por consiguiente, el régimen electoral para presidente de la República prescribía que cada estado tendría un voto, representado por la mayoría de sus votantes, con lo que se garantizaba que no habría predominio de un estado sobre los demás. De este modo se resolvía también la situación que se venía arrastrando desde 1811, en cuanto al temor del predominio de la provincia de Caracas.

Por lo dicho, este conjunto de medidas, establecidas en la Constitución de 1864 y en buena parte puestas en práctica por Antonio Guzmán Blanco, determinó que en adelante la clase dominante pudiera disputar en su seno el control del poder; que pudiera haber un presidente que pretendiera mantenerse en el poder como expresión de intereses grupales o de su idiosincrasia, pero sin comprometer por ello la posición hegemónica de la clase dominante como tal, en ningún momento, y esto era lo fundamental. Lo otro era más bien fachada: si se trataba del general Joaquín Crespo, del general Ignacio Andrade, del general Antonio Guzmán Blanco o de otro general, tenía una importancia a nivel de grupo; lo esencial era que fuesen siempre los Crespo, los Andrade, o los Guzmán Blanco; esto era lo importante en el marco de la clase dominante. Por supuesto, sin que se advirtiese algún grado de contravención con lo establecido en el art. 97, título II «Disposiciones complementarias»: «La autoridad militar y la civil, nunca serán ejercidas por una misma persona ó [sic] corporación».

Cabe subrayar la notable continuidad programática que se advierte en la marcha hacia la formulación definitiva del *proyecto nacional*. Si partimos de los primeros planteamientos que encontramos, por ejemplo, en el periódico *El Venezolano,* en 1824, y remontamos por la formación del Partido Liberal o la Sociedad Liberal de 1841, hasta llegar al Estatuto y Programa de Gobierno y Administración del Estado de Coro, en 1859, y el Decreto de Garantías dictado por el general Juan Crisóstomo Falcón el

18 de agosto de 1863, llegando hasta la Constitución de 1864, encontramos que hay continuidad en cuanto al conjunto de valores sociales invocados. Se fueron enriqueciendo, haciendo cada vez más un cuerpo, siempre dentro de una línea de perfeccionamiento: abolición de la pena de muerte, libertad absoluta de prensa, libertad de tránsito, de asociación, de industria, prohibición perpetua de la esclavitud, inviolabilidad de la correspondencia, libertad de cultos, inmunidad de la discusión oral de toda especie, inviolabilidad de la propiedad, derecho de residencia a voluntad del ciudadano, etc. Es decir, el conjunto de valores que históricamente representan la concepción de la sociedad liberal por la burguesía.

Desde este punto de vista, muy al contrario de lo que suelen repetir algunos historiadores que hablan de los ideólogos liberales como si hubieran sido farsantes, demagogos, carentes de consistencia, valiéndose para ello de la invocación de la conocida afirmación: «si los contrarios hubieran dicho Federación, nosotros hubiéramos dicho Centralismo»; muy al contrario de eso, si algún pensamiento socio-político ha tenido y tiene continuidad y coherencia en la historia de Venezuela es justamente el pensamiento liberal, que cuajó en la Constitución de 1864. Pero sucede que la visión de ese pensamiento ha sido, en cierta forma, viciada por un enfoque ideológicamente prejuiciado e históricamente reaccionario.

En relación con la instrumentación constitucional vale citar, como su culminación, el precepto que cierra todo lo político y jurídicamente edificado: es la proclamación y preservación institucional del proyecto nacional liberal, como única concepción válida del Estado y del Gobierno. Esto es importante, porque con ello se armó la que denominé, en la charla-conferencia inmediatamente precedente, «la trampa jaula ideológico-política de la clase dominante». No se trataba solo de crear una doctrina, no se trataba solo de crear un esquema de cómo debía ser constituido el Estado, no se trataba solo de montar el andamio jurídico del régimen socio-político. Se trataba de sentar las bases de la estructura de poder interna de la sociedad liberal republicana, pretendiendo también hacer que no fuese posible concebir el Estado, ni la sociedad, con otra forma de organización. Era necesario que la gente llegase a pensarse, y a solo poder pensarse a sí misma, dentro del esquema del *proyecto nacional* definitivamente formulado. Esto habría de lograrse por medio de la propaganda, de la educación y de *la segunda religión*. Es decir, gracias al adoctrinamiento ideológico y a la manipulación política, convertidas en políticas de Estado.

Pero, por si esto fuera poco, por si todavía brotaran veleidades, la Constitución de 1864 se encargó de establecer la pauta exclusiva del Estado liberal como expresión de la nacionalidad, al comprometer a los estados a reproducir el mismo régimen de Gobierno de la Unión. Vale decir, el gobierno popular, electivo, federal, representativo, alternativo y responsable; y al establecer en las elecciones populares el sufragio directo y secreto como única forma de expresión de la soberanía popular, redondeando este planteamiento lo que era la prevención máxima: «Toda autoridad usurpada es ineficaz; sus actos son nulos. Toda decisión adoptada por requisición directa e indirecta de la fuerza armada o de reunión de pueblo en actitud subversiva, es nula de derecho y carece de eficacia» (art. 104). Es decir, la clase dominante entendía cerrar, de una vez por todas, cualquier otra posibilidad de estructuración de la sociedad que no fuese la que había construido como su propio programa. Esto a nivel constitucional. Y a nivel político, ¿cómo se planteaba la cuestión? Estimo que cabría considerar, fundamentalmente, dos aspectos que presiden el conjunto: la operatividad del marco jurídico-constitucional del *proyecto nacional* y la generación de factores dinámicos que le prestasen sustentabilidad.

En cuanto a la operatividad del marco jurídico-constitucional del *proyecto nacional*, en primer lugar habría que referirla a la que se ha denominado la *autocracia,* para no bautizarla *despotismo.* He hablado en todo momento de manipulación de las aspiraciones socio-individuales. He insistido tanto en el aspecto ideológico-político como en el aspecto jurídico-constitucional, porque así como ha habido satisfacción de algunas de las aspiraciones contempladas, ha habido también, en todo momento, manipulación o falseamiento de no pocas. El problema ya no consistía en concebir una modalidad de Gobierno que se correspondiese con las aspiraciones de libertad e igualdad; ellas estaban consagradas, como deber, en la ley; integraban un mandato que la propaganda podía presentar como la imagen misma del Gobierno. La práctica era otra, era la *autocrática,* la *despótica* o la denominada *civilizadora* –¿o sea el *poder revolucionario* concentrado en un hombre?–. Pero el hecho de que ese hombre se llamase Antonio Guzmán Blanco contribuye mucho a la realidad del esquema. Estaba al mando de un proceso revolucionario, al frente de una clase históricamente revolucionaria y ejercía el poder por vías revolucionarias. Es decir, fue un autócrata informado e implacable, dedicado a demoler todo aquello que podía entrabar el desarrollo de la clase dominante en su versión modernizadora y a echar las que creyó serían las bases de un desarrollo acelerado de esa clase y con ello el de la sociedad.

Tal fue la gestión asumida por el general Antonio Guzmán Blanco, y la realizó a conciencia. Su idea no fue establecer un régimen al cual pudieran acogerse complacidos todos los sectores de la sociedad. Su idea era establecer la tutela de la sociedad por la clase dominante; y para ello la modernización socio-política del todo social era el instrumento adecuado. La actualización del primer gran partido moderno formado en Venezuela, el Partido Liberal, le permitió montar la ficción de una participación expresada a través de la opinión pública, para encubrir su ejercicio despótico del poder.

Generalmente, cuando se pretende juzgar la gestión sociopolítica del general Antonio Guzmán Blanco en términos de consecuencia o de inconsecuencia respecto del liberalismo, lo primero que surge es el contraste entre la Constitución federal de 1864 –y aun las posteriores reformadas, que básicamente la reproducen– y su práctica de la política. Pero quizás lo que haya que entender es que el *proyecto nacional*, en tanto su definitiva formulación y en tanto cuerpo de doctrina, no era un instrumento para el Gobierno de la sociedad en un momento o instancia determinados, sino un objetivo históricamente trazado por la clase dominante, que tuvo como finalidad favorecer su desarrollo como clase dominante y legitimar su control de la sociedad mediante la estructuración de esa sociedad en función de esos intereses. Por ello, antes que la coherencia conceptual, y también antes que la consecuencia con la pauta ideológica, estaban los requerimientos de la práctica política, pero sin perder de vista la determinante consideración de que si bien la atención prestada a tales requerimientos imponía la obligación de observar los objetivos ideológico-programáticos con aspiración de permanencia, la práctica del gobierno obligaba a operar en un plano revolucionario inmediato. Vale subrayar que cuando digo *revolucionario* quiero significar revolucionario de la clase dominante, que consistía en echar las bases de su poder mediante la destrucción, el control o la eventual cooptación de sus probados adversarios. Dicho en otros términos; la clase dominante entendía gozar de la libertad para sí, y la contrariaba o negaba a todos los que contrariasen sus intereses. Por eso el general Antonio Guzmán Blanco fue al mismo tiempo civilizador y déspota; por eso fue quien implantó definitivamente el Estado liberal en Venezuela y, sin embargo, gobernó como un autócrata, sin que hubiese contradicción entre ambos hechos. Cuando el presidente Juan Pablo Rojas Paúl reaccionó contra el entonces expresidente general Antonio Guzmán Blanco e intentó justificarse porque lo acusaban de traidor, elaboró el siguiente balance del Gobierno de su predecesor:

... la posteridad habrá de reconocer, como reconocemos todos los venezolanos, que el General Guzmán Blanco es un político de talento superior y un estadista eminente.

Pero sabemos también que su obra política adolece de muchos errores, que el hábito del mando lo hizo un déspota; que la Constitución y las leyes, lejos de refrenar aguijoneaban sus incontrastables inclinaciones al mando absoluto; que su política consistía en un personalismo organizado, tan fuerte, tan intolerante y absorbente, como acaso no lo registra la historia de ninguna otra nación en la América republicana; y, finalmente (para no extenderme a otras consideraciones), que su carácter personal, cada día más dominador e imperioso, inaccesible y violento, se hizo por fin incompatible, no ya simplemente con la dignidad de sus servidores, sino también con la dignidad misma de la Nación.

Pero, ¿qué había detrás de esto?: «aquel sistema corruptor [dice Rojas Paul] –a la larga reprobado hasta por sus mismos autores–, que consiste en el endiosamiento de una personalidad única, subida sobre la cima de la sociedad y con los pies apoyados sobre la cerviz de los pueblos».

Esto alegó Juan Pablo Rojas Paúl, puesto en el trance de restaurar la resquebrajada unidad de la clase dominante, en el sentido de detener el proceso de deslinde interno que había adelantado su predecesor: había sucedido que si bien en el orden programático no fue tarea sencilla formular la doctrina de la clase dominante, por las razones que ya dije al hablar de la Federación, tampoco en la práctica política esto fue sencillo. Hubo sucesivos retornos a aquellos estados de confusión en los cuales volvían a integrarse en la clase dominante los sectores política, social e históricamente menos actualizados, como ocurrió durante la Presidencia del Dr. Juan Pablo Rojas Paúl.

¿En qué consistía la singularidad del general Antonio Guzmán Blanco desde este punto de vista? Consistía en que cuando el Dr. Juan Pablo Rojas Paúl estaba hablando de volver a unir a aquellos que compartían la misma posición, la misma condición, la misma actitud en la sociedad, el general le escribió en estos términos:

> La política de los gobiernos lealmente liberales, no puede ser sino la política de la Regeneración. Esas que se bautizan con los nombres de Rectificadora, Complementaria, Perfeccionadora de la Regeneración, no son sino disfraces más o menos insidiosos de la reacción, y el trapo que se levanta como bandera de *concordia,* se convierte en la odiosa insignia de los enemigos de siempre, bien hayan sido armados, o bien sistemáticamente instigadores de la guerra civil [...] Esa concordia crea el antagonismo entre el presente y el pasado, entre tu gobierno y el mío y, sin pensarlo y sin quererlo, antes de terminar tu período quedará tu administración afiliada, no con la de Alcántara [general Francisco Linares] que fue mi perseguidora, pero sí con la de Crespo [general Joaquín] que, aun siendo reaccionaria, fue, sin embargo, amiga mía».

Este era un pensamiento claro sobre la situación de la nación venezolana en aquel momento. Por eso me permito afirmar que el entonces expresidente, no solo como conductor sino como ideólogo de la clase dominante, y como su dirigente político, era quien tenía más claro que el objetivo históricamente trazado era consolidar a la clase dominante sobre la base de su depuración como clase revolucionaria, extrayendo de ella los sectores más atrasados históricamente, mediante un proceso de modernización de la clase.

Por último, habría que hablar de la base de todo esto. Si lo he dejado para el final es porque me doy cuenta de que, en realidad, la forma correcta de tratarlo es integrándolo a la próxima charla-conferencia; para poder ofrecer una visión de conjunto realmente integrada. Me refiero a la generación de los factores dinámicos que habrían de permitir relanzar el proceso de implantación de la sociedad, tanto en el sentido espacial como en el social.

Todo el montaje estructural adelantado en lo socio-político, toda la fundamentación doctrinaria elaborada, únicamente podían ser viables en la medida en que la clase dominante entrase en una fase de desarrollo, no solo de crecimiento, de consolidación; no solo de ejercicio hegemónico del poder. Para ello era necesario dotar la economía del país de nuevos impulsos y era imprescindible crear las condiciones para que esos impulsos, que sacarían la economía del estancamiento, se manifestasen de manera retadora y creativa.

Es bueno recordar que ya para 1870 no se era tan ingenuo respecto de la posibilidad de que fuese la propia sociedad venezolana la que pudiese generar los impulsos que habrían de reactivar la vida económica. En un comienzo hubo esa convicción –me refiero al lapso entre los años 1830 y la Guerra Federal–. Después no tanto, y quizá para 1870 de ningún modo. Es un hecho que ninguna de las sociedades latinoamericanas que entraron en crisis a fines del siglo XVIII –crisis estructural, por agotamiento de los factores dinámicos de su proceso de implantación– pudo generar por sí misma factores dinámicos capaces de permitirle superar esa crisis. Venezuela no escapó de ninguna manera de esta situación; la padeció con particular dureza. El general Antonio Guzmán Blanco –porque percibió esto de manera activa– decidió aplicarse a crear condiciones para que esos factores dinámicos se expresasen en Venezuela, al favor de una nueva forma de correlación internacional, la de articulación, plena o conformante, con el sistema capitalista mundial, en fase de expansión. Él era hombre culto, había viajado por Europa, cultivaba un temperamento político creativo y era un intelecto bien informado y actualizado, a la par que de gustos refinados y reconocido gastrónomo afrancesado.

Estaba, por consiguiente, el general Antonio Guzmán Blanco, bien apertrechado para advertir que el sistema capitalista se encontraba en el umbral de un nuevo desarrollo. La denominada segunda revolución industrial –la revolución tecnológica, sobre la base de la electricidad, el uso del petróleo, el acero barato, la industria química– anunciaba un nuevo movimiento de expansión del capitalismo. Comprendió que la posibilidad, para la clase dominante venezolana, de ver realizarse su aspiración de desarrollarse como tal, de mantener su control de la sociedad y, sobre todo, de impulsar el *proyecto nacional* definitivamente formulado, en tanto nuevo auge del proceso de implantación, estaba en la vinculación con ese movimiento de transformación, que convertía a los países más desarrollados de Europa occidental en superpotencias lanzadas al reparto del mundo. Su afán modernizador se orientó a atraer la atención sobre Venezuela, a facilitar la articulación con esa fuente de poder que, a su juicio, habría de permitirle transformarse a la sociedad venezolana. Para ello operó fundamentalmente en dos planos: primero, la modernización del Estado y del Gobierno; segundo, el desarrollo de la infraestructura. Ambos cambios como condiciones básicas para que el capital y la destreza empresarial extranjeros se interesasen en Venezuela, y produjesen en ella lo que para el momento era la imagen del progreso material.

De allí que hayamos comenzado los venezolanos a movernos con arreglo a la conciencia de una clase dominante históricamente revolucionaria, que se realizaba a sí misma estableciendo una articulación conformante con el sistema-capitalista mundial. No quiero decir integrándose, sino subordinándose al sistema capitalista mundial. Sería una clase dominante que habría dejado de ser nacional en el sentido que pudo tener en los años inmediatos, posteriores a 1830, y que había entrado en un proceso de incorporación subordinada al sistema capitalista mundial. Para ello la política de modernización del Estado y del Gobierno; para ello la política de creación y desarrollo de la infraestructura; y, como factor fundamental, la articulación conformante con el sistema capitalista mundial. Es decir: las concesiones –representadas por la famosa «concesión Hamilton»–, los convenios financieros, los contratos para la construcción de obras, gravosos para el Estado pero que se esperaba tuviera un portentoso efecto reproductor. Era ni más ni menos que la apertura forzada de las puertas de

Venezuela al imperialismo en expansión a fines del siglo XIX, representado fundamentalmente por el capital alemán, francés y un poco más tarde el norteamericano. Ahora bien, como este aspecto forma una unidad con la siguiente charla-conferencia, me voy a permitir dejarlo para tratarlo entonces.

* * *

[Probablemente por considerarlo adecuado para ilustrar sobre el efecto causado por el contenido de esta charla, referido a la valoración crítica de la personalidad histórica del general Antonio Guzmán Blanco, el transcriptor de esta charla-conferencia consideró procedente incluir algunas de las inquietudes suscitadas en los participantes, lo que acato].

Uno del público: Acerca de Guzmán Blanco, Ud. dice que él ha sido en cierta forma vilipendiado por la clase burguesa, porque parece que representaba un pensamiento un poco revolucionario. En vista de eso, luego que se aprecia todo lo que hizo Guzmán Blanco, me pregunto, ¿por qué no lo acepta la clase burguesa más de frente?

El expositor: Quise decir, justamente, que Antonio Guzmán Blanco representaba el sector más avanzado de la clase dominarte: la burguesía urbana. Quienes reaccionaban contra él eran los representantes de los sectores, de esa misma clase, más atrasados social, ideológica, política e históricamente, sobre todo hacendados. Es decir, aquella especie de matriz de la clase dominante que constituyó la oligarquía de 1830. No era una clase diferente. Esto quizá no quedó muy claro. No fue otra clase, sino la matriz de la clase dominante, clase que se expresaba ahora en su corifeo más avanzado, modernizador, y que la inducía a evolucionar como burguesía, en sentido estricto. Los otros sectores, un poco a caballo entre la burguesía y el latifundismo tradicional, eran los más atrasados, los más conservadores, contra quienes el líder clasista arremetía por considerarlos lastre, rémora en el desarrollo de la clase dominante. Lastre –él mismo lo dijo– que había que *destruir* hasta como clase social, para poder abrirle cauce a la modernización de Venezuela, que no era otra cosa que la conformación de la clase burguesa urbana como rectora de la sociedad.

Uno del público: ¿Usted no cree que la Constitución de 1864, donde a grandes rasgos se trataba ya de planteamientos de libertad, sería después un arma de doble filo para la misma clase dirigente?

El expositor: Perdóneme: en la Constitución del 64 no se habla «a grandes rasgos de libertad»; se habla de la libertad con todas sus letras y se pauta un régimen jurídico-social de libertad. Esta es una realidad. Pero sucedía que lo importante y urgente era encauzar la lucha por la libertad; otra cosa era la práctica política; y otra cosa aún el disfrute real de la libertad. En razón del control que ya ejercía la clase dominante en toda la estructura social, la libertad era limitada, era restringida por el ejercicio real del poder público; pero desde el punto de vista de la formulación doctrinaria ya no había por qué luchar. Podía haber acomodos, y hasta darse enfrentamientos, pero no era la situación que enfrentaban, por ejemplo, los negros cuando luchaban *por su libertad* en el marco de una institución milenaria como lo era la esclavitud, consagrada por los textos además de ser una práctica real. Se podría decir que el peonaje en cierta forma reproducía la esclavitud; pero cuando usted habla con cualquier venezolano, por obra de esta ideologización –me adelanto un poco a lo que pienso decir en una próxima charla-conferencia– y le pregunta si él se siente o no igual a los demás, si se considera o no un hombre libre, aun el más deprimido y oprimido de los venezolanos le dirá que él es igual a cualquier otro y que es un hombre libre. Justamente, allí está el efecto de la ideologización. Y esa obra admirable de control de la conciencia es lo que llamo «la trampa jaula ideológica», que sigue operando y que por lo visto no solo no ha perdido efectividad sino que la ha incrementado.

Uno del público: (inaudible).

El expositor: Si algo ha caracterizado a la clase dominante en la historia de Venezuela es tener una clara conciencia de que, antes que la disputa por el poder, antes que una lucha llevada a sus últimas consecuencias, está la existencia misma de la clase. Como consecuencia de la crisis socio-política de la sociedad monárquica colonial, esa clase social encaraba una perspectiva de creciente debilitamiento que amenazaba con reproducir, agudizándola, la situación de 1830, cuando, en el marco de una sociedad dislocada, con sectores populares fuera de quicio, la esclavitud alzada, los pardos igualados por su participación militar, etc., la clase dominante se sintió débil no solo numéricamente y tuvo que invocar la tutela de los militares desengañados y descontentos.

Esta situación, como consecuencia de la Guerra Federal, se volvía aún más evidente. Los dos sectores de la clase dominante, enzarzados en la guerra, padecían un exceso de debilitamiento, de destrucción recíproca que ya no comprometía solamente el posible predominio de cualquiera de las dos fracciones, sino la de la clase misma. Los tratados de Coche representaron una especie de tregua, de respiro, para no poner en peligro lo esencial, que era la existencia misma de la clase dominante y su capacidad de control del todo social. Por eso no creo que «el pacto de Coche» fuera el final de la revolución en curso bajo cubierta de la guerra civil; y así lo tengo escrito. Todo lo contrario: ese «pacto» fue una instancia necesaria para el triunfo de la revolución. Allí no se traicionó nada; allí se fue consecuente con lo único que históricamente era importante en el momento: el *proyecto nacional* definitivamente formulado por la clase dominante. El hecho de que un grupo de campesinos de Barinas, probablemente indoctrinados por algún socialista de los primeros tiempos, llegara a pensar que aquello podía convertirse en una revolución popular, muy poca importancia histórica tiene. Ello no representaba un embrión del futuro. Representaba, si se quiere, una «intrusión» de un futuro que en Francia ya era presente.

Lo que entonces se dirimía, militar e históricamente, era la viabilidad del estatus de la clase dominante; y desde este punto de vista lo tratado en Coche no fue ninguna inconsecuencia, ninguna traición. Sobre esto cabría hablar largamente. Intenté hacerlo sobre la base de una afirmación demasiado general. Dije, recuerden, al comienzo de este ciclo de charlas-conferencias, que me dan miedo estas charla-conferencias porque llevan a decir cosas que no se pueden probar, dado el breve tiempo de que disponemos.

Mas hubo un rasgo socio-político que fue claramente perceptible hasta 1870. Consistió, y no cuesta ningún trabajo verlo, en los documentos como en la práctica política, en que la clase social dominante venezolana vivía bajo la presión moral, política y social de una estructura de dominio celosamente discriminatoria, profundamente arraigada en la desigualdad, pero escasamente viable en lo económico, escasamente funcional en lo socio-político. Las conspiraciones y sublevaciones de esclavos, los conatos de rebeliones campesinas, el bandolerismo que se expandía y se tornaba crónico en todo el país eran síntomas de malfunción social, eran expresión de una dinámica social que no lograba canalizar las aspiraciones de los sectores más deprimidos de la clase dominada.

Mientras esa situación perduró, la clase social dominante vivió bajo el temor de nuevas rebeliones o alzamientos de los negros, de una irrupción de lo que Simón Bolívar llamó la *pardocracia*. Esto se ve muy claro en el pensamiento de Juan Vicente González, por ejemplo. Si se leyera la *Biografía de José Félix Ribas*, no como quien está leyendo historia de la Independencia, sino como quien está leyendo historia de la Federación –porque sospecho que eso pretende ser la obra–, se encontrará un alegato, un llamado a la sociedad para levantarle un dique a la *pardocracia*, al avasallamiento de la sociedad por las fuerzas disolventes. En otros términos: no podían dos sectores de la clase dominante librar una guerrita entre ellos sin que vinieran negros y pardos a meterse, y no solo como tropa, para crear problemas.

Después de la Guerra Federal parecería que no hubo problemas con las clases dominadas. Fue posible que los sectores de la clase dominante peleasen entre sí, que se disputasen el poder sin temer intromisiones. No habría que hacer un recuento minucioso para demostrar esto. El hecho de que la clase dominante fuese igualmente capaz de asimilar al general Joaquín Crespo que de asimilar al general Ignacio Andrade; de asimilar al general Cipriano Castro que de asimilar al general Juan Vicente Gómez Chacón; de asimilar al general Eleazar López Contreras que de asimilar al general Marcos Pérez Jiménez creo que es bastante demostración de lo dicho.

Otro del público: (inaudible)

El expositor: Lo que he querido decir es que la Guerra Federal permitió al sector más avanzado de la clase dominante culminar la formulación definitiva del *proyecto nacional*, y mediante su puesta en vigencia ideologizar las luchas de las clases dominadas por la libertad y por la igualdad, creando para ellas un mundo fantasmagórico de libertad y de igualdad, capaz de embelesarlas con la declarativa satisfacción de sus reivindicaciones; al mismo tiempo que en la práctica se les privaba del ejercicio de la libertad y de la igualdad. Esto lo posibilitó la Guerra Federal. Repito: quizás mis palabras resultaron especialmente chocantes, porque estamos acostumbrados a pensar en esa guerra como en una guerra popular. Para mí la Guerra Federal fue, lo reitero, un pleito entre sectores de la clase dominante que tuvo un solo sentido histórico: consolidar la clase dominante. Lo que pudo haber allí de presencia popular fueron irrupciones o intrusiones, pero de ninguna manera desarrollos históricamente necesarios, históricamente viables. Ya vimos el pensamiento de Ezequiel Zamora. ¿Allí se encuentra algún contenido revolucionario? Y él actuó ¿en representación de quién?, ¿de las clases dominadas o de la clase dominante?

No vayan a pensar ustedes que me precio de ser un conocedor muy profundo de Ezequiel Zamora y de sus circunstancias, pero me temo que su figura histórica ha sido inyectada con valores de nuestro tiempo, que se le han atribuido significados que sobrepasan el nivel del suyo. Quizá por eso ha sido desvirtuada. Pero sucedía que, justamente, la clase social históricamente revolucionaria era la burguesía. Ese es el problema: era la clase históricamente revolucionaria porque lideraba el cambio histórico –y lo capitalizaba–, que consistía en el tránsito desde el régimen socio-político monárquico absolutista colonial al régimen socio-político republicano liberal independiente. Pero ocurre que se pierde –incurriéndose en el vicio de modernismo historiográfico– la perspectiva histórica, y se piensa que la burguesía ha sido siempre la clase conservadora de la sociedad. Ella también ha vivido su momento revolucionario. Que lo olvidara rápidamente, que tomara otro camino es otra cosa. Pero en ese momento la clase revolucionaria era la burguesía: la única que tenía un proyecto válido para toda la sociedad, la única capaz de llevar adelante el *proyecto nacional*. Esto es lo importante. Por eso era la clase social dominante, pero la clase social dominante en tanto clase revolucionaria, históricamente revolucionaria; y los valores que trataba de establecer eran los más avanzados de su tiempo; pero valores que ya comenzaban a ser cuestionados por el socialismo utópico y por el mismo marxismo naciente –recuérdese que el *Manifiesto comunista,* compuesto por Carlos Marx y Federico Engels, está fechado en 1848–. Cierto, pero frente a esos valores no había sido formulado ni propuesto un *proyecto nacional* diferente en ninguna nación del mundo. Incluso el experimento que se le podía acercar más, la Comuna de París, de marzo-mayo de 1871, no llegó a tener ni la persistencia ni la vigencia, ni la difusión, a nivel de su tiempo, necesarias para presentarse como alternativa válida respecto de la estructura socio-política liberal. La Comuna de París fue rescatada por el conocimiento histórico y político después de la Primera Guerra Mundial, fundamentalmente en virtud del triunfo del socialismo con la Revolución de Octubre en Rusia; pero antes de eso la Comuna era un hecho bastante circunscrito, local. Por consiguiente, el pensamiento representado por el liberalismo venezolano de fin de siglo era el pensamiento activo más avanzado perceptible a escala mundial.

Lo expuesto confirmaría, por consiguiente, el alcance de un historicista párrafo de dos líneas, extraído del capítulo I: «Burgueses y proletarios» del *Manifiesto comunista,* redactado a fines de 1847, por acuerdo tomado por la Liga Comunista, en su congreso realizado en Londres, y publicado por primera vez en 1848: «La burguesía ha jugado en la historia un papel altamente revolucionario». ¿Explicaría esta circunstancia, a su vez, el empeño de la primaria historiografía marxista venezolana en negarle la condición de burguesía a la clase social promotora del *proyecto nacional*?

Cuarta charla-conferencia

La concentración nacional del poder en el marco de la búsqueda de una salida a la crisis estructural de la implantación. Actualización de factores dinámicos (1900-1940)

LA CHARLA-CONFERENCIA ANTERIOR TUVO como tema el primer intento de instrumentación del *proyecto nacional*, definitivamente formulado entre 1870 y 1890; particularmente durante el llamado *guzmanato*, entendido como un esfuerzo modernizador, en gran parte fallido, que buscaba propiciar, estimular e impulsar la articulación conformante de la sociedad implantada venezolana con el sistema capitalista mundial; vista esa articulación como factible salida de la crisis estructural, padecida por esa sociedad desde fines del siglo XVIII, mediante la incorporación de factores dinámicos generados en el sistema capitalista mundial, sirviendo de base al desarrollo y consolidación de la clase social dominante, representada por la surgente burguesía urbana.

En la charla-conferencia de hoy retomaré parcialmente esa temática, en lo que concierne a los esfuerzos concretos para crear las condiciones propicias a la articulación con el sistema capitalista mundial. Para ello, creo necesario hacer dos aclaratorias previas.

En primer lugar, debo explicar el sentido que le doy a la expresión «concentración nacional del poder». No se trata de significar con esta expresión la concentración de la capacidad de tomar decisiones, que afecten a la sociedad como un todo, en un reducido grupo de personas, emparentadas o no. Esta es la acepción sociopolítica usual. Quiero señalar, con más propiedad –aun cuando también esté implícito el fenómeno del grupo y su interconexión–, el proceso mediante el cual el *proyecto nacional* se tornaba viable en niveles cada vez más inclusivos de la sociedad, hasta llegar a conformar un foco de decisión que, operando para y dentro del *proyecto nacional*, se apoyaba en –y las generaba– estructuras nacionales de todo orden, llegando a ejercer un control eficaz de la sociedad. Repito, esta acepción del concepto de «concentración nacional» del poder no excluye la posibilidad de que se diese simultáneamente con esa otra acepción de tal concentración, en manos de un pequeño grupo, emparentado o no, de la capacidad de decidir el destino de la Nación en estadio de integración.

En cuanto al concepto de «actualización de factores dinámicos», la expresión empleada significa el surgimiento, en la estructura socio-económica, de actividades nuevas, o de modalidades nuevas de actividades tradicionales, capaces de desencadenar procesos de recuperación, reorientación o reanudación de las tendencias socio-históricas que conformaban la fase escenario del proceso de implantación.

Con estos dos conceptos creo posible establecer lo fundamental de la terminología que emplearé. Comprendo que estos conceptos son muy discutibles; pero, como suele decirse, los doy en calidad de definiciones operativas, quizás para que mi pensamiento no resulte demasiado ininteligible.

Por último, quiero dejar constancia de que mis palabras se apoyan en trabajos diversos de José Agustín Silva Michelena, Armando Córdova, Rodolfo Quintero, Héctor Silva Michelena, Ruth Hurtado, Luis Lander, Sonia Noguera de Barrios y otros. Imposibilitado de hacer las merecidas citas directas, valga este reconocimiento por lo que de estos autores ha sido incorporado al desarrollo de la charla-conferencia.

Esta charla-conferencia constará de cuatro partes: la primera tratará –recogiendo lo que quedó pendiente de la charla-conferencia anterior– del fallido intento modernizador del guzmanato para estimular la articulación, plena o conformante, de la sociedad venezolana con el sistema capitalista mundial. La segunda tratará de la formación de factores dinámicos en la sociedad venezolana. La tercera tratará de los efectos de los factores dinámicos en la sociedad implantada. Por último, la cuarta tratará especialmente de los efectos de esos factores dinámicos en la implementación del *proyecto nacional*.

Valga decir que, de acuerdo con la concepción original de este ciclo de charlas o charlas-conferencias, nuestro fundamental objeto de atención debe ser, justamente, todo lo concerniente al *proyecto nacional*: a su formulación y a su realización. Por eso hay una serie de aspectos históricos, sin embargo muy importantes, que dejo en silencio, con el propósito de concentrarme en lo que constituye en propiedad el objeto de estas reuniones.

Comenzaré refiriéndome al fallido intento modernizador del denominado guzmanato, dirigido a estimular la articulación, plena o conformante, de la sociedad implantada venezolana con el sistema capitalista mundial. Pero considero necesario un paréntesis para decir lo que entiendo por articulación, plena o conformante, con el sistema capitalista mundial. Históricamente no resulta nada difícil detectar una relación, o mejor dicho, formas de relacionamiento, de las sociedades implantadas latinoamericanas con los centros que desde fines del siglo XVIII, y comienzos del XIX, lideraban el sistema capitalista mundial. Hay diversas interpretaciones de esas formas de relacionamiento. Algunas corrientes de científicos sociales afirman que esa relación fue a todo lo largo, desde fines del siglo XVI hasta el presente, una relación de dependencia. Incluso se ha acuñado la frase ya célebre de que «América Latina ha sido y es dependiente, y que de no haber existido América Latina habría sido necesario inventar una realidad que correspondiera al concepto de dependencia».

Sin entrar en debates de carácter más o menos teórico, mi punto de vista es otro. Pienso que ese relacionamiento de las sociedades implantadas latinoamericanas con los países capitalistas y con el sistema capitalista es uno de los componentes del proceso socio-histórico latinoamericano, pero componente que no ha sido siempre de igual naturaleza, ni ha afectado por igual a todas las sociedades, ni ha tenido la misma importancia para el desarrollo de estas sociedades. Por eso prefiero hablar de articulación con el sistema capitalista mundial. Con eso aludo a las formas como esas sociedades se han vinculado con ese sistema, que han sido diversas, tanto en grado como en modalidad, según el tiempo y según la región. Pero no puedo entrar en más detalles sobre este problema, que requeriría desarrollos amplios; los doy simplemente como una explicación del uso de esta terminología.

* * *

Después de casi medio siglo de incesante diagnosticar los males de la sociedad venezolana, sintetizados en atraso, escasez y estancamiento, y de proponer mágicos remedios, la conciencia de la clase dominante fue ganando la convicción de que no era posible encontrar una salida basándose en las solas fuerzas y recursos de la sociedad venezolana. En la charla-conferencia anterior dije que ninguna de las sociedades latinoamericanas logró generar en sí misma factores dinámicos que le permitieran superar la crisis estructural padecida desde fines del siglo XVIII. No fue exclusivamente la venezolana la que se encontró sumida en esa dificultad. Frente a esa convicción estaba la imagen del vertiginoso desarrollo de la sociedad norteamericana –sobre todo después de la denominada Guerra de Secesión–; estaba también la imagen del desarrollo europeo conectado con la segunda revolución industrial, y estaba en buena parte el olvido de lo que se llamó en su tiempo «los males del industrialismo», es decir, de aquel cuadro dantesco de poblaciones sumidas en la miseria, sometidas a jornadas de trabajo de quince y más horas, de niños y mujeres superexplotados, etc., imagen que se correspondía con la primera Revolución Industrial.

Al desarrollarse la segunda fase de la industrialización, esta imagen se difuminaba poco a poco, y la perspectiva del industrialismo no resultaba de ninguna manera tan negativa para las recién emancipadas sociedades.

Este conjunto de factores creó ambiente propicio para interrelacionar las nociones de progreso y de bienestar material. Igualmente propició la búsqueda de una articulación creciente con el sistema capitalista mundial, como forma de estimular la sociedad, lo que por otra parte se correspondía muy bien con el carácter expansivo del capitalismo, en relación o en conjunción con la segunda revolución industrial. Es decir, con el imperialismo. El llamado Guzmanato representó, en forma muy activa, esa toma de conciencia de la clase dominante venezolana; lo que se expresó en esfuerzos por crear condiciones propicias para la articulación con el sistema capitalista mundial, y esto tanto en el orden de las estructuras jurídico-políticas como en el orden infraestructural. A la postre, esos esfuerzos no alcanzaron a desencadenar un proceso autosostenido de articulación conformante con el sistema capitalista mundial. Por eso hablo de intento fallido.

Veamos cuáles fueron las condiciones propicias a la articulación que se empeñó en establecer el denominado guzmanato. Consistieron en un conjunto de medidas que pueden ser apreciadas en tres perspectivas: medidas que tendían a impulsar la conformación capitalista moderna de la sociedad venezolana, medidas orientadas a favorecer el desarrollo y la consolidación de la clase dominante y medidas propiciatorias de la articulación plena o conformante con el sistema capitalista mundial. Pero no creo posible separar estas tres perspectivas referidas a las mismas medidas.

Veamos rápidamente, a manera de enunciación, algunas de las medidas correspondientes a la estructura jurídico-política; hecha la advertencia de que una cosa es el acto jurídico, o político, y otra su incorporación a lo real como práctica consecuente y permanente. Digo esto porque algunas de las medidas tomadas en el período de gobierno y mando del general Antonio Guzmán Blanco tardarían tres o cuatro décadas en convertirse en una práctica social, pero conviene destacar que al conformar el nuevo marco jurídico institucional se buscaba, precisamente, favorecer la acción de las fuerzas transformadoras que habrían de convertir ese marco en práctica. Las medidas tomadas fueron de diversa naturaleza. Simplemente, las voy a enunciar: medidas tendientes a facilitar la circulación de bienes y personas; medidas tendientes a garantizar la propiedad; medidas tendientes a la creación de estructuras jurídicas y administrativas homogéneas, acordes con la nueva concepción capitalista del desarrollo de la sociedad.

Entiendo por medidas destinadas a facilitar la circulación de bienes y personas, que fueron objeto de pautas constitucionales y que mostraron relativa evolución desde entonces; muy poca, quizás. Es decir: garantía de la libre navegabilidad de los ríos; prohibición de gravar con impuestos locales productos que ya hubiesen sido gravados con impuestos nacionales; prohibición de gravar efectos y mercancías de tránsito para otros estados –a manera de ejemplo de lo que esto último significaba, apunto que así fue establecido en la Constitución de 1864; pero cuando el general Joaquín Crespo, como buen llanero, hizo redactar la suya, en 1881, se especificó: «efectos y ganados», para evitar que, al trasladar las «puntas de ganado» de una a otra región del país los estados cobrasen derechos aduanales–; imposibilidad de prohibir el consumo de productos de otros estados; libertad de transitar sin pasaporte y de cambiar de domicilio; imposibilidad de establecer aduanas estadales, etc. Es decir, un conjunto de medidas destinadas a facilitar la circulación de bienes y personas, que eran esenciales para la formación del mercado nacional, sin lo cual era imposible estimular la actividad económica y por lo mismo desarrollar la clase dominante como burguesía moderna.

La garantía de la propiedad, como principio, era muy importante porque significaba reaccionar contra la práctica del secuestro de bienes, habitual durante las guerras de Independencia y continuada a lo largo de las guerra civiles; la libertad de industria, etc.

En cuanto a la creación de estructuras jurídicas y administrativas homogéneas, aplicables al todo social, cabe mencionar: formación de códigos nacionales, creación de la moneda nacional, homogeneización del sistema de pesas y medidas, creación de la estadística, institucionalización del censo, etc. Es decir, un conjunto de instrumentos imprescindibles para estimular la actividad económica, propiciar el general desarrollo de la sociedad, facilitar la penetración del modo de producción capitalista y, por lo mismo, vigorizar a la clase dominante. Los cuadernos llamados de «aspiraciones» de la Revolución francesa y los textos referidos no solo al 89, sino al 91 y al 93, en Francia, muestran que este conjunto de medidas representaban, fundamentalmente, la base de las reivindicaciones de la burguesía francesa en desarrollo. Por eso creo que esta similitud de situaciones, además políticamente interrelacionadas, autoriza a considerar que ese conjunto de medidas estaba orientado a crear las condiciones para el desarrollo de la clase dominante, ya conformada o en vías de conformarse, como una burguesía. En suma, esas medidas propiciaban la liberalización de la sociedad, la centralización clasista del poder, la nacionalización del Estado en el sentido de hacer que cubriese la Nación, la modernización de la Administración Pública y la formación de un marco jurídico-constitucional propicio al desarrollo capitalista. Funcionando estas medidas, se pensaba que el capital extranjero tendría interés en venir a Venezuela, porque habría condiciones favorables para su realización en la actividad económica y no solo crediticia. Era el sentido de la modernización del país: de otra manera el capital extranjero no se sentiría atraído ni estimulado en su actuación.

En cuanto a las medidas tendientes a crear condiciones infraestructurales propicias a la articulación, plena o conformante, con el sistema capitalista mundial, conviene señalar de inmediato que estas se concentraron, sobre todo, en la creación de una red de vialidad y comunicación que permitiera el desenvolvimiento de la vida económica mediante la circulación de productos y la extracción de materias primas para su exportación. Como una muestra, apenas, de esta situación, que fue problema mayor de la sociedad venezolana, permítanme presentarles el testimonio del consejero Lisboa, primer embajador del Imperio de Brasil en Venezuela, en su relación de un viaje a Venezuela, Nueva Granada y Ecuador. Aunque es obra publicada en 1866, no había diferencia apreciable entre lo que escribió Lisboa y lo que se podría haber escrito en 1870. Dice:

> Hay tres caminos que conducen de La Guayra a Caracas, poblaciones distantes una de otra, en línea recta, una legua y dos tercios: el camino de carros de Catia, el de mulas construido por los españoles y el de las Dos Aguadas de que se servían los indios en los tiempos precolombinos […] La carretera de Catia es la más frecuentada hoy, la única cómoda y también la más moderna de las tres. [Prosigue con lo siguiente] La simple apertura de esta carretera, que tuvo principio en 1837, importó una suma de cerca de 800.000 dólares y su conservación y mejora supuso en el año de 1846, primero, después de su inauguración que tuvo lugar en 14 de enero de 1845, una suma de 40.000 dólares. [Añade] Los efectos producidos por esta vía de comunicación han sido mágicos, como por propia experiencia puedo testificar: en 1843 pagué por el transporte de mi equipaje de La Guayra a Caracas, 300 dólares; una sola caja me costó 30 dólares; en 1862 todo mi equipaje, que llenaba dos carretas, me costó 10 dólares.

Si tomamos en cuenta estos datos para apreciar lo que podría significar el transporte como parte de los costos para los productos de exportación, comprenderemos en gran medida la crisis agrícola. Dice el mismo testigo:

Era tal la necesidad del camino, que en cuanto pudo transitar un carro, le siguieron otros en el acto, proporcionando, por medio de la competencia, un abaratamiento de los transportes. El viajante, el comerciante, el agricultor, han obtenido una economía de más de cincuenta por ciento en los precios del transporte, siendo mayor, y casi incalculable, en aquellos artículos que por su volumen o peso no podían ser llevados a lomo de mulas, y que por la antigua vía tenían que ser arrastrados lentamente con enormes gastos y riesgos. Así, las grandes máquinas que necesitan ciertas industrias y que hasta ahora no podían ser instaladas más que al borde del mar, en donde muchas veces faltaban otros elementos indispensables para su explotación, hoy pueden ser transportadas cómodamente hasta la capital. La economía de gastos de transportes por el nuevo camino se puede cifrar, aproximadamente, en 125.000 dólares anuales.

Es decir que la creación de infraestructura era un requisito fundamental para estimular el interés del capital extranjero en Venezuela. Esto lo comprendió perfectamente el general Antonio Guzmán Blanco. Por ello su empeño en establecer y desarrollar una red vial y de comunicaciones.

Puede decirse, globalizando, que Venezuela entró a la edad de la rueda en 1870-1890, es decir, durante el guzmanato. No quiere decir esto que antes de Guzmán no se utilizara la rueda. Se le utilizaba en el interior de ciertas unidades de producción y en el único camino que existía, de Caracas a La Guaira, Pero la utilización generalizada de la rueda para el transporte de mercancías y personas era algo que estaba fuera de toda posibilidad porque la sociedad no había generado todavía una capacidad de acción sobre el medio físico que fuera más allá de poder abrir una muesca de dos varas de ancho, en la falda de un cerro, para que pudiera pasar una mula cargada. Era a lo más que llegaban los caminos. Pensar en abrir una red carretera era algo que estaba fuera del alcance de esa sociedad.

El general Antonio Guzmán Blanco impulsó, aun en situación de guerra y en parte también por razones de carácter militar y político, la apertura de carreteras: Caracas-La Guaira, Caracas-Valencia, Caracas-Guatire, Caracas-Valles del Tuy, Caracas-Puerto Cabello-Valencia, Valencia-Nirgua. Cuando llegó a Nirgua en coche, envió a sus ministros un telegrama según el cual parecía sentirse realizando una proeza extraordinaria. La alegría del presidente porque por primera vez se había podido ir en coche de Caracas a Nirgua sorprenderá a quien no tenga conciencia de lo que aquello significaba como superación, aunque todavía muy modesta, de la situación de aislamiento que padecía la sociedad. Como indicativo complementario, les diré que todavía en 1928 a mi muy querido amigo el Dr. Joaquín Gabaldón Márquez, venir de la hacienda de su padre, en el estado Lara, a estudiar Derecho en esta Universidad, le tomó cinco días… y eso que estaba apurado.

El hecho era que en esas condiciones la circulación de bienes y personas, que podía realmente agilizar la formación del mercado nacional y crear un incentivo para el ingreso del capital empresarial extranjero, era imposible. Ferrocarriles, caminos y comunicaciones —es decir, correos, telégrafo, teléfono— no fueron solo parte significativa de la obra de gobierno del general Antonio Guzmán Blanco, sino lo principal de su preocupación por dotar al país de la infraestructura necesaria para que el capital extranjero pudiera operar, y para realizarla se valió, en gran parte, del capital extranjero: otorgó concesiones ferroviarias onerosas para el Estado, con garantía de un mínimo de beneficios al inversionista europeo. Repito —y esto puede parecer un poco exagerado y requeriría una evaluación más ajustada—: no sería excesivo afirmar que Venezuela ingresó a la edad de la rueda hacia la década de 1870, hecho cuyo alcance tecnológico quizás se nos escape un poco en este momento, aunque todo permite pensar que es muy grande su significación, como prueba de atraso y como voluntad de cambio.

Ahora bien, ¿por qué hablo de fallido intento, al referirme a la motivación primordial de estos cambios políticos, administrativos y de infraestructura, que no tenían parangón con todo lo que se había emprendido y realizado en el escenario socio-político venezolano? Porque todo lo así realizado no fue exitoso en su propósito esencial, que era propiciar la puesta en marcha de un moderno proceso sostenido de desarrollo económico y social. En esto, sin duda, jugó el peso de factores y circunstancias más poderosos que la política, onerosa para el país, de brindar estímulo fiscal a la inversión del capital extranjero. Trataré de puntualizar algunos de los factores que pudieron haber llevado a semejante desenlace.

En primer lugar, diré que la escasa significación de Venezuela como proveedor de materias primas y como mercado fue la razón principal y básica del fracaso de esa política. Además de los errores de concepción, observables en la política del guzmanato en cuanto al desarrollo de la infraestructura —por ejemplo, las vías férreas tenían diferente trocha y fueron construidas sin tener en cuenta la posibilidad de incorporar territorio al ya objeto del proceso de implantación–, estaba el hecho básico de la ausencia de incentivo para que el sistema capitalista mundial pudiese interesarse por Venezuela, salvo mediante los onerosos contratos financieros gubernamentales.

Como productor de materias primas, la exportación de Venezuela consistió, en 1888, en los siguientes rubros: algodón, buches de pescado, cacao, café, cobre, cueros de res, de venado, de chivo, dividive, maderas tintóreas, oro, sarrapia y varios. Pero más grave luce esta situación si consideramos que la totalidad de esa exportación representó 80 000 toneladas y 85 millones de bolívares en total. Si se apartara lo correspondiente al café y al cacao, productos fundamentales que estarían, el café en el orden de las 12 000 a 15 000 toneladas y el cacao en el orden de las 6000 a 7000, lo que quedaría para los productos que podrían llamarse materias primas industriales serían cantidades muy modestas. ¿Qué podía significar esto para el capitalismo industrial en expansión? Creo que no es exagerado pensar que no constituía propiamente un negocio atractivo, dadas las magnitudes con que ya giraba el comercio internacional.

Como mercado, las posibilidades estaban dadas por la población, que en 1881 era de apenas 2 millones 75 000 habitantes, luego de un incremento considerable; y en 1888 era de 2 millones 258 000 habitantes. Pero había algo más: Caracas, en 1881 tenía 55 000 habitantes. Es decir que por primera vez en lo que iba del siglo superó la cifra de población de 1812, que había sido calculada entre 42 y 50 000 habitantes. Caracas tenía 30 000 habitantes en 1830. Pensemos un poco en lo que esto podía significar como capacidad de consumo urbano de manufacturas de cierto nivel: tres ciudades de más de 20 000 habitantes (Caracas, Valencia y Maracay), nueve ciudades de entre 5000 y 10 000 habitantes (Puerto Cabello, Barquisimeto, Ciudad Bolívar, Coro, La Guaira, Barcelona, Cumaná y Carúpano). Tal era el mercado venezolano, pues la población rural muy poco contaba para estos fines. Si a esto le añadimos lo que conocemos, por testimonios, en cuanto a la distribución del ingreso, el resultado es un mercado de muy baja capacidad de demanda, que Antonio Leocadio Guzmán calificaba, en 1845, de consumo ratero.

¿Cuál podía ser el incentivo para el sistema capitalista mundial, que ya estaba girando en el orden de los centenares de miles de toneladas de productos que circulaban entre Europa y América, y entre Europa y Asia? Creo que no es difícil concluir que ni como productora de materias primas, ni como mercado, Venezuela constituía un atractivo suficiente como para que se desviase hacia ella algo de la corriente de intercambio internacional, que se centraba en zonas de más rica producción, de más vasta población.

El segundo factor del fracaso radicaba en la estructura productiva. Pero de esto hablaré en la segunda parte de la charla-conferencia.

La tercera razón del fracaso radicó en la propia evolución del sistema capitalista mundial, que no puedo sino apenas señalar, porque daría lugar a desarrollos muy amplios. Creo que los hechos fundamentales a tener en cuenta, en este aspecto, son dos: en primer lugar, el inicio de la expansión de los Estados Unidos de América una vez concluida su unificación nacional, luego de finalizada, en 1865, La Guerra de Secesión y la puesta en práctica de la Doctrina Monroe con el cierre del camino que venían abriéndose los imperialismos europeos, sobre todo en la zona del Caribe. Tenidos en cuenta, también, los conflictos interimperiales brotados en la propia Europa, con su expresión más alta en la guerra franco-prusiana del 70, y las conocidas rivalidades interimperiales en el Medio Oriente y África.

* * *

Entro, de esta manera, en la segunda parte de mi exposición. Me referiré a la formación de factores dinámicos propicios a la reanudación del proceso de implantación de la sociedad venezolana. El surgimiento de tales factores transcurrió en un lapso de las tres décadas corridas entre 1890 y 1920, pero sin que ello significase que su acción dinámica haya sido perceptible, de manera clara o fundamental, en ese lapso. Su efecto, si bien asomado desde temprano, fue plenamente visible más tarde. Quizás sea posible apreciar ese proceso gracias a un conjunto de consideraciones que pueden repartirse en dos grandes rubros. Primero, los factores que condicionaron la articulación, plena o conformante, de la sociedad implantada venezolana, con el sistema capitalista mundial. Segundo, los factores que en ese cuadro propiciaron el establecimiento de tal modalidad de la articulación.

En cuanto a los factores que condicionaron ese proceso, habría que señalar lo siguiente: la actividad económica en Venezuela, hasta el advenimiento de la industria extractiva del petróleo, tuvo como factor dinámico el agrícola de exportación, constituido históricamente según esta secuencia aproximada: hubo una etapa del tabaco y de los cueros que abarcó, aproximadamente, de 1600 a 1650; una del cacao y de los cueros, aproximadamente de 1650 a 1800; una del cacao, café, cueros y añil, aproximadamente de 1800 a 1920. Estos fueron, básicamente, los grandes hitos de la secuencia de la actividad agropecuaria de exportación, factor dinámico de la economía en esos períodos. El dinamismo de ese sector dependía de las fluctuaciones del mercado europeo, legal y extralegal –porque las etapas que he señalado incluyen el nexo colonial–, situación que se acentuó una vez roto este último.

Esta producción combinaba los siguientes factores: una base productiva constituida por tecnología aborigen, tecnología criolla y especies comerciales autóctonas y coloniales; ventajas comparativas derivadas de la relativa cercanía respecto de los mercados europeos; condicionamiento del medio físico propicio a determinados cultivos y la cría; y la demanda de productos tropicales, que tendía a crecer en Europa. Pero esto no ha sido debidamente estudiado. La formación en Europa de un amplio mercado para productos tropicales que no fueran el azúcar de caña fue sumamente lenta y difícil. Todavía para mediados del siglo XVIII varios de estos productos tropicales, sobre todo el cacao y el café, eran de lujo. Hasta el punto de que, según Denis Diderot, en su obra *Las monjas,* en 1763 un obsequio lujoso era un poco de café, de cacao o de azúcar. No era, por consiguiente, un mercado extendido a las diversas clases sociales; se ampliaba muy lentamente.

Creo oportuno subrayar la significación de la circunstancia de que una vez roto el nexo colonial, las posibilidades de articulación de la sociedad venezolana con el sistema capitalista mundial dependían, sobre todo, del hecho de que no se produjese ningún insumo importante para el proceso de industrialización. La oferta de productos tropicales, de interés exclusivamente comercial, era de menor importancia relativa en el marco del desarrollo industrial. En la base, también condicionaban esta posibilidad de vinculación los bajos o rudimentarios requerimientos tecnológicos de la economía agropecuaria, la baja productividad y la desventajosa competencia con otras regiones en el mercado internacional.

Todo esto expresado, si se quiere y muy globalmente, en dos realidades: primero, la *hacienda* y el *hato,* como unidades de producción que no lograban modernizarse; y el tipo de producto, es decir, el producto tropical, que no tenía una aplicación industrial clara, directa, masiva. Como consecuencia, una agricultura incipiente: se estima que de 0,5 por ciento del territorio nacional bajo cultivo a mediados del siglo xix, esa superficie aumentó apenas a 2 por ciento a mediados del siglo xx. La escasa población, por otra parte, significaba un mercado tenazmente raquítico. Téngase en cuenta que entre 1873 y 1941 la población venezolana pasó de 1 784 000 a 3 850 000, población por otra parte afectada por alta tasa de mortalidad y endemias graves como el paludismo, cuya extinción fue declarada problema nacional de urgente solución en el artículo 1.º de la Ley de Defensa contra el Paludismo, dictada en 1936; lo que apunto como índice de cuánto representaba ese problema para la sociedad. De ese conjunto de problemas y situaciones desalentadoras resultaba el interés que podía suscitar Venezuela para el sistema capitalista mundial: casi ninguno para la inversión directa de capitales ni para la transferencia de población ni de tecnologías; dados el virtual estancamiento de la agricultura, tanto en volúmenes de producción como en la modernización de las unidades de producción; así como el lento incremento del ingreso nacional, que según estimaciones aumentó entre 1839 y 1936 a una tasa media anual de 0,3 por ciento. Por último, extrema vulnerabilidad ante las fluctuaciones del mercado europeo y excesiva concentración regional de los anémicos factores dinámicos.

Tal era el cuadro de Venezuela en este período, al cual habría que añadir el anquilosamiento de la estructura social agropecuaria, basada en el latifundio, la hacienda y el hato como expresiones de la concentración extrema de la propiedad de la tierra. Según el censo de 1937, menos de 9 por ciento de propietarios acaparaban

92 por ciento de la superficie económicamente rentable. Por consiguiente, extrema concentración del ingreso y del consumo. A su vez, el sector agrícola no relacionado con la exportación, afectado de un irredimible arcaísmo tecnológico, se mostraba incapaz de satisfacer la demanda de bienes de subsistencia. Es posible apreciarlo en función del informe reciente (1972) de la Comisión del Plan Nacional de Aprovechamiento de los Recursos Hidráulicos (Coplanarh), sobre la agricultura; todavía en 1950 más del 50 por ciento de los requerimientos de la sociedad venezolana en abastecimiento básico era satisfecho por la agricultura de *conuco*; y, según los técnicos de la Comisión, esa agricultura se hallaba a nivel del Neolítico superior, aproximadamente, pese a que tuviera una mínima inserción de la tecnología del hierro.

Sí, este era el cuadro de la implantación en vísperas del inicio de la industria extractiva petrolera. Trataré de sintetizarlo recordándoles que la expansión de la implantación, en sentido horizontal o geográfico, estaba virtualmente detenida desde fines del siglo XVIII. Aproximadamente 85 por ciento de la población sobrevivía en el medio rural y el resto subsistía en pueblos y ciudades de 5000 a 10 000 habitantes, mayormente. Los núcleos primeros y primarios de implantación que habían alcanzado mayor desarrollo estaban constituidos en torno a Caracas (menos de 100 000 habitantes), Maracaibo (alrededor de 40 000), Valencia, Barquisimeto y Carúpano (alrededor de 20 000), y Ciudad Bolívar algo menos. Estos núcleos eran los puntos de contacto con el sistema capitalista mundial. Virtual estancamiento en la infraestructura hasta 1870-1890, con nuevo estancamiento después de 1900, hasta que se reanudó la formación de infraestructura necesitada por el naciente factor dinámico petrolero. En suma, estancamiento de la integración interregional, tanto desde el punto de vista infraestructural como desde el punto de vista económico. Este era, insisto en recordarlo, aproximadamente, el estado de la sociedad en lo que se refería a la expansión de la implantación en sentido espacial.

En sentido vertical o social, la implantación se hallaba igualmente estancada, salvo la liberación de la mano de obra esclava. Pero aún estaba en su primer estadio la liquidación de la esclavitud, como hecho social, al comenzar el siglo xx, si tomamos en cuenta la compleja dinámica de la incorporación de los exesclavos y de sus descendientes a la sociedad implantada, problema planteado en términos de discriminación racial, social, laboral, etc. Añádanse: la vinculación de la clase dominante con el comercio exterior sobre un patrón tradicional y una débil concentración nacional del poder público, en razón del regionalismo y de su manifestación caudillista.

Este era, apenas esbozado, el cuadro de la sociedad antes de 1920. Cabe preguntarse: ¿cuáles podrían haber sido, en ese cuadro, los factores capaces de propiciar el relacionamiento de la porción ya implantada de esa sociedad con el sistema capitalista mundial? Este relacionamiento, producido a partir del sistema capitalista mundial, en función de su propio desarrollo, habría de significar la inducción de factores dinámicos que sacaron el proceso de implantación del estancamiento en que se hallaba –y no me cansaré de repetirlo– desde fines del siglo XVIII. Esta es una idea que vale recalcar: el relacionamiento no se produjo a partir de la sociedad venezolana, sino a partir del sistema capitalista mundial. Fue ese relacionamiento lo que indujo en la sociedad venezolana actitudes y factores dinámicos que permitieron reanudar el proceso de implantación, detenido como consecuencia del agotamiento de los factores dinámicos que habían determinado el carácter endógeno del proceso de implantación de la nueva sociedad, y cuyo agotamiento no había podido ser superado mediante la generación de factores dinámicos por la sociedad misma. Comenzó a cambiar, por consiguiente, el valor estratégico de Venezuela para el sistema capitalista mundial, no por obra de los esfuerzos de la sociedad implantada por facilitar esa articulación –como los realizados por el general Antonio Guzmán Blanco–, sino por el desarrollo y la expansión propios de tal sistema.

Efectivamente, la segunda revolución industrial significó para el sistema capitalista una transformación fundamental: desarrollo del capitalismo mecanicista en los Estados Unidos de América; demanda creciente de energía por el sistema capitalista en desarrollo; avance tecnológico del sistema capitalista mundial –por ejemplo, en la navegación aparecieron barcos de más de 5000 toneladas de desplazamiento y barcos frigoríficos, fueron posibles mayor velocidad y posibilidad de transportar grandes volúmenes a bajo costo, lo que dio acceso a más extensos mercados europeos–; la expansión del sistema capitalista mundial a fines del siglo XIX y comienzos del XX, en su etapa imperialista consistente en la competencia por el control de las fuentes de materias primas y de los mercados; y, sobre todo, la factibilidad de ese control gracias al desarrollo tecnológico. Por ello se dieron situaciones como esta: en algún momento de fines del siglo XIX, la carne de cordero producida en Argentina era más barata en Londres que en Buenos Aires, justamente porque era el sistema capitalista mundial el que montaba los dispositivos necesarios para facilitar la afluencia masiva no solo de materias primas sino también de alimentos. Lo hacía con su tecnología, de acuerdo con sus propios patrones y de ninguna manera podían hacerlo con la tecnología ni con los patrones de las sociedades implantadas latinoamericanas.

Si bien factores internos regían la oferta de insumos requeridos por el sistema capitalista mundial, también influía la posición geográfica. Tuvimos la suerte (ustedes pondrán el signo, si de admiración o comillas) de que aquí hubiera petróleo, y sobre todo que ese petróleo estuviera tan cerca de Europa occidental y de los Estados Unidos de América. Es decir, que en relación con los medios de transporte, hasta 1920, la proximidad geográfica significó una gran ventaja competitiva. Piénsese que, para esa época, los tanqueros de 10 000 toneladas de desplazamiento eran excepcionales (hoy están en construcción tanqueros de centenares de miles de toneladas) y, por consiguiente, que esto y la distancia fueron factores y condiciones importantes en favor del petróleo hallado en el territorio venezolano, y por ende de la reanudación del proceso de implantación de esta nueva sociedad.

Factores internos favorables fueron también: la relativa, aunque lenta, recuperación de la estructura de poder interna de la sociedad, a partir de 1870, en cuanto a organización social; la «paz de Guzmán», que no fue tan pacífica pero que en contraste con la de otros períodos –sobre todo con la del general Juan Vicente Gómez Chacón (esa sí fue espesa y a prueba de toda tentativa de perturbación)– pareció ser durable y prolongada; el inicio del desarrollo infraestructural; la formación de superestructuras nacionales –de la que ya he hablado–; y algo muy importante: el cambio de actitud de la porción ilustrada de la clase dominante respecto de la articulación plena o conformante con el sistema capitalista mundial, fenómeno que no ha sido bien estudiado y sobre el cual me limitaré a llamar la atención.

A mediados del siglo XIX se manifestó en la sociedad venezolana un incipiente pensamiento nacionalista, que puede ser calificado de antiimperialista, si bien primario o emotivo. Ese pensamiento, de orientación conservadora, veía en los Estados Unidos de América y, en general, en la sociedad industrial, una amenaza contra los asentados valores sociales. Enfrentado a ese pensamiento estaba otro que veía, en los Estados Unidos de América, el progreso: es el pensamiento de orientación liberal federalista, situación que compartían, en lo interno, con los Estados Unidos de Venezuela, también federalistas. Aunque esto pueda parecer un poco extraño, quienes abrieron las puertas de la sociedad al que luego sería el imperialismo norteamericano fueron los denominados liberales, no los calificados de conservadores. Los conservadores temían, por un lado, que se viese afectada la condición de sociedad cristiana católica; temieron la presencia del complejo cultural no hispano; pero temieron sobre todo el carácter democrático avanzado de la sociedad norteamericana de su tiempo, cuando los Estados Unidos eran vistos, hacia 1850, por los resurgentes monárquicos europeos, como una sociedad casi en descomposición, enferma de desenfrenado democratismo, foco mundial del socialismo y hasta del naciente comunismo del *Manifiesto*; mientras que la inconmovible Corona de los zares fungía de pilar del orden, de la religión y de la paz, en Europa y en el mundo occidental. Pues bien, estos Estados Unidos de América, tenidos por casi revoltosos socialistas, comunistas, anarquistas, constituían para los liberales venezolanos la imagen del progreso, el anuncio del futuro. En cambio, los conservadores temían su ejemplo e influencia. Por eso cuando se encuentran en las publicaciones de la época referencias negativas a los Estados Unidos de América, me atrevo a decir que seguramente eran de procedencia conservadora. Es decir, que esa posición negativa respecto de los Estados Unidos de América no se correspondía con un nacionalismo progresista, sino con un nacionalismo históricamente reaccionario.

La parte tercera de esta charla-conferencia se referirá al efecto de los factores dinámicos –especialmente de los generados por la industria extractiva del petróleo– en la sociedad implantada venezolana, como desencadenante de la articulación plena, que llegaría a ser conformante, de esa sociedad con el sistema capitalista mundial. Tal fue la consecuencia global de la aparición de un factor dinámico, suscitada desde fuera, que estimuló la reanudación del proceso de implantación, virtualmente detenido, como he dicho tantas veces, desde fines del siglo XVIII. El impacto de este factor dinámico se expresó, en sentido horizontal o espacial, como reanudación de la expansión de la implantación, mediante ocupación primera y primaria de nuevas áreas, tanto en los Llanos occidentales y orientales como en la región sur del lago de Maracaibo, mediante nuevas fundaciones promovidas directamente, o estimuladas indirectamente, por la explotación petrolera. En Venezuela no se fundaban centros urbanos desde fines del siglo XVIII. Las siguientes fundaciones fueron también resultantes de la actividad petrolera, hasta el desarrollo de las industrias básicas en el estado Bolívar, en la segunda mitad del siglo XX.

La dinamización del sistema de ciudades, congelado también desde fines del siglo XVIII, generó movilización de población. Sobre todo, las ciudades tendieron a salir de su estancamiento mediante la puesta en marcha, por acción directa o estímulo, de un acelerado proceso de formación de infraestructuras que dotó al Estado venezolano, por primera vez en la historia, de los medios de hacerse nacional en el sentido de su cobertura político-administrativa y de cumplir con la obligación de formular eficaces políticas de proyección nacional.

Pero el factor dinámico se expresó también en la expansión de la implantación en sentido vertical o social. Hubo transformación de la estructura social, así estimulada, como resultado del desarrollo modernizador de la tradicional y del nacimiento de nuevas clases o sectores sociales; del desencadenamiento de migraciones internas; de la creación de estímulos para un movimiento inmigratorio y de la consolidación de la clase dominante –conformada ya como una burguesía urbana, que había tenido buena parte de sus orígenes, según testimonio literario de Mario Briceño Iragorry en su obra *Los Ribera*, en el peculado y el contrabando–. Pero sobresalió el impulso, decisivo, dado a la evolución de la proporcionalidad y la importancia en la relación sociedad rural-sociedad urbana, determinante a su vez del moderno proceso de marginalización social urbana.

Todos estos son efectos. Se les puede poner signo positivo o negativo. Lo único que deseo señalar es que la sociedad, virtualmente detenida en su proceso de implantación desde fines del siglo XVIII, comenzó a moverse en alguna dirección. Muchos de estos cambios nos pueden parecer provechosos o perjudiciales, pero es un hecho que la sociedad salió de un estancamiento que había durado algo más de un siglo, y esto es lo que me interesa subrayar, aunque reconozco que en los impactos transformadores no es posible deslindar, con exactitud, cuánto corresponde a la acción específica del nuevo factor dinámico –la industria extractiva del petróleo– y cuánto puede ser considerado como repercusión indirecta, a través de los filtros de otras expresiones de la sociedad venezolana o de la conformación socio-histórica de la Nación.

Entiendo por efectos directos aquellos que respondían a requerimientos precisos, determinados, de la actividad extractiva petrolera, tales como exploración, construcción de infraestructura, instalación de enclaves, etc.; y entiendo por efectos indirectos los que en algún grado se producían a partir de los mencionados, pero que se manifestaban en el cambio socio-cultural. Entre estos últimos pueden distinguirse los derivados de los impactos del factor dinámico en la estructura de la sociedad implantada, como lo fueron el súbito enriquecimiento de la clase dominante como resultado del negociado de las concesiones petroleras, del surgimiento del obrero moderno, de la expansión de la clase media, de la disminución de la pobreza generalizada, del desarrollo de la educación y de los cambios en los patrones de consumo, en los deportes y en las actividades recreativas, etc.

* * *

Entro a la cuarta y última parte de esta charla-conferencia. Consistirá en señalar los efectos de los mencionados factores dinámicos en el *proyecto nacional*. Creo posible sintetizarlos en la proposición de que el surgimiento de factores dinámicos, y la consiguiente reanudación del proceso de implantación, significaron la consolidación del *proyecto nacional liberal* de la clase dominante, como único marco concebible para la organización y el funcionamiento de la sociedad, mas sin que ello significara erradicación del pasado monárquico, vigente en la vigencia del despotismo presidencialista. Para el tratamiento de esta proposición conviene tener en cuenta las siguientes consideraciones, de amplio y fundamental alcance.

Veamos, en primer lugar, el estado del *proyecto nacional liberal* hasta el momento del surgimiento del nuevo factor dinámico, impulsor de la reanudación del proceso de implantación. Recapitularé sumariamente: he dicho que el *proyecto nacional liberal* de la clase dominante, que había sido formulado de manera definitiva en torno a la Constitución federal de 1864, fue sometido de inmediato a un intento de instrumentación modernizadora, durante el denominado guzmanato. El claro propósito fue estimular la formación y desarrollo de la clase dominante, por las siguientes razones: primera, permitió sustraer a las clases dominadas de la vida política, sometiéndolas a un trato asistencial y a una intensa y eficaz ideologización; segunda, resolvió, en lo fundamental, los conflictos internos, de grupos, de la clase dominante, consolidándola como tal en la medida en que, al permitir que se estableciese claramente el predominio de la burguesía urbana de la capital y su entorno, se acentuó la que el historiador venezolanista John V. Lombardi caracterizó como la *caraqueñización de Venezuela*. A ello contribuyeron: la formación de estructuras políticas y administrativas, que favorecieron la concentración nacional de poder público, el desarrollo de infraestructuras que dotaron de fundamento el ejercicio de ese poder y el control del poder socio-político de la Iglesia, sometiéndola y poniéndola al servicio del sector modernizador de la clase dominante; pero, y sobre todo, orientando el *proyecto nacional liberal* hacia la vinculación creciente, hasta llegar a ser conformante, con el sistema capitalista mundial en expansión.

En adelante, serían necesarios ajustes y reajustes en este proyecto, y hasta retrocesos transitorios en función de, por ejemplo, la persistente debilidad de la clase dominante y su escasa capacidad para mantener el control de la sociedad ante contingencias como la fluctuación de los precios de los tradicionales productos de exportación, calamidades climáticas y la repercusión de situaciones conflictivas extranacionales. En suma, que pondrían en evidencia la eventualidad de la acción de los factores dinámicos que estimulaban el desarrollo de la propia clase dominante, al igual que de la todavía precaria y escasa infraestructura, que si bien ya contribuía a consolidar el poder predominante de la provincia de Caracas, aún no lograba desalentar del todo los localismos y regionalismos. En la charla-conferencia próxima hablaré de esta situación, específicamente.

Los gobiernos que siguieron al guzmanato se ampararon, por consiguiente, en un *proyecto nacional liberal* cuya vigencia, si bien era calamitosa, se impuso de manera creciente como patrón para la organización y el funcionamiento formal del Estado y la despótica regimentación de la sociedad. Nuevos grupos sociales lucharon por la vigencia plena del *proyecto nacional liberal* republicano, enfrentando las rémoras, pugnando con los estancados o atrasados; pero siempre ajustados al proyecto. La alternativa, desvirtuadora, respecto del *proyecto nacional* de la clase dominante, era la del desenfreno caudillista y la guerra civil, en conflictos ideologizados profusamente por obra de la educación y de la literatura, y a través de todo medio posible. Caudillismo y guerra civil repugnaban a las conciencias civilistas y civilizadoras. Caudillismo igual barbarie; tal es el pensamiento que se percibe en *Doña Bárbara* y en toda la literatura venezolana de la época; en contrapartida de un anhelo constante de mantener el hilo de la constitucionalidad, aquel que por primera vez y por consejo de Diego Bautista Urbaneja se encargó de desatar el general José Tadeo Monagas, el 24 de enero de 1848.

Mas lo que importaba en este caótico acontecer no era cuál grupo realizara el *proyecto nacional* de la clase dominante. Lo que importaba era que ese proyecto funcionase al servicio de tal clase, como fuente y como palanca de su poder sobre las clases dominadas. ¿No había sido esta la velada motivación de la crisis política del poder colonial? Por eso, desde el punto de vista de la clase dominante no era en verdad lo decisivo que el poder público estuviese en manos del general Cipriano Castro o en manos del general

Juan Vicente Gómez Chacón; lo que interesaba era que estuviese al servicio de su proyecto clasista; y en la medida en que lograra poner ese poder al servicio de su *proyecto nacional liberal*, aun el *caudillismo republicano* dejaba de ser barbarie.

La consolidación del *proyecto nacional liberal*, apreciada en 1936-1937, es el último punto al que voy a referirme. Preguntémonos acerca de cuál fue la actitud de los grupos y sectores políticos ante la más grave y prolongada infracción al *proyecto nacional liberal* formulado en 1864, es decir, el denominado *gomecismo*. El general Juan Vicente Gómez Chacón fue observante del aspecto formal de ese proyecto. No se le ocurrió prescindir de una apariencia de elecciones, de alternabilidad republicana, etc. La idea de gobernar como puro autócrata, ignorando el *proyecto nacional liberal* en su expresión constitucional, ¿repugnaba tanto a las conciencias civilizadoras como al propio dictador le repugnaba? Se mantuvo la ficción, el aparato formal del proyecto. Pero, muerto el «benemérito General» los venezolanos sobrevivientes de aquella perversa farsa, que habían experimentado lo que significaba el *proyecto nacional liberal* en manos de la clase dominante, reaccionaron. Presentaré algunas muestras, porque nada puede suplir esta confrontación de textos.

El 21 de febrero de 1936, el general Eleazar López Contreras, heredero del poder, lanzó su famoso Programa de Febrero, el cual, casi al inicio, dice:

> La Constitución es nuestra ley fundamental. En ella están previstas las garantías de los venezolanos, y el Gobierno está dispuesto a respetarlas y a hacerlas respetar. Es preciso, sin embargo, recordar que estas libertades solo pueden conservarse (*sic*) cuando el pueblo las ejerce dentro del orden y la disciplina. Nunca podrían serlo en un ambiente de anarquía y de relajamiento de la autoridad.

La Constitución, como expresión de la organización y el funcionamiento del Estado y de la sociedad, no era otra cosa que la reivindicación del mismo *proyecto nacional liberal* del que vengo hablando. El Partido Republicano Progresista, constituido en 1936, donde estuvieron presentes los fundadores del Partido Comunista, en su manifiesto al pueblo de Venezuela, al hablar del programa dijo:

> El P.R.P., que aspira a ser intérprete fiel de la mayoría del pueblo de Venezuela, se propone luchar por hacer efectivos los anhelos de las masas laboriosas de nuestro pueblo. En consecuencia, el P.R.P. luchará por la adopción de las siguientes medidas:
> Medidas democráticas:
> 1º Instauración en Venezuela de una República en que su Gobierno sea la verdadera y auténtica expresión de la voluntad popular; en consecuencia:
> a) Hacer efectivo el principio básico de nuestro derecho positivo: «La soberanía reside en el pueblo, quien la ejerce por medio de los poderes públicos».
> b) Garantía efectiva de los derechos políticos y ciudadanos; en consecuencia: inviolabilidad de la persona, del hogar y de la propiedad; absoluta libertad de conciencia y de pensamiento; libre expresión del pensamiento hablado o escrito sin más restricciones que los actos que impliquen calumnias, injuria y difamación; libertad de reunión; libertad de asociación; libertad de petición; inviolabilidad de la correspondencia.
> c) El sufragio universal y por él, igualdad de derechos políticos para el hombre y la mujer; en consecuencia: derecho a elegir para todos los venezolanos sin distinciones, mayores de 18 años; derecho a ser elegido, sin distinción de sexo, a todas las funciones públicas.
> d) Establecimiento del mandato revocable y de la representación proporcional.
> e) Otorgar la completa autonomía a los municipios; sustitución de los actuales jefes civiles de municipios por alcaldes, responsables ante la

asamblea municipal. Abolición de los comisarios; elección popular del juez municipal.

f) Creación de la carrera administrativa para garantía y resguardo de los intereses de los funcionarios públicos de la marcha regular de la administración (la carrera administrativa garantizará, además, la libertad política de los funcionarios).

Es decir, elementos básicos del *proyecto nacional liberal* de la clase dominante abren el programa del PRP, si bien se establece también que este:

> ... luchará siempre porque el Gobierno sea la expresión de la voluntad de las mayorías populares, evitando que por ningún motivo el Estado pueda convertirse en instrumento de dominación y de opresión sobre la mayoría nacional por parte de una minoría creada al amparo de condiciones políticas, sociales o económicas que determinen su formación. El Estado será, pues, el instrumento de defensa del pueblo por el pueblo.

Esto contrastaba con el único asomo que he podido encontrar, en todo este período, hasta 1940, de una alternativa al *proyecto nacional* de la clase dominante, pero que fue un asomo que no llegó a cristalizar y que desembocó en el citado documento del PRP. Me refiero al manifiesto que anunció al pueblo de Venezuela la creación del Partido Comunista de Venezuela, en 1931. El documento se denomina: «La lucha por el pan y la tierra». En él se comienza por advertir que existe una unidad básica de la clase dominante, y que no existe entre el general Juan Vicente Gómez Chacón y los demás caudillos representados por el general Emilio Arévalo Cedeño una diferencia sustancial de la que el pueblo de Venezuela deba esperar algo: «El pueblo trabajador quiere librarse de la explotación y la tiranía de Gómez y por lo mismo tampoco quiere que lleguen al poder otros caudillos como los Arévalo

Cedeño, Olivares, Ortega Martínez, etc., pues esto significaría continuar en la misma esclavitud».

A esto siguió un asomo de una alternativa diferente a la de la formulación del *proyecto nacional* que se venía manejando desde 1864, en su forma acabada: «¡A la lucha, trabajadores venezolanos! Organizaos para conquistar el pan, la tierra y el bienestar de hombres libres. Derrocad la tiranía e implantad vuestro propio gobierno de clase, el gobierno obrero y campesino». Y más adelante, invitaba al pueblo de Venezuela a librarse definitivamente del yugo de los explotadores, estableciendo: «... vuestro propio gobierno de clase (soviético) constituido por delegados de los obreros, campesinos, indios y soldados».

Pero este asomo de una alternativa diferente de la representada por el *proyecto nacional*, en 1931, desembocó, como puede apreciarse, en el programa del PRP de 1936, donde en primer lugar se puso justamente la reivindicación del *proyecto nacional liberal* como forma de estructuración de la sociedad venezolana. ¿Qué significaba, entonces, este cambio? ¿Qué significaba esta no cristalización de una proposición diferente? Creo que basta recordar un poco la historia reciente de Venezuela para percibir con claridad que la consecuencia fue muy clara: todos estos grupos políticos entraron a girar en torno al *proyecto nacional* de la clase dominante, en una u otra forma, y abandonaron, progresiva y totalmente, todo intento de formular y proponer un proyecto diferente.

Si vemos los planteamientos de los otros partidos, por ejemplo el programa del Bloque Nacional Democrático, constituido en Maracaibo en 1936, encontramos igualmente una reivindicación expresa del *proyecto nacional liberal*: efectividad de las garantías constitucionales, defensa de la autonomía de los estados, efectividad de la autonomía del Poder Judicial, elecciones, leyes protectoras para la industria y el comercio, etc.

Si vemos el caso del Partido Democrático Nacional, constituido también en 1936, que agrupaba a todas las izquierdas, comprobamos que el capítulo I del programa lleva el siguiente título: «Transformación del Estado autocrático gomecista en Estado democrático constitucional», y todo el contenido de esta parte del programa es la reivindicación del *proyecto nacional* formulado de manera definitiva en 1864: sufragio universal, efectividad del principio: «La soberanía reside en el pueblo, que la ejerce por medio de los poderes públicos...», etc. Es decir, el mismo marco jurídico-político del Estado y el mismo inventario de derechos socio-políticos del ciudadano.

Si vemos el PDV, en su manifiesto de constitución, de 1937, igualmente: «El Partido Democrático Venezolano luchará por: En lo político, porque nuestra Constitución y toda la legislación complementaria sean la expresión de una verdadera democracia».

Y si vamos al acto de instalación del partido Acción Democrática, el 13 de setiembre de 1941, encontramos que en su discurso Rómulo Gallegos reivindicó plenamente el *proyecto nacional liberal*, y lo presentó como la única vía para el desarrollo de la sociedad, incorporando a ese proyecto, es cierto, algunas modificaciones; y aquí está lo más interesante, porque no es solo un matiz:

> Pero nosotros sí creemos que es necesario luchar por el establecimiento de un nuevo orden social y político, al cual se llegue mediante el perfeccionamiento progresivo, pero a jornadas intensas, de las instituciones que hoy solo a medias y socarronamente cumplen con los principios liberales a que dicen obedecer, o de ningún modo se ajustan a ellos, sino por lo contrario al mantenimiento de la iniquidad, de donde provienen esos monstruosos contrastes de miseria y de atormentada pelea cotidiana por el alimento indispensable y el abrigo de techo mínimo, de espíritus cultivados, a lo ancho de la facilidad económica y de ambas sin pizca de luz, en lo más angosto del camino tortuoso, el rumbo perdido.

Se anunciaba, de esta manera, la primera enmienda al *proyecto nacional liberal* de la clase dominante, que se expresaría en la Constitución de 1947, de la cual trataré en la próxima charla-conferencia.

En suma, este período de la historia de Venezuela se cierra bajo el signo de la invocación unánime del *proyecto nacional liberal* de la clase dominante. De aquí en adelante solo será cuestión de instrumentación, de afinamiento y de tenacidad el lograr la vigencia plena de ese proyecto, reformulado.

Quinta charla-conferencia

Reanudación y desarrollo dependiente de la implantación: reformulación del proyecto nacional liberal (1940-1958)

INTENTARÉ PRESENTAR, EN FORMA muy esquemática y por demás sumaria, el período que a mi juicio constituye la matriz de Venezuela contemporánea. Confieso de inmediato que si en ocasiones anteriores he sentido la fuerza expansiva de los temas, esta vez la he sentido agobiante. Al decir esto no me refiero, pueden creerme, a la engañosa riqueza del detalle. Me refiero a la complejidad de este momento crucial del proceso socio-histórico de Venezuela, y a las oportunidades que brinda para la interpretación a niveles de creciente totalidad. En efecto, me permito pensar que el fraccionamiento de este lapso histórico, en virtud de razones político-ideológicas, ha conducido la interpretación de sus sentidos fundamentales por senderos extraviados, subordinándola a una sobrevaloración de lo coyuntural, de lo circunstancial. En cambio, al situar el lapso 1940-1958 en la perspectiva del estudio socio-histórico que rige estas charlas-conferencias, no solo gana coherencia interna el período, sino que adquiere, como conjunto, una significación estructural cuyos rasgos esenciales parecen ser los siguientes.

En primer lugar, en este período se produjo la reanudación del proceso de implantación de la sociedad venezolana, que se hallaba estancado desde fines del siglo XVIII, había permanecido estancado durante el siglo XIX –sin que lograran estimularlo los intentos modernizadores del guzmanato– y fue revitalizado a partir de la década de 1920 por el surgimiento de un factor dinámico. Es decir, el crecimiento de la industria extractiva del petróleo, en función de la articulación, plena o conformante, de la sociedad implantada venezolana con el sistema capitalista mundial. En la década de 1940 el proceso de implantación entró en una ascendente curva de expansión, tanto en sentido horizontal o espacial como en sentido vertical o social.

El segundo de los rasgos esenciales de este período está constituido por el desarrollo del carácter conformante de la articulación de la sociedad implantada con el sistema capitalista mundial.

Por último, como rasgo esencial del período, también –y en cierto modo como función de lo que he señalado– tuvo lugar el primer intento de reformulación del *proyecto nacional liberal* de la clase dominante, con el propósito de adaptarlo sobre todo a los cambios socio-económicos ocurridos desde 1864, tanto en el seno de la sociedad venezolana como en su contexto internacional, y en buena parte más en este último que en el primero.

Si me atrevo a calificar de esenciales estos tres rasgos del período 1940-1938, ello es lógicamente dentro del enfoque que rige estas charlas-conferencias –ya lo he dicho– y sin pretender que no puedan señalarse otros rasgos. Quizás pretenda, eso sí, apuntar que los rasgos esenciales ya señalados sustentan una cobertura muy amplia, la cual permite captar tanto los rasgos que vinculan el período con la totalidad del proceso socio-histórico como con sus expresiones de especificidad.

La presente charla-conferencia constará de tres partes. La primera estará dedicada a exponer las grandes líneas de la reanudación del proceso de implantación de la sociedad venezolana. La segunda estará dedicada al desarrollo de los efectos conformantes de la articulación plena de la sociedad implantada venezolana con el sistema capitalista mundial. La tercera y última versará sobre el primer intento de reformulación del *proyecto nacional*. Debo advertir, todavía, que esta descomposición analítica de un fenómeno unitario presenta las naturales dificultades e impone ineludibles repeticiones.

* * *

Comenzaré refiriéndome a la reanudación del proceso de implantación. Esta se expresaba, fundamentalmente, en tres frentes y mediante procesos particulares que se proyectaron en la reanudación y expansión del proceso general de implantación, tanto en su sentido horizontal o espacial como en su sentido vertical o social. Dichos frentes fueron: en primer lugar, el representado por la consolidación y expansión de la ocupación del territorio; en segundo lugar, la que calificaría de revolución demográfica; y, por último, el crecimiento y la diversificación de la vida económica. Pero antes de presentar los grandes rasgos de estos frentes, creo necesario hacer unas consideraciones generales:

El período 1948-1958 se abrió con la revelación dramática de la debilidad estructural de la sociedad implantada venezolana, como consecuencia de las profundas repercusiones de la Segunda Guerra Mundial, como veremos en la segunda parte de esta charla-conferencia. No obstante, a mediados del período (para este efecto esa guerra comprendería los años 1940 a 1948, incluyendo la primera etapa de la postguerra) es ya perceptible con claridad la reanudación del proceso de implantación.

Este proceso presenta, como característica general, la circunstancia de que el lapso 1940-1948 transcurre, en lo fundamental, en el área territorial ya objeto de la implantación a fines del siglo XVIII, sin que se reprodujera todavía, en un grado importante, algo parecido al originario fenómeno de frontera. Este último comenzaría a presentarse, en forma creciente, al sur del río Orinoco, con posterioridad a 1958.

La reanudación de la implantación tuvo, en el período 1940-1958, sobre todo el carácter de consolidación y expansión de la implantación en áreas ya penetradas; pero donde no se habían establecido aún relaciones complejas y permanentes con el medio físico (por ejemplo, en buena parte de los altos Llanos orientales, región noroeste del estado Monagas, áreas circundantes al sur del lago de Maracaibo).

Comenzó a ganar cuerpo, nuevamente, un fenómeno semejante al clásico de frontera, en el sentido tanto de expansión del área implantada como de contactos con las sociedades aborígenes, más intensos y hasta primeros. Quizás deba relacionarse este hecho con el debate sobre «política indigenista» que se produjo en 1936-1937. Desde la época de 1830 a 1840 había prevalecido una situación de estancamiento, o de rezago, en lo que se refería a la política respecto de las sociedades aborígenes, que se hallaban, en lo fundamental, en situación de marginalidad geográfica y social. En 1936-37 volvió al debate, ante la opinión pública, «el problema de los indios», con el propósito de definir una nueva «política indigenista». Esto es visible, por ejemplo, en el Manifiesto del Partido Republicano Progresista, en 1936-37; en el Programa del Partido Democrático Nacional, en el Manifiesto del Partido Democrático Venezolano, etc.

Quizás valga la pena dar una muestra de lo que fue este debate, por lo que encierra como replanteamiento de los términos en que había venido dándose el contacto entre la sociedad implantada y las sociedades aborígenes remanentes. En efecto, en el Manifiesto del Partido Republicano Progresista, de 1939-37, se afirma lo siguiente:

> Hasta hoy [a] las minorías indígenas que habitan el territorio de la República, se les ha considerado teóricamente como ciudadanos venezolanos, pero en la práctica se les ha sometido a una explotación y persecución mayores que al resto de los trabajadores venezolanos. Se les ha dado caza como animales feroces, se les ha sometido a esclavitud y se ha autorizado a las compañías petroleras a lanzar contra las tribus motilonas sus perros

policías. Comunidades indígenas que desde el tiempo de la colonia poseían sus tierras y las venían disfrutando han sido despojadas arbitrariamente. *No puede ser libre y democrática una nación que mantiene sobre poblaciones que habiten sus territorios, dominación de conquista.*

Por consiguiente, se formuló un conjunto de proposiciones de políticas, entre las cuales quizá merezca mencionarse la siguiente: «Que el Estado desarrolle una campaña de acercamiento basada en el respeto de sus religiones, costumbres y dialectos y encaminada a ayudarlos a desarrollarse y a mantener pacíficas y progresivas relaciones comerciales y sociales con el resto del país». Es decir, ya no «civilizarlas» sino «integrarlas», con todo lo que ese cambio de trato podía implicar de ominoso.

De esta manera, entrábamos en el que había sido proceso histórico necesario de todas las sociedades implantadas latinoamericanas que, antes que Venezuela, habían establecido una relación de articulación plena o conformante con el sistema capitalista mundial. Es decir, tan pronto se actualizaba en el territorio de cualquiera de las sociedades latinoamericanas el efecto dinámico de tal relación, se reanudaba el proceso de implantación. Pero esto significó un nuevo relacionamiento con las sociedades aborígenes, contacto que se había detenido casi desde mediados del siglo XVIII; salvo, por supuesto, las esporádicas actuaciones de comerciantes o la muy limitada actuación de las misiones religiosas.

Dije que desde el punto de vista de la reanudación del proceso de implantación, cabe señalar fundamentalmente tres aspectos: la consolidación y expansión de la ocupación del territorio, la revolución demográfica y el crecimiento y la diversificación de la vida económica. Veré algunos rasgos de estas cuestiones, cada uno de los cuales exigiría desarrollos extensos y documentados. He prescindido del aparato de cifras, por cuanto una somera evaluación del tiempo que requeriría una presentación siquiera sumaria del mundo de las cifras me hizo ver que ocuparía mucho más tiempo del que dispondría. Citaré, sin embargo, algunos elementos de apoyo.

En líneas generales, la consolidación y expansión de la ocupación del territorio puede ser vista como expresión del proceso socio-histórico de la sociedad venezolana, cuyo sentido quizá podría sintetizarse con la siguiente formulación: se trataba de pasar de un estado de adecuación pasiva al medio físico a uno de adecuación activa. Por adecuación pasiva debe entenderse aquella en la cual tienen poca o ninguna significación los medios e intentos de modificación del medio físico. La forma activa implica creciente importancia de los mismos. Recuérdese lo que dije, en una charla-conferencia, sobre el desarrollo de la vialidad en la Venezuela del siglo XIX; sobre lo que esto representaba como problema tecnológico y sobre la capacidad disminuida de la sociedad venezolana para enfrentar la cuestión. La consolidación y expansión de la ocupación del territorio puede ser apreciada en tres órdenes de fenómenos: en primer lugar, en el desarrollo de la infraestructura; en segundo lugar, en la dinamización del sistema de ciudades, y, por último, en la evolución del sistema regional.

En cuanto al desarrollo de la infraestructura, este es particularmente manifiesto en la integración de los sistemas nacionales de vialidad y de comunicaciones. En este sentido, la evolución puede expresarse de la siguiente manera: en menos de dos décadas, la sociedad venezolana pasó de medir las distancias en días a medirlas en horas, como término predominante. Es decir, en menos de dos décadas nuestra sociedad se dotó de una infraestructura de una magnitud significativa, que abarcaba cuando menos el cuarenta por ciento del territorio nacional, donde estaba concentrado lo esencial de la población, poniéndose fin a un estancamiento en este orden de actividades que duraba casi desde 1890. Evolucionaron, de esta manera, las nociones de distancia y de obstáculo geográfico, las cuales expresan el carácter de la relación entre la sociedad y el medio físico en términos de organización social, de implementación y capacitación tecnológica y de saber. Especial significación tuvieron en ese proceso la formulación y ejecución del Plan Preliminar de Vialidad, elaborado por la Comisión Nacional de Vialidad en 1947. Este plan, que contempla la construcción de unos 6000 kilómetros de carreteras, y algunos puertos y aeropuertos, permite hacer consideraciones que estimo interesantes. Hasta el presente, parece ser el único plan realizado, y superado, en lo que se refiere al desarrollo infraestructural. Pero es algo más la elaboración de este plan: representó la primera ocasión, quizás, en que fue posible tomar conciencia tanto de lo precaria que era la huella de la sociedad en el paisaje, como de la inhabilidad esencial de esa sociedad para acometer grandes tareas. Los autores del plan descubrieron que no solo carecíamos de tecnología, no solo carecíamos de mano de obra calificada, sino que carecíamos hasta del más elemental conocimiento geográfico, económico, demográfico, social requerido para elaborar un comprehensivo plan de vialidad en un sentido de integración nacional, de desarrollo social y de desarrollo económico. Este documento, a mi juicio, constituye la primera toma de conciencia, informada y sistemática, del estado de la sociedad venezolana en el comienzo de esta fase de reanudación del proceso de su implantación.

Merecen especial referencia, respecto de esta ocupación del territorio a través del desarrollo de la infraestructura, dos observaciones que se relacionan también con el Plan Preliminar de Vialidad. En primer lugar, en ese momento se tomó una decisión que resultó tener amplia y prolongada proyección. A mi juicio, fue una de las decisiones más importantes que se han tomado en la historia de la sociedad venezolana. No tuvo el apresto impresionante de una declaración de guerra. Fue más bien una decisión casi administrativa: se decidió concentrar todo el esfuerzo infraestructural en la porción de territorio situada al norte de los ríos Orinoco y Apure; mientras que al sur de los mismos apenas se contemplaba una que otra vía rudimentaria. El Plan Nacional de

Vialidad ha sido, ya lo dije, quizás el único plan de desarrollo infraestructural que se ha cumplido en Venezuela. En él se han invertido, según estimaciones, más de 50 000 millones de bolívares, que permiten contar hoy con aproximadamente 40 000 kilómetros de carreteras.

La primordial decisión que se tomó entonces, de concentrar el desarrollo vial al norte de los dos grandes ríos, significó seguir manteniéndolos como la barrera infranqueable que habían sido, desde fines del siglo XVIII, para el proceso de expansión de la implantación. Quizás, un poco imaginativamente, valdría la pena plantearse cuál habría sido la perspectiva de desarrollo de la sociedad venezolana si al fenómeno que se inició después de la Segunda Guerra Mundial, en el sentido del ingreso al país de grandes contingentes de población y de nueva tecnología, hubiera sido posible canalizarlo hacia las áreas donde todavía no se había realizado el proceso de implantación, contando para ello, justamente, con una infraestructura vial que podía no resultar del todo justificada, vista al estricto nivel de los tiempos —me refiero a 1947—, pero que habría podido, sin embargo, favorecer perspectivas a largo plazo de una extraordinaria importancia para el desarrollo de la sociedad venezolana. Esta decisión, tomada en 1947, ha influido, durante todo el período transcurrido desde entonces, en los destinos de esta sociedad.

Otra decisión importante, tomada en aquel momento, fue la de resolver, en favor de la carretera, la surgente controversia entre la carretera y el ferrocarril, cuyas consecuencias se vieron acentuadas por el abandono de la pequeña red ferroviaria identificada con el progreso durante el guzmanato, cuando los vehículos automotores estaban en pañales.

Lo que ha quedado como resultado primordial respecto del desarrollo de la infraestructura vial es que hacia 1950 comenzó a desarrollarse, con creciente intensidad, un proceso de formación de la infraestructura vial y de comunicaciones en escala nacional, que apenas una década o década y media después ya constituyó la primera fundamentación tangible, concreta y funcional de la nacionalidad, es decir, el primer esfuerzo real de vinculación de regiones y territorios que hasta entonces habían permanecido poco menos que no integrados en la Nación.

Por eso no sería exagerado decir que este desarrollo de la infraestructura, como expresión de la ocupación plena del territorio, significó que a mediados del siglo xx la conciencia nacional venezolana –la de la nacionalidad venezolana como expresión sintética del proceso socio-histórico– contó por primera vez con un punto de apoyo real, sistemático en su concepción y en su funcionamiento, con lo cual vendría a ser esta la fase material número uno del *proyecto nacional liberal* al que nos hemos venido refiriendo.

Como segundo orden de fenómenos, en el que se expresaba la consolidación y expansión de la ocupación del territorio, estuvo la dinamización del sistema de ciudades. El desarrollo –seguramente valdría más decir el crecimiento– de los núcleos urbanos, ha significado una modificación considerable de la huella de la sociedad venezolana en el paisaje. No parecerá exagerado afirmar que la evolución habida en este campo sintetiza los rasgos más novedosos y trascendentales del desarrollo de la implantación. Con ello entró a participar la sociedad venezolana del que ha sido considerado problema dominante del siglo xx: el de la urbanización. Así, al lado de la ya tradicional «cuestión agraria», se gestaba la que podría muy bien denominarse «cuestión urbana»; y en el presente todo lleva a pensar que esta última constituye el problema fundamental de la sociedad venezolana. El ascenso continuo de la población urbana es un hecho cuya repercusión en la vida toda de la sociedad venezolana no ha sido evaluada sistemáticamente. Pero cada día es más evidente que ha significado cambios de fondo, ha generado problemas básicos y ha influido decididamente en el curso de la sociedad. La expansión urbana en los lapsos 1936-1950 y 1950-1961 se halla directamente vinculada con la acción del factor dinámico representado ahora por el desarrollo extractivo-procesal de la economía petrolera, según el estudio reciente de la Comisión para una Plan Nacional de Aprovechamiento de los Recursos Hidráulicos (Coplanarh).

Diversos estudios señalan el mismo hecho. La cuestión generada por el proceso de urbanización tiene dos aspectos íntimamente conectados entre sí. Por una parte, el ritmo de crecimiento de las ciudades ha sido muy superior al desarrollo de las mismas. Es decir, que las ciudades se hacen cada día más populosas, sin que correlativamente acentúen y expandan sus rasgos urbanos, lo que suscita serios problemas de funcionamiento y de planeamiento. Por otra parte, consecuentemente con la disparidad entre crecimiento y desarrollo urbanos, se produce el fenómeno de «ruralización» de la ciudad y de desintegración de los núcleos urbanos tradicionales.

Por último, debo referirme a la evolución del sistema regional. El impacto de los factores dinámicos relacionados con el desarrollo de la economía petrolera, canalizado a través del *proyecto nacional liberal* de la clase dominante, en cuanto este implica centralización nacional del poder público, ha estimulado la manifestación de una dinámica regional susceptible de diversas interpretaciones. Algunos estudiosos de esta materia hablan de desajuste o desequilibrio del sistema regional, y desarrollan al respecto trabajos sin duda enjundiosos, de una gran proyección, pero que parten todos de dos presunciones: la de que existía un sistema regional y la de que en algún momento ese sistema regional estuvo ajustado o equilibrado. Me atrevería a pensar que desde el punto de vista del sistema regional, lo que se produce, bajo el impacto de los factores dinámicos mencionados, no es otra cosa que la acentuación de la tendencia histórica al predominio de la provincia de Caracas. Los factores dinámicos relacionados con la industria del petróleo agudizaron e hicieron avasalladora y definitiva la tendencia histórica al predominio de la provincia de Caracas, fundada esta tendencia en una serie de factores que no cabe tratar aquí. Ya desde comienzos del siglo XVII era visible que la provincia de Caracas contaba con lo que llaman los economistas *ventajas comparativas* respecto de otras provincias; y desde entonces se inició una especie de despegue de esa provincia en contraste con el relativo estancamiento de las otras. Además, cuando fuera de la provincia de Caracas se generaban factores dinámicos, el *proyecto nacional liberal*, base de la concentración nacional del poder público, hacía posible que sus efectos fuesen captados y concentrados en la provincia de Caracas, acentuándose el predominio de esta.

Quizás no sea exagerado afirmar que, para 1950, la provincia de Caracas, rebautizada poco después como Región Capital, se encontraba lanzada en un curso de expansión en el territorio, de tal manera que para 1958 podría perfectamente englobarse en lo que significaba Caracas, como expresión socio-económica, un área extendida hasta Acarigua, en buena parte Calabozo y, por el oriente, seguramente hasta la zona de Higuerote. Más tarde esta expansión fue total, hasta el punto de que hoy quizás el único obstáculo con que tropieza esta curva expansiva de la antigua provincia de Caracas esté constituido por algunas porciones de los estados orientales y de los occidentales. La homogeneización de Venezuela bajo el patrocinio de la colonial provincia de Caracas es causa y efecto de la culminación de la tendencia predominante del sistema regional venezolano. Pero no como expresión de desigualdad sino como manifestación de la conformación de ese sistema.

Esto ha tenido una repercusión particular en lo que se refiere a la conciencia nacional. Reúne los problemas que se han venido debatiendo, desde 1958, acerca de la formación de polos de desarrollo, y también de la generación y la inversión del ingreso nacional. Es decir, la polémica acerca de si el ingreso que se produce en torno al lago de Maracaibo debe invertirse en el desarrollo agropecuario e industrial de la Guayana, o si debería serlo preferentemente a la región productora. Con frecuencia esto se ha ventilado en la prensa, revelándose, bajo una nueva luz, el que sería un grado de debilidad esencial de la conciencia nacional.

El segundo aspecto global a tratar en esta charla-conferencia es el de la revolución demográfica. Es un fenómeno sobre el cual mucho se ha dicho y que parece retar toda estimación, toda imaginación. No muy lejos en 1971 un estudio del Cendes decía:

> Desde el punto de vista demográfico Venezuela presenta en los últimos años, como tasa de crecimiento, una de las más altas del mundo. Entre 1936 y 1961 duplicó la población, creciendo en términos relativos en un 126 por ciento, al pasar de 3.346.347 a 7.616.327 habitantes. Las tendencias muestran que habrá de duplicarse nuevamente en un término de veinte años; o sea que para 1981 tendremos 15 millones de habitantes.

Si consideramos que en 1974 ya somos más de 12 millones de habitantes, todo parece indicar que aun esta estimación se quedará corta.

Este es un acontecimiento de gran potencial en el proceso socio-histórico venezolano. La vieja «lucha contra el desierto», aquella imagen de un vasto territorio que parecía tanto más vasto cuanto más despoblado estaba, comienza a perder vigencia. El fenómeno se apoya y se acrecienta, fundadamente, en y por los que son efectos indirectos de la actualización de factores dinámicos resultantes de la economía petrolera: mejoramiento de las condiciones propicias al crecimiento vegetativo de la población y erradicación del paludismo. Cabe recordar la ley de 1936, que declaraba esta erradicación primer problema nacional. Su solución constituye una de las realizaciones más sobresalientes de la sociedad venezolana, por lo que implica como cambio histórico, más que como utilización de recursos o de técnicas –puesto que estas últimas venían del exterior–, como capacidad de organización social.

Si vale una expresión más sintética de lo que quiero decir, me refiero a la capacidad de un grupo humano para plantearse, acometer y desarrollar, en forma extensa y sobre todo continua y exitosa, tareas que requieren una ejecución cotidiana. Diría que tanto la realización del Plan Preliminar de Vialidad como la erradicación del paludismo son las dos primeras muestras que ha dado la sociedad venezolana de haber superado el modo de funcionamiento espasmódico que ha seguido siendo, en lo fundamental, propio de nuestro funcionamiento en las áreas administrativas complejas, vastas y de prolongada ejecución. Añádanse a estos factores el desarrollo en los sistemas asistenciales y la evolución de los patrones de consumo, como contribuyentes de la revolución demográfica.

Pero factor fundamental de esta revolución demográfica parece haber sido, también, el flujo inmigratorio, viejo anhelo liberal que debe relacionarse, igualmente, con la conformación y la consolidación de la clase dominante. Recuerden lo que llevo dicho sobre la preocupación de la clase dominante –como efecto de la crisis de la sociedad monárquica implantada colonial– por fortalecerse numéricamente, poniendo así a raya a los sectores no blancos de la población. La inicial industria extractiva del petróleo, en tanto factor dinámico de la economía, y la coyuntura de la Segunda Guerra Mundial, en tanto desplazamiento de contingentes de población, determinaron que Venezuela lograra por fin, en la década de 1950, atraer un flujo migratorio considerable. Ante este hecho, cobran valor unas palabras contenidas en el Programa de Febrero que me permito citar para tomarlas como punto de referencia para una evaluación de lo que ha significado ese aporte inmigratorio para la sociedad venezolana. El citado Programa de Febrero, presentado por el presidente general Eleazar López Contreras en 1936, dice en lo que se refiere a inmigración y colonización, como tarea de importante realización para la sociedad venezolana, lo siguiente:

Entre las grandes necesidades del país está la de una población relativamente densa, físicamente fuerte, moral e intelectualmente educada, y que disfrute de una economía próspera. La inmigración y la colonización contribuirán poderosamente en tal sentido. Pero para que esa inmigración pueda rendir todos sus beneficios, y la población inmigrada no se sustituya, sino se asimile a nuestra población nativa, es necesario que se cumplan previamente ciertas condiciones. [*Me permito llamar la atención sobre lo que sigue*]. Cuando el país haya alcanzado el pleno goce de las libertades fundamentales, indispensables para su paz ordenada, y cuando comiencen a recibir solución metódica los problemas de la higiene pública, del trabajo, de las comunicaciones, de la educación nacional, de la agricultura, de la política tributaria y comercial, podrá emprenderse un plan de inmigración y colonización con extranjeros. Un país que no cuente con esta preparación preliminar, no podrá ofrecer un hogar deseable y permanente a la inmigración selecta que necesitamos, ni mucho menos retirar provecho alguno de ella.

La colonización con inmigrantes extranjeros debería ser precedida de una colonización interior, a base de nativos, lo que permitiría preparar el terreno para la adaptación física y espiritual de los colonos extranjeros.

Estas palabras traen el recuerdo de una representación de la Diputación Provincial de Guayana, fechada el 10 de diciembre de 1840, en la cual se hace presente que ese cuerpo había acordado: «pedir al Congreso que se concedan en esta provincia tierras baldías á los venezolanos, en los mismos términos que por la lei de inmigración se concede á los extranjeros […] [fundada la solicitud en] un principio de estricta igualdad y nada más» en virtud del cual los habitantes de la provincia:

… tienen el derecho de esperar que se les proteja no con una gracia de excepción, sino con una concesión que los iguale a los extranjeros, para que no vengan a ser de peor condición que éstos. El venezolano obligado por sus leyes á llevar todas las cargas del Estado da en su propia naturaleza la seguridad de su prestación. Tiene pues el perfecto derecho á goses, que van a disfrutar extranjeros que al de las tierras que se les conceden, añaden otros como exención del servicio de las armas, de cargas concejiles, de contribuciones forzosas, de cooperación á obras locales, etc.[22].

Quizá presentían los guayaneses que el resultado de los planes de inmigración sería que el peón venezolano del terrateniente venezolano pasaría a ser el peón venezolano del terrateniente inmigrado, pero siempre peón.

Por último, habría que señalar el hecho de la inversión de la relación población urbana-población rural. Sobre esto se ha dicho tanto que apenas voy a mencionarlo. Sus expresiones más importantes estarían quizá en el fenómeno denominado «marginalidad urbana», en las repercusiones en el orden de la geografía política y en el orden de la salud psicosocial. Pero estos son terrenos en los que realmente no creo que valga la pena detenerse brevemente. Por lo mismo, más vale solo mencionarlos.

En cuanto al crecimiento y diversificación de la vida económica, podría decir lo mismo. No pretendo acortar ni saltar los problemas. Lo que pretendo es llegar a lo que considero realmente relevante para esta charla-conferencia, en el sentido de que se corresponde con un aspecto del tema no tan tratado, no tan trajinado.

En lo que se refiere al desarrollo de la vida económica, es decir, de *la vida petrolera* –¿no hubo antes una *cacaotera* y otra *cafetalera*?– y de los intentos de industrialización, etc., desde 1940 hasta la fecha mucho se ha escrito, mucho se ha dicho. Me limitaré a mencionar, apenas, que en este lapso se vivió un fenómeno de especial importancia y es que la economía venezolana tomó una orientación industrialista, notable ya a fines del período

---

[22] *Materiales para el estudio de la cuestión agraria en Venezuela (1829-1860). Enajenación y arrendamiento de tierras baldías.* Consejo de Desarrollo Científico y Humanístico de la UCV, Caracas, 1971, vol. I, pp. 289-290.

1940-1858, que desembocó en la actual política de industrialización por sustitución de importaciones. De esta manera, toda la sociedad ha sido orientada en una misma dirección: la industrialización, y esta constituye hoy el fundamento de la política económica del Estado venezolano.

En segundo lugar, como hecho importante cabe citar la formación de un sector capitalista en el campo, que considero la verdadera incubación de tal sector. A partir de la fundación del Banco Agrícola y Pecuario, en 1928, el sector de los llamados empresarios del campo ha venido recibiendo del Estado su porción de la entonces bien denominada *renta petrolera*, porción que para 1960-1961 ascendía aproximadamente a unos tres mil millones de bolívares que, estimados en función del no reembolso de los créditos y tomados en cuenta intereses acumulados, etc., representaban para entonces casi tanto como el valor de toda la propiedad agrícola moderna en Venezuela; en otras palabras, la creación de un sector capitalista del campo, financiado por el Estado a través de sus organismos de crédito, con base en el aporte de origen petrolero. Esto ha permitido, vale subrayarlo, pagar una agricultura mecanizada, enmarcada en un apreciable desarrollo agropecuario capitalista propiciado, a su vez, por la inmigración y por lo adelantado en la formación del mercado nacional.

Por último, y como consideración general, debo ocuparme de la ampliación de la función económica del Estado, en lo concerniente tanto a las industrias básicas como a la regulación de la vida económica. Se acentuaba, y se hacía ya absoluta e irreversible, la desproporción entre el sector público y el sector privado de la economía. El Estado era la principal fuente de inversión y el sector privado vivía, en cierta forma, dependiente de esa capacidad de inversión del Estado. Lo que esto pueda significar, como cuestión importante para apreciar la evolución socio-política de Venezuela, es algo que tan solo me permito señalar. Pero tengo la impresión de que la existencia de tal desproporción entre el sector público y el sector privado de la vida económica ha sido la razón fundamental de la peripecia política venezolana posterior a 1940, en el sentido de que la debilidad esencial del sector privado lo ha puesto a la zaga de actuaciones políticas, de grupos o de individuos, que si bien, en rigor, con su actuación favorecían a largo plazo los intereses de la clase dominante, podían eventualmente constituir, para las aspiraciones de esa clase, un estorbo o un inconveniente en la realización de su *proyecto nacional liberal*. Trato de explicarme con esto, por ejemplo, la complacida sujeción de la clase dominante venezolana a la dictadura del general Marcos Pérez Jiménez, garante de una paz laboral basada en la conculcación de las libertades políticas y sindicales.

Quizás haya que explorar aquí una de las razones por las cuales el funcionamiento del Estado liberal venezolano ha sido tan calamitoso. Pero, como resumen de esta actividad quedan hechos ciertos: capital, paz laboral y una burguesía moderna en desarrollo, y que a fines del período 1940-1958 Venezuela contaba con una infraestructura de cobertura nacional, con un Estado estructurado también nacionalmente y con una clase dominante bien nutrida, dueña de una considerable porción de los recursos generados por la economía del petróleo, obtenidos por diversas vías, y en condiciones de promover la plena vigencia de su proyecto de organización nacional de la sociedad.

Pero subrayo mi convicción de que la totalidad de este proceso —y entro con ello en la segunda parte de esta charla-conferencia— debe ser apreciada en el marco del efecto conformante de la articulación plena de la sociedad venezolana con el sistema capitalista mundial. Por consiguiente, estimo que, a su vez, este planteamiento debe ser enfocado en una perspectiva histórico-integral del particular relacionamiento de la sociedad venezolana con el sistema capitalista mundial, como lo he señalado reiteradamente.

El desarrollo y las repercusiones de la Segunda Guerra Mundial desempeñaron papel fundamental en los efectos conformantes de esa articulación. Con esto quiero decir que el relacionamiento que tuvo un carácter comercial, aun durante el tiempo en que fuimos parte del Imperio español –el relacionamiento de carácter comercial, legal y clandestino, con el surgente sistema capitalista mundial– prosiguió una vez roto el nexo colonial. En un curso de transformación, ascendente en su expresión comercial pero también cambiante en cuanto a sus áreas de expresión, ese relacionamiento continuó siendo comercial, se hizo después financiero y terminó por conformar un modo de articulación integral, es decir, aquel que condiciona desde la estructura productiva hasta las estructuras cultural e ideológica. Por eso digo que a partir de la Segunda Guerra Mundial se dio para Venezuela el inicio de la articulación plena o conformante con el sistema capitalista mundial. Venezuela comenzó su transformación en un *país petrolero*, en el pleno sentido de la palabra, pues progresiva e inexorablemente fueron invadidas todas las áreas de su desarrollo socio-histórico, hasta replantearse la sociedad venezolana sobre bases que respondieran a la nueva articulación y no a lo que venía siendo su desarrollo socio-histórico. Por eso la importancia que le concedo al papel desempeñado por la Segunda Guerra Mundial.

En el orden económico cabe distinguir dos tiempos: durante la guerra misma y en la postguerra. Durante la guerra misma la relación con el sistema capitalista mundial, desde el punto de vista de los efectos de las crisis ocurridas en ese sistema –la guerra era uno de ellos– sirvió para revelarles a los venezolanos la debilidad estructural de la sociedad implantada, representada por la precariedad de su base productiva y la desarticulación regional. Los llamados patéticos del entonces presidente, general Isaías Medina Angarita, en 1942-43, en el sentido de excitar a los venezolanos a producir más, apenas alcanzaron a disimular la amenaza cierta de penuria, de hambruna que se cernía sobre Venezuela como resultado de la drástica reducción del comercio de importación. En ese momento Venezuela importaba casi todos sus renglones de consumo básico y en el área manufacturera eran muy contados y escasos los productos locales. Pero se pusieron también de manifiesto la desarticulación regional y sus consecuencias. Los venezolanos tomamos conciencia, en ese severo trance, no solo de que producíamos poco sino también de que lo poco producido no podía circular; y esto habría que relacionarlo con las políticas que se instrumentarían después de la Segunda Guerra Mundial.

En segundo lugar, el crecimiento de la extracción y exportación de petróleo, crudo o sin refinar, en razón de la guerra; la restricción, hasta orillar su cese, de las importaciones y la consiguiente disminución del consumo causaron acumulación del poder adquisitivo. Este es uno de los elementos importantes a tener en cuenta: Venezuela salió de la Segunda Guerra Mundial con escasez de todo y abundancia de fondos públicos, mas abundancia relativa, puesto que es bien sabido que durante la guerra se mantuvo un nivel de los precios de las materias primas que correspondía a lo que se llamaba la «Unidad de las Américas en lucha contra el fascismo»; lo que significaba: vender barato nuestros productos en el momento en que los países centro los necesitaban vitalmente.

En la postguerra, el aspecto económico se expresó como disponibilidad de nueva tecnología, mucho más avanzada, sobre todo en lo que tocaba a la capacidad para operar sobre el medio físico. Y lo que es más importante, disponibilidad de nueva tecnología en momentos cuando se contaba con recursos para adquirirla, en buena parte como «excedentes de guerra». En segundo lugar, desplazamiento de contingentes poblacionales –en gran parte mano de obra calificada– y, por último, creciente demanda energética en Europa, correspondiéndose con las tareas de reconstrucción.

Es difícil pensar en una coyuntura que se tornara más favorable. Cuando se hace evaluación de lo que sucedía en Venezuela en este período, no se sabe muy bien qué pensar: si lo sucedido tuvo el carácter de «seudo hecho natural», o si en verdad las políticas implementadas por el Estado venezolano tuvieron alguna participación en ese resultado. Digo esto porque algunas de esas políticas habían sido ensayadas en el siglo XIX sin resultado. Ahora la conjunción de esta serie de favorables factores externos movió en la sociedad venezolana una acelerada secuencia de cambios que condujeron a un nuevo planteamiento de la sociedad, en sus líneas fundamentales.

En lo político, la Segunda Guerra Mundial significó para Venezuela la revelación de la importancia de la naturaleza y grado de su articulación plena con el sistema capitalista mundial. En este sentido, nuestra guerra fue de las libradas por los Estados Unidos de América, simultáneamente, en el Atlántico y en el Pacífico. Con ellos entramos a la guerra, cuando ellos entraron; con ellos salimos de la guerra, cuando ellos salieron. En el plano de las relaciones internacionales, la articulación plena o conformante de Venezuela con la nueva metrópoli, representativa del sistema capitalista mundial, se hizo tan evidente, tan clara, que aun aquellos grupos políticos que venían de la proclamación de un credo antiimperialista, antiyanqui, etc., cayeron en una actitud global de identificación con los intereses de las potencias democráticas, del gran frente mundial contra el fascismo; determinando, por lo mismo, la supeditación de la política no solo exterior sino también interior de Venezuela a los intereses, ahora compartidos, del sistema capitalista mundial, en lo esencial: disfrute de la libertad y ejercicio de la democracia.

En lo que se refería a la política interna, realmente lo más importante para nuestro examen, también se reveló el peso de esta articulación plena. Es imposible encontrar entre 1936 y 1944 factores internos lo suficientemente poderosos como para justificar no solo la apertura democrática, que se produjo a partir de 1941, sino mucho menos la apertura de carácter ideológico y en lo tocante a las relaciones internacionales, que se produjo sobre todo a partir de 1943. ¿En qué se apoyaban estos cambios políticos que ocurrían en Venezuela? Todo intento de respuesta requeriría lidiar con esta otra interrogante: ¿por qué aquella especie de apertura democrática a cuentagotas, que fue el Gobierno del general Eleazar López Contreras, pudo de pronto entreabrirse a un ejercicio de lo que por democracia se entendía, es decir, esencialmente derecho de palabra, de organización y seguridad personal –los ya pautados por la Constitución de 1864–, cuando en la sociedad venezolana no se advertían fuerzas lo suficientemente poderosas como para impulsar esta modesta apertura?

La estructura del latifundismo gomecista había asimilado la expropiación de los bienes del dictador absoluto precedente. El despuntar del movimiento sindical, y aun la formación de los partidos democráticos, tildados de subversivos, ocurrieron no como resultado de una conquista, de una lucha, sino mayormente como un acto de forzada apertura del propio poder público, del poder que había estado controlado y seguía estándolo, esencialmente, por sus factores tradicionales: Ejército, compañías petroleras y terratenientes; y sin embargo se produjo esa cautelosa apertura.

De 1944 en adelante se dispuso ante la sociedad venezolana un escenario inusitado: la abolición del inciso VI del artículo 32 de la Constitución de 1936 hizo que dejase de ser tipificado como delito, incluso de traición a la patria, el hablar de comunismo y de anarquismo; se establecieron relaciones con la Unión de Repúblicas Socialistas Soviéticas (URSS); se legalizan los sindicatos, el Partido Comunista y los partidos políticos democráticos; y la opinión pública entró en un estadio de libertad de expresión. Pero, repito, lo que me inquieta es que no veo detrás de ese hecho fuerzas propias de la sociedad venezolana suficientemente significativas como para justificar esa apertura, cuando frente a ella seguía operando, de manera casi desembozada, la misma estructura del poder público.

Por eso pienso que entonces se dio una situación que puede parecer extraña: si nunca habíamos sido más dependientes que cuando estuvimos sometidos a la dictadura gomecista, me temo que nunca fuimos menos independientes que cuando entonces fuimos democráticos. Es decir, que en este momento la apertura democrática de la sociedad venezolana fue expresión, acabada y plena, de la que era su vinculación con el sistema capitalista mundial, y fundamentalmente con nuestra metrópoli dentro de ese sistema: los Estados Unidos de América. Y Venezuela fue democrática, y el Estado venezolano simuló ser democrático, porque así correspondía en ese momento con la política que los Estados Unidos de América desarrollaban y propugnaban en escala mundial. Fueron los requerimientos del gran frente mundial contra el fascismo los que determinaron, en Venezuela, la irrupción de factores de cautelosa democratización de la vida política y social, que no eran generados por la propia sociedad y que carecían de suficiente base de sustentación en el seno de esa sociedad.

Esto quizás explicaría por qué fue posible unos años más tarde volver las aguas a su nivel; me refiero a los sucesos del 24 de noviembre de 1948, y a lo que les siguió.

Intentando trazar solo las grandes líneas, me ocuparé, en la última parte de esta charla-conferencia, de lo que se refiere al primer intento de reformulación del *proyecto nacional liberal*. Lo haré antes de entrar al análisis de la reformulación misma del proyecto, de lo que me ocuparé en la próxima charla-conferencia, al tratar de «la tardía instauración del Estado liberal». Creo razonable situar ese intento de reformulación, cuya expresión central es la Constitución de 1947, en el marco del proceso político transcurrido a partir de 1936-1940. Pienso que ello permitirá trazar algunas líneas generales, útiles para la apreciación del intento de reformulación. Seguiré, para lo que expondré a continuación, a grandes rasgos, un esquema que presenté en ocasión semejante a esta[23].

Seguramente mis palabras sobre el primer intento de reformulación del *proyecto nacional liberal* ejemplificarán muy bien

---

23 «Foro sobre la historia política de Venezuela desde 1936». Dirección de Cultura de la UCV, 24 de octubre de 1973.

las vicisitudes del historiador de lo político enfrentado a las acechanzas del político historiador, con el casi ineludible resultado de que solo se lograría descontentar a quienes desearían recibir el aval de la Historia para sus propias posiciones políticas. En el fondo, tampoco la función del historiador de lo político contemporáneo difiere mucho de la de cualquier otro historiador: consiste en resolver con ponderación la dificultad de percibir «lo histórico» en lo cotidiano, pero teniendo presente que el peso de los factores *participación* y *contemporaneidad* es quizá más apremiante, si no mayor, en el caso del historiador de lo político contemporáneo. Lo que esto implica, como problema metodológico, no es del caso tratarlo ahora. Sirva únicamente el asomarlo como advertencia, como explicación de ciertas disonancias y hasta de posibles incongruencias.

Me propongo hacer algunas consideraciones sobre el significado de la coyuntura 1936-1941, para luego examinar, con un poco de más detenimiento, las vertientes políticas que nacieron de esa coyuntura. Terminaré con algunos planteamientos muy generales, referidos al conjunto del proceso político 1936-1974.

«La coyuntura política que se abre en 1936» es una expresión que induce al error de sobrevolar el significado de la muerte del dictador, general Juan Vicente Gómez Chacón. Quizá esto se deba, en gran parte, a que la visión histórico-política reciente de esas tres décadas de dictadura ha sido influida por los testimonios y dictámenes de sus víctimas excelentes, es decir de la denominada Generación del 28 y de sus simpatizantes, en lo fundamental. Prefiero referirme a la coyuntura socio-histórica en la cual se gestó el proceso político venezolano estrictamente contemporáneo, ubicado aproximadamente entre 1928 y 1941.

He dicho que durante ese lapso, en lo socio-estructural se aprecia el comienzo de un cambio expresado en la reanudación del proceso de implantación de la sociedad venezolana. He dicho, igualmente, que en lo socio-político se dieron, por primera vez desde 1830, y en función del desarrollo dependiente de la implantación, condiciones para una efectiva implementación del *proyecto nacional liberal*, esbozado y formulado de manera definitiva por la clase dominante entre 1811 y 1870, y cuya expresión más acabada fue la Constitución federal de 1864. Pues bien, a partir de esta coyuntura, 1928-41, se dieron, en lo político, fundamentalmente dos vertientes: primera, un intento de liquidación de las expresiones tradicionales del *proyecto nacional liberal*. Esta será la primera vertiente de las cuales trataré. Luego me ocuparé de la necesidad de adecuar el *proyecto nacional liberal* a la nueva realidad socio-histórica, y esta será la segunda vertiente. Creo que el proceso político, a partir de 1936, se desenvolvió entre estas dos vertientes.

Veamos en primer lugar algunas ideas acerca de los intentos de liquidación de la expresión ya tradicional del *proyecto nacional liberal*. Fueron consecuencias necesarias del cambio estructural a las que me he referido. La pauta liberal primitiva del *proyecto nacional* –debemos recordar que el general Juan Vicente Gómez Chacón fue el último gran caudillo liberal que tuvo Venezuela– chocaba incluso con incipientes expresiones del cambio social y económico. Si tomamos cualquiera de las constituciones gomeras y la comparamos aunque sea con la Constitución de 1936 –la cual apenas representó un comienzo de apertura–, veremos claramente lo que quiero decir. La no viabilidad de la pauta liberal primitiva estaba determinada, fundamentalmente, por el proceso económico: muy débil sector privado frente a creciente fortaleza del sector público, a partir de 1928, aproximadamente. A grandes rasgos, ¿cuáles fueron los hitos de esta vertiente, es decir, de la que consistió en tratar de liquidar los elementos tradicionales del *proyecto nacional liberal*, pero manteniéndose en lo esencial dentro de ese proyecto? Diría que fueron tres los grandes hitos: en primer lugar uno representado por el presidente general Eleazar López Contreras, quien intentó una fórmula de adaptación a la nueva situación cuando todavía los factores externos no eran totalmente determinantes en lo político, en el sentido de que la articulación con el sistema capitalista mundial no había alcanzado todavía la plenitud de su carácter conformante. El segundo hito estuvo representado por el presidente general Isaías Medina Angarita, quien vivió la imposibilidad de ese acomodo cuando los factores exógenos eran ya totalmente determinantes en lo político, es decir, cuando comenzaba, propiamente, a tomar la articulación con el sistema capitalista mundial su carácter conformante. Desde este punto de vista me pregunto –y lo hago con toda honestidad–: ¿hasta qué punto el gobierno del general Isaías Medina Angarita pudo ser *él mismo?* ¿Cuánto de ese gobierno se debió a su condición personal, que todos los testigos reconocen como la de un auténtico y convencido *demócrata,* por no haberse desenvuelto despóticamente, y cuánto no fue sino expresión de la vital vinculación de Venezuela con el sistema capitalista mundial a través de su nueva metrópoli? El tercer hito de esta vertiente estuvo representado por el general Marcos Pérez Jiménez, en el lapso 1948-1958. En este caso, la sobredeterminación política se añadió a la conformación dependiente de la articulación. Si se quiere, representó la perfección de esta tendencia.

 Enfrentada a esta vertiente estuvo la otra, la de la necesidad de adecuar el *proyecto nacional* a la nueva realidad socio-histórica. Esta tendencia ha producido diversas expresiones, que fueron desde la primera, cronológicamente, que ya señalé, representada por el Manifiesto Constitutivo del Partido Comunista de Venezuela (PCV), hasta las más recientes expresiones socialistas representadas por el Movimiento al Socialismo (MAS). Sin pretender que la vertiente tradicional se haya agotado –no puedo afirmarlo–, cabe decir que es esta segunda vertiente la que representa una búsqueda de nuevas vías para el desarrollo socio-histórico. Por su origen social, por su formación cultural, aun los grupos y personalidades más avanzados de 1936 se movieron dentro de «la trampa jaula ideológica», constituida por el *proyecto nacional liberal* que la clase dominante había comenzado a definir en el seno de la crisis de la sociedad implantada y cuya formulación, lo repito una vez más, ocupó todo el siglo XIX. La «trampa jaula» en cuestión estaría ahora formada por la identificación entre Nación y Estado liberal democrático.

La situación así creada dio origen, desde muy temprano, a dos corrientes: una representada por quienes adoptaron el proyecto de la clase dominante, adaptándolo; y otra la representada por quienes desde 1936 han estado dedicados a la tarea de formular un *proyecto nacional* que exprese la coyuntura socio-histórica, sin lograrlo plenamente hasta el presente (1974). De esta manera, todos llegaron a moverse en una misma dirección, sin que para el caso importasen mucho los matices. El objetivo común era realizar el Estado liberal democrático.

Esta identificación, en cuanto al objetivo, relegó la controversia al plano de los medios para alcanzar el poder con dos opciones básicas: el tradicional golpe de fuerza y la vía político-partidista en su sentido moderno. El 18 de octubre de 1945 marcó el punto crítico en este orden de ideas, pero en el fondo aplazó la cuestión esencial sin resolverla, al favor de una coyuntura internacional. No logramos saber si la vía habría de ser el golpe de Estado o la lucha política de partidos. El 24 de noviembre de 1948 se intentó devolver la situación a su nivel de autenticidad: debilidad de los factores internos de *cambio histórico* que se acentuó al modificarse adversamente la coyuntura internacional. Me refiero a esa «Tercera Guerra Mundial» denominada la Guerra Fría.

Pero la década 1948-58 constituyó, sin embargo, el lapso durante el cual los procesos de cambio estructural que comenzaron a manifestarse en 1928-36 entraron, obedeciendo a su propia dinámica, en plena y máxima expresión: nueva tecnología, movilidad rural-urbana, desarrollo de la clase dirigente, etc. El genuino golpe militar dado el 23 de enero de 1958 fue, en este orden de ideas, el segundo acto de los acontecimientos del 18 de octubre de 1945, con una diferencia sustancial de grado: los factores internos de cambio habían evolucionado, y sobre todo habían crecido en tal forma que dominaban la escena. Esta situación se aprecia en el surgimiento de la que se ha llamado «la problemática contemporánea», o sea: desempleo, hambre, marginalidad, etc., y en el desarrollo de la burguesía, favorecida durante la década de dictadura militar por un intenso crecimiento de la vida económica y una paz laboral represiva absoluta.

En ese momento volvió a operar la «trampa jaula ideológica» representada por el *proyecto nacional liberal* de la clase dominante. La meta política seguía siendo el establecimiento del Estado liberal —recuérdese que este dejó sentado, desde los inicios del siglo XX, que podía servir de marco constitucional de las dictaduras—, pero ahora en condiciones nuevas. La problemática contemporánea a la que habría de servir ese marco jurídico-político imponía la práctica de mutilaciones y enmiendas del régimen socio-político liberal, amparadas sobre todo por el desmesurado e incontenible crecimiento del sector público de la economía, obra de la evolucionada, pero todavía mal denominada, «renta petrolera», ahora entrada en una fase no meramente industrial extractiva. Esta trama se vio favorecida por el peculiar desarrollo, en condiciones de dependencia respecto del sector público, que ha caracterizado al sector privado y, por último, favorecida por la coyuntura internacional basada en la constitución de los dos grandes bloques internacionales de poder bélico.

Generalizando diré, como conclusión, que la tendencia a la reformulación del *proyecto nacional liberal* se produce como expresión de esta segunda vertiente, ejemplificando la búsqueda de términos de adecuación del *proyecto nacional* original —es decir, el representado por la Constitución de 1864— con los nuevos contenidos de carácter social y económico que caracterizan la edad contemporánea.

Al respecto, terminaré planteando algunas consideraciones globales acerca del proceso político 1936-1974. A mi juicio, lo que caracteriza la historia política venezolana en este período es justamente lo que será motivo o tema de la próxima charla-conferencia: la tardía implantación del Estado liberal democrático. Lo que significa, en sus rasgos esenciales, que el debate político sigue encerrado en el ámbito del *proyecto nacional liberal* formulado por la clase dominante, pero ahora conciliado con la democracia moderna, ella misma evolucionada. Ningún sector político ha logrado, hasta el presente, formular un proyecto diferente. En consecuencia, ha habido innovación relativa en los mecanismos de ascenso al poder político –de esto pudo dar buen ejemplo Rómulo Betancourt–; ha habido afinamiento en el funcionamiento del *proyecto nacional liberal* de la clase dominante –de esto puede dar buen ejemplo Rafael Caldera–. Incluso la alternativa socialista es todavía más ejemplo de un propósito relativamente innovador, en este sentido, que de la formulación de un nuevo *proyecto nacional*. Es decir, es un propósito relativamente innovador, más en lo que se refiere a los mecanismos de ascenso al poder público –asociando el terrorismo, la subversión, la guerrilla con el eclipse de la lucha político-partidista– que en lo que se refiere a la formulación de un nuevo *proyecto nacional*. Y con esta última consideración englobo los movimientos que abarcan desde el estallido de las guerrillas hasta la reciente proposición del Movimiento al Socialismo.

En función de la problemática contemporánea, se genera un constante forcejeo, producto de la contradicción institucional y gubernativa fundamental, que se plantea entre un marco jurídico-político constitucional liberal democrático y contenidos que se orientan en un sentido socialista. Es toda la gama del reformismo. Hace ya más de una década que se intenta superar esta situación por medio de la planificación, que constituye una derogación máxima al orden tradicional liberal. Es decir, que vivimos por consiguiente un replanteamiento del problema de fondo, o sea el representado por el *proyecto nacional liberal* en cuanto a su capacidad de recoger la nueva problemática, pero ahora en forma de controversia sobre la operatividad del nivel de decisión política. Es lo que explica consignas que están frescas en nuestra memoria, tales como las de «desarrollo en libertad», «democracia con energía», «autoridad y eficiencia», etc.; y por otro lado, los tanteos y esbozos de un nuevo proyecto[24].

En el día de hoy, y con esto concluyo, puede pensarse que cobra vigor un factor enriquecedor de la problemática contemporánea, factor del que quizá no tenemos suficiente conciencia todavía: la hasta ahora tradicional cuestión del ejercicio del poder político en Venezuela, que se expresaba en términos de manipulación de aspiraciones y necesidades en función de clases y de grupos, para la distribución de recursos —en otras palabras: ¿cómo hacer que todos participemos de la mal denominada renta petrolera; pero siempre unos más y otros menos?–. Digo, este tradicional enfoque de lo que era el sistema político de nuestra sociedad se ve complicado desde hace cuando menos una década, y más en el presente, por la certidumbre de un nuevo dato que no era tenido en cuenta en el funcionamiento del sistema político. Ese dato está representado por la limitación de ciertos recursos, que son difícilmente recuperables o no recuperables, tales como agua, tierra agrícola, bosques e incluso recursos mineros. Esto determina una presión creciente en el sentido de requerir un nivel más alto de racionalidad en el ejercicio del poder público, más y más consustanciado con la gestión administrativa, entendida como administración de recursos y no como manipulación de aspiraciones. No creo posible negar que este nuevo predicamento

---

24 Recuérdese que esto fue dicho en 1974, y que la Comisión Presidencial para la Reforma del Estado (Copre) fue decretada una década después, el 12 de diciembre de 1984, con el encargo de proponer medios y procedimientos que condujesen a «La modernización del Estado y la profundización de la Democracia». La Comisión presentó el *Proyecto para la reforma integral del Estado*, el 1.º de noviembre de 1988.

llegue a trastornar las relaciones de poder, expresadas en términos de clases sociales y de grupos de presión. Pero consientan ustedes esto último casi como un desahogo muy personal de quien explora las posibilidades de la historia prospectiva y, por consiguiente, fuera de tema.

Sexta charla-conferencia

Tardía institucionalización del Estado liberal democrático en el marco del desarrollo dependiente de la implantación (1958-1974)

TRATARÉ DE PRESENTAR ESTE TEMA como una unidad, más que como un desarrollo que se pueda seguir a partir de la inmediata precedente charla-conferencia. Por lo mismo, será necesario recapitular algunas cuestiones muy brevemente. Esta charla-conferencia constará de tres partes. En la primera trataré del régimen liberal democrático como meta; es decir, del esfuerzo realizado por la sociedad venezolana para institucionalizar el Estado liberal democrático. En la segunda parte trataré de la nueva realidad social de mediados del siglo XX y de cómo influye en la institucionalización del Estado liberal democrático. En la tercera parte trataré de apreciar cómo se plantea actualmente el contraste entre el régimen liberal democrático, institucionalizado, y los nuevos contenidos de carácter socio-económico e ideológico-político, que deben ser manejados dentro de ese marco institucional liberal-democrático. Para concluir, haré algunas consideraciones acerca de la viabilidad de este contraste entre la estructura liberal democrática del Estado y los nuevos contenidos de carácter socio-económico, socio-político e ideológico-político que deben ser manejados dentro de ese marco institucional liberal-democrático. Compleja dialéctica de situaciones y tendencias que incidirá, necesariamente, en la consolidación de la Nación y que, por lo mismo, repercutirá en la salud de la conciencia nacional.

Forzosamente, tendré que hacer algunas referencias concretas a ciertos textos constitucionales, aun a riesgo de que esto pueda resultar un poco tedioso. Pero créanme que no veo cómo omitir estas referencias cuando se trata justamente del estudio de la estructura institucional liberal democrática y de su operatividad. Procuraré, sin embargo, que las referencias sean las menos posibles; y sobre todo englobaré algunas de ellas en expresiones que eviten la cita directa.

El tema que comentaré no es de ninguna manera académico, si se entiende por tal uno más o menos desligado de la realidad socio-política. Diría que, por el contrario, es, y procura serlo, expresión de esa realidad; y quizá sea la expresión más importante en términos de cuestión de cuyo tratamiento socio-político puede depender en mucho el destino de Venezuela contemporánea. No en balde puede afirmarse que se advierte reiteración, de parte del poder público, en la afirmación de que no corre controversia entre los dos grandes objetivos de la acción social: libertad y desarrollo. Este, como todos los temas, puede ser objeto de enfoques diversos. Por mi parte rehuiré en lo posible explicaciones más o menos teóricas, y me esforzaré por demostrar lo que he dicho inicialmente; es decir, que esta no es una interrogante bizantina sino cabal expresión de la coyuntura que vive el país. Sin ir más lejos, ayer[25] el periódico *El Nacional* reprodujo una entrevista con el ciudadano presidente de la República, publicada por el periódico *El Mercurio*, de Santiago de Chile. En la parte final de la entrevista –a mi juicio la más importante–, el ciudadano presidente de la República expone su pensamiento sobre lo que considera el dilema de América Latina; y ese dilema no es otro, según sus palabras, que el siguiente: consiste en advertir que la llamada libertad democrática hasta ahora no pudo dar ni pan ni seguridad. De allí que el propósito de un gobierno democrático,

---

25 La charla-conferencia fue dictada en el 17 de abril de 1974.

afirma, sea demostrar que se puede dar y asegurar el pan y la tranquilidad con libertad.

Lo anterior significaría reconocer que esta es la cuestión fundamental en nuestro tiempo en el orden socio-político. Sea expresado en esos términos, sea expresado en términos si se quiere más técnicos por los planificadores, el problema es básicamente el mismo. Poco antes del ascenso a la Presidencia de la República del doctor Rafael Caldera, tuve ocasión de asistir a una mesa redonda con motivo del vi Congreso Venezolano de Planificación, en la cual participó el doctor Rafael Caldera, candidato presidencial. Recuerdo que el tema central de la discusión no fue otro que este: ¿es posible conjugar desarrollo y libertad? ¿Es posible hacer concordar el Estado liberal democrático –que se entiende como sinónimo de libertad, en este caso–, con los procesos de planificación y de dirección de la sociedad que se estiman necesarios para superar los niveles de escasez, si no de miseria, que afectan nuestras sociedades? Este problema, que pudo ser debatido en términos ideológicos, políticos o teóricos, podría también ser enfocado en una perspectiva histórica que tendría cierta relevancia, capaz de servir, en todo caso, como punto de referencia para apreciar mejor el debate de carácter propiamente ideológico, teórico o político. Es esa la contribución a la que tengo la esperanza de aportar en esta charla-conferencia, sugiriendo un enfoque histórico de esa «contradicción» que constituye la cuestión fundamental de nuestro tiempo venezolano.

Dije que en la primera parte de mi exposición trataría de resumir, muy rápidamente, lo que denomino búsqueda del orden jurídico-constitucional liberal y el establecimiento del régimen socio-político liberal-democrático, como metas de la sociedad venezolana.

De acuerdo con lo expuesto a lo largo de estas charla-conferencias, parece posible afirmar que la Independencia fue mucho más que un propósito autonomista; que también implicó, aunque no fue su propósito, replantear la sociedad; y que desde este punto de vista la crisis de la sociedad implantada colonial, al generar desarticulación de la vida social y económica, creó, de hecho, condiciones propicias para establecer un nuevo reordenamiento de la vida social y económica, con arreglo a una suerte de prospecto que he denominado *proyecto nacional*. Vale decir, constituir una Nación republicana independiente partiendo de una sociedad monárquica colonial.

La nueva organización social propuesta estuvo desde el comienzo encuadrada en el marco constitucional liberal y se debatió a lo largo de más de siglo y medio sobre reformismo y «revolución» como las vías adecuadas para alcanzar la plena vigencia de ese marco, constitucional e institucional liberal, en el sentido de su expresión en la normativa política y democrática en la acción social concreta. Desde este punto de vista, las llamadas *guerras civiles* quedarían ubicadas en una nueva perspectiva: ya no aparecerían de ninguna manera como degradación, decadencia o disolución de algo que se suponía integrado, sino como parte de la búsqueda, a veces caótica, a veces inconsciente, de un nuevo orden socio-político, que trocara en positivos los que se habían llegado a considerar negativos fundamentos del orden monárquico colonial: había que cambiar el despotismo por la libertad, la discriminación por la igualdad y la arbitrariedad por la seguridad.

Estos propósitos, realizables en el marco jurídico-político liberal, confluían en el establecimiento de un régimen constitucional, político, económico, social —y en general un universo de valores— que se correspondieran con el régimen socio-político liberal democrático. Se formó de esa manera el denigrado «espejismo liberal» y la historia de la sociedad venezolana en los siglos XIX y XX puede ser vista como un constante forcejeo entre la formulación doctrinaria así denominada, nunca desmentida, y la práctica política y social, siempre degradada. Nadie, que yo sepa, ha tenido el coraje de negar esa formulación doctrinaria. Incluidos quienes con su práctica degradaban al máximo los mismos principios doctrinarios, todos invocaban este «espejismo» para encubrir la realidad de su arbitrariedad, la realidad de su despotismo.

El marco constitucional liberal, como meta única de la acción social y política, es un hecho teórico adquirido, un marco formal que se realiza de manera parcial y aleatoria según lo permitan las circunstancias. Y esta es quizá la fórmula sabia, la fórmula «no pueden ser las cosas de otra manera», que termina por establecerse en este forcejeo entre «el espejismo» doctrinario liberal y la práctica socio-política degradada. Preside la incesante reproducción del espejismo la convicción, nacida en Angostura, a partir de un célebre *Discurso*, que se pretende sea captación esencial y eterna de la realidad sociológica de nuestro pueblo, de que la excelsa bondad del régimen liberal verá estorbada, e incluso pospuesta su plena realización, por la incapacidad del pueblo venezolano para vivir la libertad.

Tal es la contrapartida de aquella búsqueda incesante, meta siempre propuesta: la de la plena vigencia del régimen socio-político liberal democrático. Fue dicha en Angostura, y quedó aceptada –diría que de manera plena, aunque no siempre expresa– por casi todos los gobernantes y casi todos los gobiernos que ha tenido Venezuela: el pueblo venezolano no está maduro para vivir en libertad, y en consecuencia el advenimiento pleno de ese «espejismo liberal» presupone el acondicionamiento del pueblo que habrá de vivirlo, que habrá de disfrutarlo. En ese acondicionamiento hemos tenido buenos maestros y malos maestros; o, si lo dijera con mayor franqueza: malos maestros y peores maestros. Desde el propio Simón Bolívar hasta Marcos Pérez Jiménez, cada uno ha ensayado su propia didáctica de la libertad, con el resultado de que tal parece que el pueblo venezolano no ha sido ¿ni será? buen alumno.

Pero en los hechos el régimen socio-político liberal solo tenía de espejismo cuanto en él se refería a la esfera de las libertades públicas y ciudadanas, y al funcionamiento constitucional mismo.

No sucedía igual en el orden económico, con la sola excepción, quizás, de la esclavitud, que fue prontamente resuelta. En lo económico, la plena vigencia del orden liberal se veía contrariada, sin embargo, por prácticas abusivas apoyadas en el poder público, pero no tan plenamente conculcada como en lo que se daba en la vida política y social.

Un momento crítico y de toma de conciencia, para la sociedad venezolana lanzada tras esta meta de realización del régimen liberal democrático, fue su relación-participación con ocasión de la Segunda Guerra Mundial. Resultó propicia, repito, para que la sociedad advirtiese tanto su arcaísmo como su debilidad estructural: éramos una sociedad carente de estructuración como no fuese la elemental del despotismo y la subordinación; la conciencia nacional pugnaba por rescatarse de los condicionamientos, primeros y primarios, puestos por las historiografías *patria* y *nacional*, cuando comenzó a ser blanco de la rudimentaria *marxista*. Ejército, clero y casta política tradicional militarista, enseñoreados de una masa amorfa sin participación eficaz en los procedimientos de formación, ejercicio y finalidad del poder público. Una economía precaria, vulnerable hasta lo indecible. Y, por otra parte, todos puestos ante la ineludible obligación de responder a un contexto internacional de una modernidad que imponía requerimientos básicos, que comprometían la acción reformadora en niveles superiores incluso a los que podían respaldar las surgentes fuerzas sociales que propugnaban reformas.

Este era el cuadro de Venezuela al finalizar la Segunda Guerra Mundial en el escenario europeo. Se dieron así los elementos de la nueva realidad social; es decir, de aquella en cuyo marco habría de fraguar el resultado de la tardía institucionalización del Estado liberal democrático, a partir de 1946-1947.

No puedo sino señalar muy brevemente los elementos de esa nueva realidad socio-política: el impacto fundamental, estructural, de la Segunda Guerra Mundial en la sociedad no fue en realidad concomitante con la contienda bélica, propiamente dicha. Se produjo un poco después, ya entrada la década de los cincuenta. Cuando hablo de tal impacto, pienso que se deben tener presentes las consecuencias inmediatas, directas, de la guerra misma; consecuencias que se expresaron sobre todo en el orden político, en el orden ideológico y solo en un grado relativo en el orden social. Pero es necesario diferenciar este impacto del fundamental de la contienda, el cual se produjo, propiamente, en la década iniciada en 1950. Ya no se trató del impacto en el funcionamiento político ni en el debate ideológico, sino en los aspectos estructurales de la sociedad. Es decir, fue el impacto de la tecnología desarrollada en relación con la Segunda Guerra Mundial y la afluencia de grandes contingentes inmigratorios desplazados por esa contienda y estimulada por el auge petrolero suscitado por la vasta reconstrucción europea, y luego por la guerra de Corea. Tal es el inventario de los factores que compusieron la impactada realidad social.

Los factores económicos de la sociedad, para los que sí existía y regía el liberalismo como práctica –en todo caso en un grado mayor que en los órdenes político e ideológico– actuaban y prosperaban en un santuario de atenuada tiranía y de negación de ese orden liberal en lo político y lo social, al cual le siguió el primer intento sistemático de establecer el *poder civil,* en 1945-1948; al cual le siguió, a su vez, un acontecimiento que, si bien hoy puede resultar desagradable reconocerlo, debe ser subrayado. Consistió en que la década transcurrida a partir de 1950 constituyó, para los factores histórico-económicos de la sociedad, un período de acelerado crecimiento, altamente propicio justamente en la medida en que la vida económica podía discurrir por las vías de un liberalismo predominante, en momentos cuando ese orden liberal era suprimido de manera radical en lo político y aun brutalmente refrenado en lo social.

A fines de esa década, la sociedad apareció conformada como la que podría denominarse, aunque esto suene a contradicción, «una pequeña sociedad de masas». Parece un juego de palabras, pero en rigor no lo es; aunque quizás sea más adecuado decir «una pequeña sociedad con problemas masivos». Ya no se trataba de aquella que he caracterizado como «un universo de peones con un pequeño club de terratenientes manipulando las aspiraciones socio-individuales», sino de una renovada sociedad en la cual el fenómeno de la movilización de grandes masas, el de la urbanización, el despunte del desarrollo capitalista en el campo, el inicio de la industrialización, etc., generaban toda una nueva problemática de carácter social y económico.

Por consiguiente, la Venezuela de la década del sesenta se encontró a sí misma como una sociedad cargada de tremendos problemas socio-económicos, que afectaban a la mayoría de la población según modalidades específicas; pero era también la Venezuela que aún marchaba tras el «espejismo liberal», para la cual no existía, por definición, pugna entre la libertad y el hambre. Estaban planteados, de esta manera, los términos en que habrían de ser debatidas todas las cuestiones: la realización del orden liberal democrático como objetivo socio-político, y la satisfacción de ingentes necesidades sociales como objetivo socio-económico.

Fue creada, de esta manera, una coyuntura, por decir lo menos, con alto grado de potencial conflictividad: la difícil correspondencia entre el orden socio-político liberal democrático y las reformas socio-económicas de inspiración socialista. Se creyó que con ello culminaba la persecución del «espejismo liberal»: la estructura constitucional político-democrática se consolidaría y el ordenamiento socio-político liberal democrático se ampliaría con el ejercicio de sus reconocidos derechos políticos por la mujer. A partir de 1958 esto pareció ser una constante, independientemente de los zigzags o de las lagunas que se pudieran percibir en el funcionamiento constitucional. Pero esto sucedía en una sociedad que ingresaba a la problemática contemporánea, algunas de cuyas expresiones propias resultaban ser el desempleo, el hambre, el atraso y la precariedad urbanos.

Se arbitraron procedimientos para armonizar dos realidades que guardan entre sí no pocos puntos de roce y hasta de conflicto. Las formas obvias de armonizar estas realidades, la del Estado benefactor y la del Estado filantrópico fueron las primero ensayadas. Creo que sus resultados y la reacción social que suscitaron hacen innecesario su tratamiento. Me refiero, más que a los llamados «planes de emergencia», a los diversos planes asistenciales mediante los cuales se intentó armonizar la existencia de un orden liberal democrático con la satisfacción «socialista» de las necesidades apremiantes de vastos sectores de la población.

Trataré de apreciar el contraste que se plantea, entre el orden socio-político liberal y las reformas de carácter socialista, en dos áreas que considero especialmente relevantes. Primero, en la que se refiere a la comparación entre los derechos políticos y los derechos socio-económicos. En segundo lugar, veré cómo se planteó el problema en relación con los instrumentos más idóneos concebidos para propiciar esa armonía entre el orden liberal y la solución de los problemas socio-económicos confrontados por vastos sectores sociales, mediante reformas de carácter socialista, es decir, la planificación. Por último, haré algunas consideraciones sobre la polémica en torno a planificación y libertad.

La pretendida combinación, así establecida, entre el orden socio-político liberal democrático y la reforma socio-económica de inspiración socialista se puede trazar siguiendo la evolución constitucional en relación con tres aspectos fundamentales, dentro del orden de ideas que he mencionado. En primer lugar, en función de la correlación existente entre las denominadas «garantías de la esfera liberal individualista» y los derechos sociales y económicos. Por garantías de la esfera liberal individualista habría que entender tanto los derechos de libertad de los individuos aislados –por ejemplo la libertad de conciencia, libertad personal, la propiedad privada, la inviolabilidad del domicilio– como los derechos de libertad del individuo en relación con otros individuos –por ejemplo la libre manifestación de opiniones, la libertad de prensa, etcétera–. Por derechos económicos y sociales deben entenderse los que los tratadistas denominan también «derechos y pretensiones sociales» –derecho al trabajo, a la educación, a la salud, etcétera–. En esta correlación es posible advertir tres etapas, en la Venezuela contemporánea, que componen casi un movimiento pendular que, a la larga, muestra una tendencia progresiva en el sentido de ampliación de la esfera de los derechos económicos y sociales; es decir, la acentuación de los contenidos socialistas en el marco del régimen socio-político liberal democrático. Veré así tres períodos: el primero corresponde a los años 1909 a 1936, y marca el inicio del proceso. El segundo período abarca los años 1947 a 1953, y el tercero y último se extiende a partir de 1960.

El primer período, de apertura de la tendencia, que se sitúa entre los años 1909 y 1936, permite apreciar el inicio de la correlación que deseo señalar entre los derechos políticos y los derechos socio-económicos. La Constitución de 1909, en la sección 2.ª: «De los derechos de los venezolanos», reúne ambas clases de derechos en una enumeración que toca lo socio-económico al consagrar el derecho de propiedad «con todos sus atributos, fueros y privilegios» y la libertad de industria «salvo las prohibiciones y limitaciones que exijan el orden público y las buenas costumbres». No contiene esa Constitución ninguna formulación relativa a derechos económicos y sociales en sentido estricto, lo que significa que estábamos dentro de un marco de estricto liberalismo clásico. La esfera de los derechos sociales y económicos correspondía a la acción filantrópica, paternalista o tutelar del Estado, a través de los organismos de beneficencia. No conformaban de ninguna manera derechos que debían ser considerados por el poder público en el ejercicio de sus funciones.

La Constitución de 1922 mantuvo el estatus de la de 1909, casi en los mismos términos, Solo añadió unos breves e insignificantes matices al derecho de propiedad, introduciendo limitaciones de carácter sanitario, y en cuanto a la libertad de industria.

La Constitución de 1936 reveló tanto la irrupción de la problemática socio-económica en el orden institucional como el forcejeo entre esta tendencia y los factores del orden tradicional, forcejeo que se manifestaba en lo incipiente de la formulación de los derechos económicos y sociales, y en las expresas limitaciones puestas a las proyecciones ideológico-políticas que favorecían o estimulaban la defensa de esos derechos. Este fue el momento de transición para lo que constituye el objeto de esta exposición. La Constitución de 1936 dio entrada a un primer planteamiento que se corresponde con la esfera de los derechos sociales y económicos; pero al mismo tiempo prohibió expresamente, o le puso trabas insalvables, a todo lo que podría haber significado lucha por la vigencia o por el respeto de esos derechos. Se mantuvo la concepción de un Estado paternalista, benefactor, que reconocía la existencia de ciertos derechos pero impedía que estos pudieran ser ejercidos como tales y estableció, por lo mismo, que quedaban a la merced de la voluntad del buen gobierno. No obstante, se introdujeron las primeras limitaciones al derecho de propiedad:

> La Ley puede, por razón de interés nacional, establecer restricciones y prohibiciones especiales para la adquisición y transferencia de determinadas clases de propiedad, sea por su naturaleza o por su condición, o por su situación en el territorio. La Nación favorecerá la conservación y difusión de la mediana y de la pequeña propiedad rural; y podrá, mediante los trámites legales y previa indemnización, expropiar tierras no explotadas del dominio privado, para dividirlas o para enajenarlas en las condiciones que fije la Ley (art. 2.º).

En principio, parecería tratarse de un embrión de «reforma agraria desde arriba», al mismo tiempo que, como veremos, se ponían obstáculos insalvables a todo intento de convertir esta aspiración en una reivindicación que conllevase formas de acción social. Sin embargo, se comenzaba a abrir el marco legal para la consideración de la problemática socio-económica de un país en el cual predominaba abrumadoramente la población rural. También fueron establecidas las primeras limitaciones a la libertad de industria y aperturas hacia la problemática laboral:

> La Ley dispondrá lo necesario para la mayor eficacia y estímulo del trabajo, organizándolo adecuadamente y estableciendo la protección especial que deberá dispensarse a los obreros y trabajadores, para proveer al mejoramiento de su condición física, moral e intelectual, y al incremento de la población. El Estado promoverá el amparo de la producción y establecerá las condiciones del trabajo en la ciudad y en el campo, teniendo en vista la protección social del obrero y del jornalero y los intereses económicos del país (ord. 8.º).

Aunque no se consagra explícitamente la superior dirección de la vida económica por el Estado, se abre esta perspectiva al tenor de tres elocuentes medidas:

Expresando el hecho básico y esencial de que ya a estas alturas, 1936, el Estado se había convertido en el principal factor de la vida económica, se creó un Consejo Nacional de Economía, «constituido por representantes de la población productora y de la consumidora, del capital y del trabajo, y de las profesiones liberales».

Se establecieron algunas pautas para la acción del Estado en lo tocante a la propiedad agraria, ¿quizás como respuesta preventiva a los estragos causados por la crisis de los precios agrícolas ocurrida en el ámbito de la gran crisis mundial de 1929, que condujo a un número considerable de hacendados a la quiebra?

Se establecieron algunas normas básicas de legislación laboral: reposo semanal, de preferencia los domingos. Conviene que esto último sea escuchado con atención, para darnos una idea de lo que era Venezuela en 1936: la Constitución estableció el reposo semanal, de preferencia los domingos, vacaciones anuales remuneradas y, se añade: «Para los efectos de estos preceptos no se distinguirá entre el trabajo manual y el intelectual o técnico».

Al pautar las normas respecto de la inmigración y del trabajo en el campo, se estableció:

> La Nación fomentará la inmigración europea y promoverá, en cooperación con los Gobiernos de los Estados y las Municipalidades, la organización de Colonias Agrícolas. El trabajo agrícola será objeto de reglamentación especial del Poder Ejecutivo. El Estado tratará de fijar al jornalero en el campo, cuidará de su educación rural y asegurará al trabajador venezolano la preferencia en la colonización y aprovechamiento de las tierras nacionales.

Tanto de la consideración del texto constitucional como de la evaluación de la práctica socio-política correspondiente se desprende el carácter paternalista de esta apertura hacia los derechos económicos y sociales, al ser concebidos como una acción del Estado soberano, sin participación expresa de los interesados en su promoción, pues no solo hay una formulación restrictiva de la libertad de asociación, cuando se dice: «quedando ésta sometida a las restricciones y prohibiciones que establezcan las leyes», sino que se establece una pauta de control y represión ideológico-política que habría de gravitar decididamente sobre la esfera de los derechos socio-económicos. Era el famoso inciso VI, en su parte que estipula lo siguiente:

> Se consideran contrarias a la independencia, a la forma política y a la paz social de la Nación, las doctrinas comunista y anarquista; y los que las proclamen, propaguen o practiquen, serán considerados como traidores a la Patria y castigados conforme a las leyes.
> Podrá en todo tiempo el Ejecutivo Federal, hállense o no suspendidas las garantías constitucionales, impedir la entrada al territorio de la República o expulsarlos de él, por el plazo de seis meses a un año si se trata de

nacionales o por tiempo indefinido si se tratare de extranjeros, a los individuos afiliados a cualquiera de las doctrinas antedichas, cuando considerare que su entrada al territorio de la República o su permanencia en él pueda ser peligroso o perjudicial para el orden público y la tranquilidad social.

Este es el muy mentado inciso VI, en virtud del cual se hacía imposible todo intento de acción social para promover los derechos sociales y económicos, que aun en forma restringida eran reconocidos por el propio texto constitucional.

La Constitución de 1936 es un dramático monumento a lo que significó el gomecismo en el desarrollo social y político de la sociedad venezolana, más que una escala para apreciar nuestro atraso social y político. Sin embargo, añadiré que constituye una escala para medir la cortedad, la miopía de la perspectiva social y política que imperaba en una sociedad que bien se vinculaba ya en forma creciente con un orden internacional, sacudido por tremendos impactos transformadores, que se encontraba en vísperas de generar una nueva era en el desarrollo de la Humanidad. La Constitución de 1936, en muchos aspectos, nos hace pensar en una sociedad que había acumulado casi un siglo de atraso respecto de la coyuntura internacional que se comenzaba a vivir.

El segundo período que trataré en esta charla-conferencia es el del planteamiento y ensanchamiento de la tendencia al incremento de los derechos sociales y económicos, en primer lugar; y de interrupción y retroceso de esa tendencia, en segundo lugar. Me refiero a los hechos que pueden enmarcarse entre los años 1947 y 1953.

El texto constitucional de 1947, al recoger las tendencias manifiestas en el proceso socio-político del país bajo el estímulo de las implicaciones ideológico-políticas generadas en función de la Segunda Guerra Mundial, representó la floración plena de la correlación entre la esfera de los derechos individuales políticos y los de índole socio-económica. Diría que la Constitución de 1947, frente a la de 1936, registra el cambio histórico experimentado por la sociedad venezolana en el siglo xx. La Constitución de 1947 dio la pauta para la institucionalización definitiva del Estado liberal democrático. A este respecto bien cabe hablar de un nuevo planteamiento, así como de un extraordinario ensanchamiento, del área de los derechos sociales y económicos. En efecto, aunque no sea más que a ese nivel, cabe apreciar el ensanchamiento con solo el enunciado de los capítulos que en la Constitución de 1947 recogen los derechos sociales y económicos. El título III: «De los Deberes y Derechos Individuales y Sociales», adquiere tal desarrollo que consagra capítulos específicos a: «Garantías individuales», «De la Familia», «De la Salud y de la Seguridad Social», «De la Educación», «Del Trabajo», «De la Economía Nacional», etc.

Ya no es posible abarcar, en una presentación sumaria como esta, el ámbito de los derechos económicos y sociales, así como las disposiciones atinentes a la función del Estado en la vida económica. Por eso, quizás sea lo único pertinente sintetizar las directrices fundamentales. En primer lugar se consagra la alta dirección del Estado en la vida económica y social. Esto se desprende tanto del ordenamiento constitucional como de formulaciones expresas, entre las cuales sobresalen, por englobantes, las siguientes:

La reforma agraria, mencionada por primera vez en un texto constitucional, en el art. 57, como objetivo esencial del Estado en relación con la denominada «cuestión agraria». Hasta 1947 el término *reforma agraria* tenía un esencial sentido subversivo, y sorprende ver cómo, casi sin transición, esta expresión pasa de los manifiestos y de los programas de acción política a un texto constitucional.

En segundo lugar, el concepto de planificación, hasta entonces también subversivo en sí, es aplicado a la actividad agraria. Por ejemplo, en el art. 69: «El Estado realizará una acción planificada y sistemática, orientada a transformar la estructura agraria nacional». Algo semejante se estableció para la industrialización, la cual, en conjunción con una política de desarrollo de la sociedad rural, comprometida en la realización de «la reforma agraria integral» serían la base de una economía nacional moderna. Para estos fines:

> El Estado protegerá la iniciativa privada, pero podrá reservarse el ejercicio de determinadas industrias, explotaciones o servicios de interés público para asegurar el normal funcionamiento de éstos o la defensa o crédito de la Nación, y el derecho de dictar medidas de orden económico para planificar, racionalizar y fomentar la producción y regular la circulación y el consumo de la riqueza, a fin de lograr el desarrollo de la economía nacional.

Dos conceptos fundamentales: reforma agraria y planificación, saltaron desde los niveles de la subversión al nivel de texto constitucional; esto de 1936 a 1947. Pero, y debo subrayarlo, mediando las repercusiones ideológico-políticas de la Segunda Guerra Mundial.

En segundo lugar, se concibe al individuo como sujeto activo de un conjunto de derechos políticos, económicos y sociales, tales como: derecho a la protección de la familia y de la madre soltera, a la protección de la salud y a la seguridad social, a la educación y al trabajo, vistos como un deber y un derecho. Por consiguiente, se desecha y supera la concepción paternalista de los mismos, no solo al consagrarlos como derechos sino también al garantizar los derechos de asociación y de sindicalización con fines lícitos, al mantenerse la supresión del amenazador inciso VI, ya hecha mediante la Reforma Constitucional del 23 de abril de 1945; y al proclamar el derecho de huelga y el fuero sindical. Es decir, ya no se concebían los derechos sociales y económicos como el campo donde podría ejercerse la acción benefactora del Estado; se les concebía como auténticos derechos y se consagraron medios para que los individuos pudieran luchar, organizadamente, por la defensa y ejercicio de los mismos.

Estas fueron las tres contribuciones fundamentales de la Constitución de 1947 en el orden de análisis que vengo siguiendo. La incorporación de estos tres complejos jurídicos –político, social, económico– marca el contrapeso al establecimiento y al funcionamiento del régimen socio-político liberal democrático, en lo que se refería al desempeño político-administrativo y a la finalidad constitucional del Estado liberal democrático.

Lo que quiero señalar, como cuestión especialmente relevante, es que por primera vez en el orden jurídico-político constitucional entró en vigencia, expresa, el régimen socio-político liberal democrático, en una forma que se podría calificar de plena, e incluso de avanzada, Y es justamente en este mismo momento cuando la función social del Estado, al ser consagrada en la Constitución mediante los tres principios que he enunciado, expresa la más severa, esencial y fundamental limitación al ordenamiento socio-económico liberal, el cual se establecía en su pureza, en cambio, en el ordenamiento socio-político constitucional. De allí la «incoherencia»; de allí la «contradicción»; de allí, diría, la «desorientación», reales o fingidas –y malintencionadas en no pocos casos– de quienes vieron en aquello una estructuración que no podría funcionar, algo incongruente, algo que «no era una cosa ni la otra»; y que –so capa de la democracia– inoculaba el *comunismo* en la sociedad, tal como se esforzaron en presentar lo legislado los periódicos y los voceros conservadores de la época. La Constitución de 1947 fue denunciada como *una constitución comunista*, por cuanto implantaba las nociones de planificación, de reforma agraria y de lucha por los derechos sociales y económicos.

A su vez, el texto constitucional de 1953 representó, muy claramente, la reacción de las fuerzas del orden ante la apertura significada por la Constitución de 1947. Se caracteriza por un retroceso en el nivel de desagregación de los derechos individuales, sociales y económicos, al agruparlos nuevamente bajo la denominación global de «garantías individuales», y en lo terminológico, así como en la postulación de la función rectora al Estado en la actividad económica. En cuanto a esta última, desaparece el concepto de planificación como criterio constitucional, si bien se establece en el artículo 53 que: «El Estado podrá reservarse el ejercicio de determinadas industrias, explotaciones o servicios de interés público. También podrá dictar medidas de orden económico para racionalizar y fomentar la producción y regular la circulación y el consumo de la riqueza».

La esfera de los derechos económicos y sociales se redujo a un escueto artículo decimoprimero que consagra: «La libertad y protección del trabajo, conforme a las leyes» y recobra su sentido paternalista al perderse la condición de derechos; y si bien se estipula el «de asociación y el de sindicalización conforme a las leyes», se establece para la burguesía venezolana un régimen de paz laboral al cual me refería cuando dije, al comienzo de esta charla-conferencia, que el restablecimiento de la plena vigencia del ordenamiento liberal socio-económico se produjo simultáneamente con la supresión del mismo ordenamiento en lo político y social.

El período de restablecimiento y nuevo ensanchamiento de la tendencia al desarrollo de los derechos sociales y económicos se inició con la Constitución promulgada el 23 de enero de 1961. De manera general puede decirse que este texto constitucional reasume la tendencia que se advierte en el de 1947, la desarrolla y la perfecciona.

El papel del Estado en la vida económica supera los límites establecidos, puesto que se le asigna una función primaria: «El Estado promoverá el desarrollo económico y la diversificación de la producción, con el fin de crear nuevas fuentes de riqueza, aumentar el nivel de ingresos de la población y fortalecer la soberanía económica del país». Para lo cual se le atribuye «la facultad de dictar medidas para planificar, racionalizar y fomentar la producción, y regular la circulación, distribución y consumo de la riqueza, a fin de impulsar el desarrollo económico del país». Incluso se llega a fijarle taxativamente tareas de desarrollo: «El régimen latifundista es contrario al interés social. La ley dispondrá lo conducente a su eliminación».

Es decir, lo que en 1947 aparecía como la introducción del concepto de planificación fue llevado, en 1961, a un nivel más alto y con ello se convirtió el Estado, constitucionalmente, en rector de la vida económica y social.

En el orden de los derechos económicos y sociales, nuevos desarrollos y precisiones completaron el cuadro contenido en el texto constitucional de 1947. La lectura de los numerosos artículos dedicados a los derechos sociales, es decir: de la maternidad, de la infancia, de la salud, de la educación, del trabajo, de la asistencia social, de la garantía del fuero sindical, del derecho de huelga, etc., entrega un inventario casi exhaustivo de la esfera de los derechos sociales y económicos.

En suma, a partir de 1961 comenzó para la sociedad venezolana el primer ensayo, consecuente y sostenido, de institucionalización del régimen socio-político liberal democrático. Los conflictos sociales, económicos, políticos, ocurridos en Venezuela desde 1961 hasta hoy no deben ser vistos sino como expresión de un decidido esfuerzo por establecer ese régimen socio-político liberal democrático, en contraste con fuerzas de diverso orden que cuestionan, o han cuestionado, ese régimen, asumiendo para ello una gama de posiciones ideológico-políticas cuya consideración no sería, propiamente, objeto de esta charla-conferencia. Lo que queda como balance es la tendencia esencial de la época: 1961 puede tomarse como el año de clara asunción de la tendencia al establecimiento del régimen socio-político liberal democrático, en lo que se refiere al funcionamiento político-constitucional del Estado.

Ahora bien, esta plena vigencia del régimen socio-político liberal democrático se daba justamente en presencia de la máxima expresión del conjunto de contenidos de carácter social y económico que pueden ser englobados en las que he denominado reformas de carácter socialista, marcándose así una contradicción esencial que caracteriza y define nuestra estructura socio-política contemporánea: la contradicción entre el ordenamiento liberal democrático en el plano jurídico-constitucional y las reformas de carácter socialista en el orden social y económico. Esta contradicción quizás tenga algo que ver con el hecho de que a estas alturas, es decir, más de una década después de promulgada la Constitución de 1961, todavía no se ha legislado adecuadamente sobre el ejercicio y disfrute de un buen número, si no los más, de esos derechos sociales y económicos enunciados en la Constitución, quizás porque el paso del enunciado constitucional a la práctica social revelaría en una forma aguda el contraste esencial así establecido entre los fundamentos ideológicos conceptuales de la estructura jurídico-constitucional liberal-democrática y los del contenido de reformas socialistas en el orden de los derechos sociales y económicos.

¿Cómo conciliar estos dos términos? Cual modo de conciliación ya he dicho uno: el paternalismo o la filantropía mal entendidos de los llamados planes de asistencia, a la manera del denominado Plan de Emergencia, dirigido a paliar el desempleo luego de derrocada la dictadura del general Marcos Pérez Jiménez. Añadiré la acción revolucionaria con este o aquel sentido o contenido, y la forma de conciliación que el propio orden constitucional establece: la planificación. Esta última surge como el instrumento idóneo para orientar y regir la acción del Estado encaminada a correlacionar un volumen limitado de satisfactores con necesidades crecientes. Tal concepción, subversiva apenas unos años antes, se convertía en el instrumento que habría de permitir lograr lo que por definición no podría ser logrado; es decir, conciliar el régimen socio-político liberal democrático con las proyecciones de carácter socialista aportadas por el nuevo ordenamiento constitucional, como consecuencia de la evolución social y política del *proyecto nacional*. De esta manera consecuencial, la planificación, de concepto subversivo que fue, hoy no es solo un concepto usual, sino que está desprovisto de connotación ideológico-política, hasta el punto de que la figura del planificador pareciera ser la de un hombre sin pensamiento político propio, sin posición partidaria; un técnico, una especie de prolongación de los instrumentos de computación que utiliza. Pero igual ha sucedido con otros conceptos que se vieron vaciados de sus contenidos esenciales: clase social, latifundismo, reforma agraria, sindicalismo, etc. Toda una terminología que diez años atrás tenía un carácter subversivo esencial pasó a ser parte del lenguaje manejado incluso por la dirección política del Estado. Para apreciar la magnitud del cambio operado en este sentido, propondré una pequeña muestra. Todavía en marzo de 1953 escribió Enrique Pérez Dupuy, dueño del Banco Venezolano del Crédito:

> No podemos menos que expresar nuestro desaliento al enterarnos, en estos mismos días, que la Federación Venezolana de Cámaras y Asociaciones, de Comercio y Producción, ha presentado una Ponencia sobre la «Planificación de la Economía Nacional», a la novena Asamblea Anual que se celebró recientemente en Puerto La Cruz. Sin duda este es uno de los casos en que personas insospechables de tendencias marxistas, incurren en el error de propender, sin darse cuenta, al implantamiento de los postulados de Karl Marx[26].

Esto inquietó a Enrique Pérez Dupuy, y su pensamiento no era, de ninguna manera, el de un solo hombre. Es conveniente tener presente este punto de referencia para apreciar lo que ha significado el cambio de la escena política y de la mentalidad correspondiente.

---

26 Enrique Pérez Dupuy, *El liberalismo creador frente al socialismo destructor*. Caracas, 1954, p. 129.

La planificación, facultad del Estado contemplada en la Constitución de 1947, comenzó a formar parte del conjunto de factores de la Administración Pública al ser formulado el denominado Plan Preliminar de Vialidad, elaborado con fecha de 1947 por la Comisión Nacional de Vialidad. Ya hablé de este plan y de cómo constituyó el primer intento sistemático de enfrentar la tarea de desarrollar la infraestructura requerida para la promoción del *proyecto nacional liberal*. La tendencia a la planificación se reanuda y perfecciona a partir de 1958, al ser creada, por decreto fechado el 30 de diciembre, la Oficina Central de Coordinación y Planificación de la Presidencia de la República (Cordiplan), origen del Sistema Nacional de Planificación. Como fruto de este proceso se han formulado los llamados Planes de la Nación. El primero, correspondiente a los años 60-64, el segundo correspondiente a los años 63-66, el tercero a los años 65-68 y el cuarto correspondiente a los años 70-74, hoy vigente. Esto sin contar los muchos planes sectoriales y regionales.

Por consiguiente, la plena vigencia del Estado liberal democrático se ha dado en Venezuela conjuntamente con la creación del Sistema Nacional de Planificación, constituyéndose de esta manera una contradicción esencial entre lo que era el Estado liberal como aspiración, tal cual se le persiguió durante todo el siglo xix y parte del siglo xx, y lo que es el Estado liberal como realización, a mediados del siglo xx. La alarma de Enrique Pérez Dupuy no era de ninguna manera gratuita.

La polémica en torno a «la planificación», como expresión sintética de la confrontación entre el Estado liberal y la proyección ideológico-política de la acción social del Estado liberal democrático, podría dar lugar a muchas consideraciones. Me limitaré a señalar dos: severos críticos señalan la ineficacia y el escaso rendimiento del sector estatal de la economía, en contraste con los de la empresa privada. Por otra parte, se señala la invasión y la limitación de los derechos individuales, sobre todo en lo que se refiere a la restricción de la libertad de comercio y de industria; entendiéndose bien que los empresarios venezolanos no objetan la intervención del Estado en el orden económico cuando se trata de poner al servicio de la empresa privada los recursos del Estado –lo que sería también una forma de intervención–, pero sí la objetan cuando se trata de regular precios y salarios, y de alguna manera moderar la tendencia al beneficio máximo, dándose así una situación que se corresponde muy bien con esta contradicción esencial entre el ordenamiento liberal en lo político-constitucional y las reformas de carácter social en lo político-administrativo.

Los ardientes defensores de «la planificación» alegan que es la única posibilidad de adecuar recursos y necesidades siguiendo un orden prioritario. Este lenguaje muy rebuscado, muy técnico, puede reducirse a una expresión mucho más sencilla: evitar la revolución social. De allí la polémica entre el «neoliberalismo», entendido como reivindicación de la libertad económica, y «la planificación», entendida como plena intervención del Estado, como una suerte de nuevo dirigismo. ¿Cuál es la perspectiva actual? Es la ofrecida, hasta ahora, por el IV Plan de la Nación y la concepción integral de la planificación. En ese plan se dice lo siguiente:

> … el Plan se orienta de manera general hacia la generación de cambios del sistema social dirigidos a alcanzar una sociedad integrada, democrática y participante. Tales propósitos llevan aparejados simultáneamente el doble objetivo del fortalecimiento y la expansión de la economía para ponerla al servicio de la población en su conjunto, y de la promoción de un hombre y una sociedad nuevos capaces de integrarse deliberada y conscientemente como objetos, sujetos y beneficiarios de todos los procesos y fines del desarrollo nacional.

Habiéndose advertido, de manera que luce más precautelar que aclaratoria de la intencionalidad de lo resuelto:

> ... la concepción del desarrollo que sirve de marco de referencia al Plan, trasciende la simple aceleración de la tasa de crecimiento del producto, para abarcar el conjunto de fenómenos sociales involucrados en la transformación y el desarrollo de la economía, la cultura, el ordenamiento social, las instituciones políticas y la estructura socio-geográfica.

En substancia, trataríase de un grado tal de planificación como solo se le podría concebir en un Estado socialista, puesto que se abarcaba desde el ordenamiento socio-geográfico hasta la esfera de los valores sociales, según el adoptado en el IV Plan de la Nación, sin embargo documento oficial del Estado liberal democrático venezolano y pauta para el desenvolvimiento de la función administrativa de ese Estado en todas las áreas.

Por consiguiente, tal pareciera que la correlación entre la estructura jurídico-constitucional propia del Estado liberal democrático y los contenidos reformistas socialistas está establecida por un puente institucionalizado que es la planificación, concebida como planificación integral, como Sistema Nacional de Planificación y, en suma, como palanca mediante la cual el Estado podría llegar a manipular la sociedad acomodándola a objetivos fijados por el propio Estado.

En torno a esta correlación, y al medio institucionalizado de establecerla, queda planteada, como cuestión, la siguiente: si hay un marco constitucional, si hay un conjunto de instrumentos adecuados, ¿por qué la inadecuación entre lo que contempla la Constitución y la realidad de la práctica social? En otras palabras: ¿por qué el derecho al trabajo es una quimera? ¿Por qué el derecho a la educación es una lucha? ¿Por qué el derecho a la protección de la madre soltera, etc., no pasan de ser anhelos, si existen el precepto y el instrumento adecuado, que es la planificación?

Con estos interrogantes termino porque he desembocado en lo que constituye el punto de debate actual, como lo decía en mi charla-conferencia anterior. El problema sale de la estructura jurídico-política o de la estructura administrativa; se traslada de la esfera de la institucionalización del Estado a los niveles de decisión; y con ello se plantea la cuestión, tan debatida, sobre la correspondencia entre los niveles de decisión y la urgencia de las necesidades sociales. Es el grado de inadecuación tan debatido en función de los que hoy se denominan «el modelo Brasil», «el modelo Perú», «el modelo Venezuela», etc.; y creo que las palabras del ciudadano presidente de la República, citadas al comienzo de esta charla-conferencia, dicen muy claro cuál es la orientación que rige actualmente la sociedad venezolana. Es decir, un modelo que, a diferencia del brasileño, o a diferencia del peruano, pretende todavía demostrar que es posible conciliar el orden jurídico constitucional liberal-democrático con un desarrollo planificado de los recursos de la sociedad, que permita hacer verdad, en la práctica, el conjunto de los derechos consagrados por el texto constitucional.

Séptima charla-conferencia

Problemas históricos de Venezuela contemporánea. Proposición metodológica prospectiva del proceso socio-histórico de Venezuela contemporánea

UNA SERIE DE RAZONES EXPUESTAS en la charla-conferencia anterior me persuadieron de la conveniencia de reunir en una sola las dos últimas charlas-conferencias programadas. Consecuencia lógica de esta decisión es el encontrarme ahora enfrentado a un tema muy amplio, cuya exposición me obligará a ser muy selectivo en cuanto a los aspectos a tratar; y sobre todo a esquematizar más de lo que desearía.

Por otra parte, el carácter casi de balance, que forzosamente ha de tener esta charla conferencia, me obligará a retomar cuestiones planteadas en algunas de mis exposiciones precedentes, integrándolas en una nueva perspectiva. Debo dejar claramente establecidas, desde el comienzo, las reglas del juego: intentaré presentar un conjunto de consideraciones sobre una problemática que es desigualmente conocida, no solo por mí sino también por el conocimiento científico de lo venezolano tomado en su totalidad. Mi propósito es componer un cuadro del cual quizá puedan derivarse algunas orientaciones provechosas para el desarrollo del conocimiento de lo venezolano contemporáneo. De allí que mis planteamientos en algunos casos revelarán cierto grado de consistencia –por apoyarse en niveles de conocimiento razonablemente aceptables–; y en otros casos –no pocos, desgraciadamente–, habré de moverme en un plano puramente hipotético.

Esta charla-conferencia constará de dos partes, muy desigualmente desarrolladas. La primera, extensa hasta constituir la mayor porción de esta exposición, intentará proponer la posibilidad de una nueva perspectiva para el estudio de la historia contemporánea de Venezuela. La segunda parte consistirá tan solo en la formulación de algunos conceptos relativos al enfoque prospectivo del proceso socio-histórico de Venezuela.

Veamos la que pretendo que podría llegar a ser una nueva perspectiva crítica para el estudio de la historia contemporánea de Venezuela[27].

El pénsum vigente en la Escuela de Historia de la Facultad de Humanidades y Educación de esta Universidad hasta el año escolar de 1969 prescribía que bajo la denominación de Historia de Venezuela III se estudiase el llamado *período contemporáneo*, cuyo nacimiento coincidía con la disolución de la República de Colombia, en 1830, tomado como punto de arranque de la Venezuela contemporánea. Generalmente se entendía, al igual que en otros centros universitarios y en los planteles de educación secundaria, que dicho programa, codificado, comprendía los siguientes grandes temas: la Convención de Valencia de 1830, la oligarquía conservadora, el 24 de enero de 1848, la oligarquía liberal, la Revolución de marzo de 1858, la Guerra Federal, la Federación, el guzmanato, el Gobierno de Cipriano Castro y el Gobierno de Juan Vicente Gómez; difícilmente se llegaba más hacia el presente. Durante varios años seguí esta pauta, con algunas variaciones. Al respecto debo hacer ciertas consideraciones.

La secuencia enunciada sustenta una perspectiva histórica en la cual podrían apreciarse dos defectos principales: por una parte, no favorece una clara y fácil vinculación del proceso histórico con el presente; y esto tanto por la omisión –en la práctica– de lo

---

27 El desarrollo de este tema consiste en una glosa de un capítulo de mi obra *Historia contemporánea de Venezuela (Bases metodológicas)*. Colección Historia, 2.ª edición, N.º VI. Ediciones de la Biblioteca Central de la Universidad Central de Venezuela, Caracas, 1979.

estrictamente contemporáneo, como por el hecho de que no logra establecerse una relación firme entre los acontecimientos de los diversos momentos del así considerado *pasado*. Por otra parte, conduce, ese enfoque de la historia contemporánea, a una valoración incorrecta de procesos y sucesos, al aparecer estos impropiamente como culminantes o al no quedar adecuadamente inscritos en procesos más prolongados, tal como sucede, por ejemplo, con los acontecimientos del 24 de enero de 1848, como veremos más adelante.

Vale apuntar que el último de los defectos que acabo de mencionar ha sido también observado en el ámbito de la «historia universal». En este orden de ideas se aprecia una doble perspectiva de lo histórico. Por ejemplo, si consideramos el llamado período contemporáneo europeo, tomado este a partir del Tratado de Viena, de 1815, o si por el contrario se le mira desde *el presente* hasta *el pasado*. La perspectiva histórica que se obtiene en el primer caso conduce a una concepción eurocéntrica en la historia, respecto de la cual los sucesos ocurridos en regiones que no estuvieran directamente vinculados con los contenidos del Tratado de Viena aparecen como meramente complementarios, si es que no irrelevantes. En cambio, una visión de ese mismo período a partir del *presente* conduciría a una rectificación de la concepción eurocéntrica, pondría en primer plano hechos y acontecimientos que se realizaron fuera de Europa y daría por lo mismo a la historia contemporánea un sentido y un alcance diferentes.

Valdría la pena apuntar, todavía, que la estructuración de un plan de estudios inspirado en ese cambio de perspectiva significaría romper con la tradición de «horror a lo contemporáneo», que ha prevalecido en la historiografía venezolana desde comienzos del siglo XX. Ese cómodo olvido de lo contemporáneo que, según Enrique Bernardo Núñez, era una de las buenas fórmulas de la convivencia venezolana. Dijo este autor que:

> ... sabemos poco acerca de la historia de nuestro país en los últimos cuarenta o cincuenta años por lo menos. Lo sabemos de un modo vago. La historia queda confinada a ciento y más años atrás, es decir, a la época de la Independencia, y generalmente se encierra en ciertos cánones. Esta ignorancia retarda nuestro progreso e impide una noción clara de hombres y hechos de nuestra historia. Nuestra misma vida particular se resiente de tal ignorancia. El mecanismo de nuestra historia es de tal naturaleza que los servidores de un despotismo pueden presentarse como víctimas del otro. En 1935, por ejemplo, ya no se habla sino de 1909 en adelante. El pasado está olvidado. Se cree que las desdichas comienzan en 1909. Así, los de un momento de diez o veinte años atrás, pueden presentarse en 1935 como hombres nuevos. Se truecan los papeles[28].

Esta cómoda utilización de la historia tiene una importancia que no debe ser de ninguna manera subestimada en el proceso político e ideológico de Venezuela contemporánea. En consecuencia, y con base en estas y otras consideraciones que expondré a lo largo de esta charla-conferencia, me pareció necesario buscar otra forma de estructuración del plan de estudios: la de una que situase la historia contemporánea de Venezuela en vías de superación de las limitaciones, metodológicas y de criterio, que la habían regido durante tanto tiempo.

La necesidad fundamental, y de mil modos planteada, de conocer el *presente histórico* obliga a la búsqueda de métodos que permitan salvar los muchos escollos que acechan ese conocimiento. Pero sobre todo que permitan elevar el conocimiento histórico del presente por sobre la simple filiación de los hechos actuales; y que por ello hagan posible establecer una vinculación del *pasado* con el *presente* capaz de persuadirnos de la utilidad real que brinda el enfoque histórico del así presente integral.

---

28 Enrique Bernardo Núñez, *Bajo el samán*, p. 146.

A tal efecto concebí y puse en práctica, durante tres años, en la Cátedra de Historia de Venezuela III, un programa que intenta someter a experimentación un enfoque no tradicional de la materia que podría sintetizarse así: definición y estudio histórico de un sistema de problemas que exprese la naturaleza histórica de Venezuela contemporánea. El conjunto de criterios que llevaron a la definición de tal sistema de problemas es el siguiente:

El estudio ha de tener como ejes los problemas venezolanos de nuestro tiempo, entendiendo por tales aquellos que se le plantean actualmente a la sociedad venezolana. La identificación de tales problemas no se hace, por lo tanto, atendiendo a su «novedad», como tampoco sujetándose estrictamente al criterio de que la «historia contemporánea empieza cuando los problemas reales del mundo de hoy se plantean por primera vez de una manera clara»[29], puesto que si bien podría aceptarse que ese es el signo del advenimiento de la edad contemporánea en la historia de un pueblo, la contemporaneidad de ese mismo pueblo está compuesta tanto por esos «nuevos problemas» como por el obligado replanteamiento de los «viejos problemas», estableciéndose entre ambos órdenes de problemas, a su vez, una interrelación que puede ser ella misma signo de contemporaneidad, en la medida en que la nueva actitud ante los viejos problemas, o el nuevo planteamiento de los mismos, signifiquen una marcada ruptura con la edad precedente. De esta manera, concibo la edad contemporánea de Venezuela como un complejo de problemas en los que se advierte:

En primer lugar, la aparición de una nueva problemática, correspondiente a la que se estima característica de la edad contemporánea: pobreza, subdesarrollo, explosión demográfica, dislocado crecimiento urbano, etc. Mas trátase de la nueva problemática contemporánea, en sentido propio, y del planteamiento por primera vez en la sociedad venezolana de los problemas de

---

29 Geoffrey Barraclough, *Introducción a la historia contemporánea*. Editorial Gredos, Madrid, 1965, p. 23.

la llamada sociedad de masas; y ello tanto en razón de la propia evolución histórica de la sociedad venezolana como por obra de su plena o conformante articulación con el sistema capitalista mundial que, al vincular a la sociedad venezolana con sociedades masificadas, enfrentadas a esa problemática contemporánea, la proyectan sobre Venezuela, hasta volverla propia.

En segundo lugar, cabría observar, en el complejo de problemas del presente contemporáneo de Venezuela, la persistencia de parte de la problemática tradicional. Es decir, la de ese saldo de cuestiones no resueltas que cada época lega a la siguiente y que, si bien queda fundamentalmente insumida en la problemática de la nueva época, no por ello deja de conservar cierta identidad propia, que permite diferenciar los «nuevos problemas» de los «viejos problemas». En el caso de la sociedad venezolana, la cuestión agraria, por ejemplo, representa muy bien este enjambre de los que cabría considerar como «viejos-nuevos problemas».

En tercer lugar, habría que valorar críticamente la existencia de la relación que acabo de señalar, entre los «nuevos» y los «viejos problemas», y subrayar que esta relación determina no solo un nuevo enfoque de los «viejos problemas» sino también cierto particular enfoque de los «nuevos problemas». Todo en un cuadro de interrelaciones que representa la dinámica social en cuanto concierne a la percepción de los problemas de una sociedad, tanto en la percepción histórica de «los nuevos» como en el enfoque histórico de «los viejos», a la formación de la conciencia correspondiente y a la formulación e instrumentación de políticas adecuadas para encararlos de acuerdo con las líneas generales del desarrollo de la sociedad. Esto también es perceptible en el caso de Venezuela en relación con la llamada cuestión agraria y la reforma agraria.

En suma, se requiere la formulación de un sistema de problemas que compendie la existencia histórica de la sociedad venezolana, el cual permita, al mismo tiempo que percibir su complejidad, captar su realidad estructural y discernir su dinámica, pues se trataría de problemas que pueden ser calificados de históricos, estructurales y troncales.

¿Por qué digo que son problemas históricos? Lo son en el sentido de que están planteados a la sociedad venezolana en razón de su propia evolución, con todo cuanto pueda esta tener de autónoma y de dependiente. No son problemas conformados según patrones de una ideología o de un credo político. Son cuestiones a las cuales se enfrenta la sociedad venezolana, y ello sin que sean determinantes de su calificación de históricos –aunque puedan serlo de su correcto o desatinado tratamiento– el sector social gobernante o las preferencias políticas de quienes conduzcan la sociedad venezolana en un momento dado. Es decir, se trata de problemas objetivamente planteados, ante los cuales quepa formular políticas –y la ausencia de política expresa sería ya una– y manifestar preferencias en cuanto a estas, pero problemas cuya existencia no depende del enfoque de que sean objeto. Por lo mismo, se trata de las manifestaciones contemporáneas de la problemática tradicional y de la nueva problemática, sintetizadas en la contemporaneidad.

Dije, también, que son problemas estructurales, en el sentido de que guardan todos una estrecha vinculación entre sí, hasta el punto de que cualquier intento de respuesta a uno de esos problemas –e incluso la omisión de respuesta– repercute en los demás en forma y grado diversos. Merecen igualmente el calificativo de estructurales, en el sentido de básicos o de fundamentales, porque cualquiera de ellos, por su peso específico y por su proyección en los demás, compromete el porvenir de la sociedad venezolana. En este sentido, bien puede hablarse respecto de ellos de orden prioritario, pero nunca de postergación.

Por último, dije que son problemas troncales, en el sentido de que de cada uno de ellos deriva toda una gama de problemas secundarios los cuales, a su vez, componen una densa trama de nexos que, al interconectar los diversos problemas troncales, revela toda la complejidad del sistema. No obstante, no debe creerse que las distinciones que establezco entre los diversos problemas obedecen únicamente a conveniencia pedagógica. Cada uno de ellos constituye el eje de un orden de cuestiones específicas, si bien guarda con los demás ejes de problemas la estrecha interacción de la que he hablado.

La historicidad de los problemas, así como su contemporaneidad, en sentido propio y relativo, determinan la perspectiva con la cual han de ser enfocados, así como imponen la necesidad de establecer muy claramente el sentido y el alcance de su contemporaneidad.

He dicho que se trata de un sistema de problemas, propios de la edad contemporánea o de tradicional vigencia, pero todos planteados en el presente, entendido este como el presente histórico contemporáneo; con lo que pretendo subrayar su actualidad, su historicidad y su grado de novedad, combinados. Es decir, trátase de un presente que corresponde al período de la historia de Venezuela que calificaría de *período contemporáneo*. Este es el punto en el cual tanto el esquema de periodificación tradicional como el sistema de problemas que propongo se tocan y se complementan, puesto que es según esa periodificación como se determina el alcance cronológico del período o la etapa de transición entre lo considerado tradicional y el período o etapa contemporáneos, entendiendo por transición la que corrió entre 1928 y 1945. De tal manera que se entendería por período contemporáneo el que se inició en 1945 y corre hasta nuestros días.

Ahora bien, una vez presentados y caracterizados los problemas en un plano de *presente histórico contemporáneo*, la tarea de estudiarlos en su dinámica exige que se les proyecte hacia el *pasado histórico*, tan atrás como sea necesario para comprender tal presente. Obviamente, la imposibilidad de determinar el límite de esa retroproyección implica el grave riesgo de incurrir en el vicio metódico de la *obsesión de los orígenes*.

Se obtendrá de esta manera un nuevo enfoque histórico prospectivo, que relacionará, orgánica y funcionalmente, *el presente histórico* con *el pasado histórico,* al permitir enmarcar en la secuencia, lo más completamente posible, los problemas respecto de los cuales sus manifestaciones pasadas no son simples precedentes, como tampoco son los problemas del presente una suerte de culminación de procesos más o menos independientes. Valga un ejemplo: una cosa es el 24 de enero de 1848 visto como culminación y desenlace trágico de los esfuerzos realizados por la llamada *oligarquía conservadora,* luego de 1830, para institucionalizar el poder civil liberal en Venezuela, y otra cosa será cuando se vea ese mismo acontecimiento como al primero de una serie de actos que constituyen el brote de la peripecia de las relaciones entre el Poder Ejecutivo y el Poder Legislativo, acto cuyo verdadero sentido de confrontación de los poderes civil y militar en función del ejercicio de la soberanía popular solo así es perceptible. Por lo mismo, esos acontecimientos se verán despojados del carácter de singularidad y de especial proyección de que se les dota cuando se les examina como culminación de un proceso y no como inicio de él.

De esta manera, y por estas razones, estimo posible distinguir seis problemas históricos, estructurales y troncales, que compendian el *presente histórico* de la sociedad venezolana contemporánea. Podrían ser enunciados en los siguientes términos:

El primer problema está constituido por las relaciones de la sociedad venezolana con el medio físico, aludiendo con ello a la aptitud o capacidad de la sociedad venezolana para emanciparse del medio físico. El segundo problema está constituido por la necesidad de formar una economía nacional desarrollada. El tercer problema consiste en la instauración e implementación de una sociedad abierta. El cuarto problema corresponde a la tardía institucionalización del Estado liberal. El quinto problema toca a la formación de una cultura nacional autónoma, y el sexto y último problema, a la conformación de la Nación y al correlativo desarrollo de la conciencia nacional.

Estos seis problemas históricos, estructurales y troncales forman una trama, con todas sus derivaciones, que sintetiza la vida histórica de Venezuela contemporánea. Expondré sumariamente lo que quiero significar con cada uno de estos enunciados.

* * *

El primer enunciado, es decir, las relaciones de la sociedad venezolana con el medio físico, podría ser entendido en esta forma: entre la sociedad implantada y el territorio por ella controlado como resultado del proceso de «descubrimiento, conquista y colonización» existe una red de relaciones que expresan, a un tiempo, el condicionamiento de la vida social por el medio físico y la aptitud de la sociedad para actuar sobre ese condicionamiento, adaptándose a él, atemperándolo y aun modificándolo. A reserva de ampliar estos conceptos, en el caso de la sociedad implantada podría afirmarse que sus relaciones con el medio físico, vistas en perspectiva histórica, revelan esencialmente un tránsito que pasó de una situación de adecuación pasiva a una situación de adecuación activa, representada por la urbanización primaria y la ampliación del espacio de cultivo y de pastoreo.

Tal tipo de adecuación expresa, en términos de aptitud tecnológica, de organización social y de saber, el grado de madurez alcanzado por la sociedad implantada, si admitimos que cuanto más primitiva sea esta última más intensa será su situación de adecuación pasiva al medio físico, en la medida en que las nociones de distancia y de obstáculo geográfico, así como el condicionamiento de la vida económica por el medio físico gravitan sobre ella con una fuerza casi determinante. Por el contrario, pierden peso en la medida en que la sociedad se desarrolla.

Vista en el presente, la sociedad implantada venezolana revela un nivel de emancipación respecto del condicionamiento ejercido por el medio físico que no guarda parangón con el alcanzado hace apenas medio siglo. Y desde este punto de vista es posible, al desarrollar la investigación, deslindar etapas que abarquen todo el período histórico, útiles para comprender el sentido de aceleración perceptible en la etapa contemporánea; pero ello sería presumiblemente insuficiente para comprender tanto la naturaleza de las relaciones con el medio físico como el sentido profundo de su historicidad.

Para el caso no solo interesa apreciar cómo han evolucionado las nociones de distancia y de obstáculo geográfico en Venezuela contemporánea, al igual que el condicionamiento de la vida económica por el medio físico apreciado sobre todo en la agricultura y en el proceso de urbanización, sino que será necesario evaluar el significado de esa evolución en función de los recursos que la sociedad venezolana ha empleado, en términos de aptitud tecnológica, de organización social y de saber. Mas no ha de quedar allí la indagación. Será necesario estudiar la naturaleza de esos recursos, sus respectivos procesos formativos y su procedencia, para de esa manera poder medir, en términos reales, el grado de madurez alcanzado por la sociedad venezolana desde el punto de vista de su propia capacidad general para influir en sus relaciones con el medio físico. Este enfoque del problema puede ser en extremo relevante para la comprensión del presente contemporáneo venezolano, en sus diversos órdenes y manifestaciones, desde la vida económica hasta la ideológica.

En suma, difícilmente podría exagerarse la proyección englobante de este problema histórico, estructural y troncal, por cuanto él sintetiza la vida histórica de la sociedad implantada venezolana. En cierta forma, en este problema convergen todos los demás; de allí que al tratarlo me esfuerce por estudiarlo tanto en sus manifestaciones globales como en las más específicas.

Si intentara reducirlo a una expresión más neta, diría que la construcción de 50 000 kilómetros de carretera, en números redondos, a lo largo de cuatro décadas, ha significado la obra mayor de la sociedad implantada venezolana en toda su historia, demostrando la capacidad de esta sociedad para actuar sobre el medio físico y dejar en él una huella en verdad significativa. Mas el estudio de cómo estos kilómetros de carretera han sido construidos podría perfectamente constituir la mejor fundamentación de todo el alegato acerca de la que se ha denominado relación de dependencia. No sería de ninguna manera exagerado decir que los venezolanos, más que construido 50 000 kilómetros de carretera los hemos «comprado», en la medida en que hemos comprado tecnología, hemos comprado trabajo y materias primas y no hemos generado, sobre la base de esa obra magna de la historia de Venezuela, tecnología propia, organización propia, saber propio que nos califiquen como creadores o innovadores en ese arte.

* * *

El segundo problema a estudiar es el de la formación de una economía nacional desarrollada. Por ello se entiende toda la problemática económica del presente venezolano, expresada en términos de los esfuerzos requeridos para superar el denominado subdesarrollo. Independientemente de la polémica sobre la procedencia de este concepto, y de lo acertado de su aplicación a la sociedad implantada venezolana, parece claro que esta se encuentra ante la urgente necesidad histórica de adecuar necesidades crecientes, en razón del incremento demográfico y de los cambios culturales, a una suma limitada o difícilmente multiplicable de satisfactores, y que ello implica la revisión de determinadas formas de acción en el ámbito de la vida económica.

La abigarrada estructura económica de la sociedad implantada venezolana –en la cual se advierte la supervivencia de formas socio-económicas algunas de las cuales, como *el conuco republicano*, dan testimonio activo incluso del Neolítico superior, representado este por *el conuco precolombino*, al mismo tiempo que el peso determinante del sector extranjero de esa economía– plantea difíciles situaciones que condicionan las soluciones que puedan concebirse e instrumentarse con el fin de alcanzar la adecuación entre necesidades y satisfactores, y de asegurar su correlación en condiciones de crecientes suficiencia y autonomía.

He dicho que las repercusiones de la Segunda Guerra Mundial en la economía de la sociedad implantada venezolana, por entonces esencialmente agropecuaria, de escaso desarrollo manufacturero y dominada por el condicionante peso del sector extranjero, fue ocasión para que esa sociedad tomase conciencia de la precariedad de su base económica, al quedar expuesta a la penuria por el entrabado del comercio de importación. A partir de ese momento, se registra un esfuerzo de conversión de esa toma de conciencia en políticas orientadas a favorecer el desarrollo de la base agropecuaria y al fomento de un proceso de industrialización. Aunque suene irónico, podría decirse que se trataba de substituir el arroz importado de Siam y la mantequilla importada de Dinamarca hasta el inicio de la Segunda Guerra Mundial.

En medio de un cuadro contradictorio, frecuentemente regresivo, solo en ocasiones alentador, si algo caracteriza la vida económica de la sociedad venezolana es el peso, creciente hasta llegar a ser abrumador, del Estado, actuando en forma directa al promover sectores básicos y en forma indirecta y general como redistribuidor del ingreso fiscal percibido casi en su totalidad mediante la mal comprendida *renta petrolera*.

La problemática característica de la edad contemporánea, crudamente planteada sobre todo en la última década, ha llevado a la formulación de políticas inspiradas en la convicción de que la sociedad implantada venezolana tiene, como tarea histórica, la de industrializarse, so pena de estancarse y aun de comprometer su viabilidad histórica. Expresión de esta situación ha sido la política de «industrialización por sustitución de importaciones», respecto de la cual se plantea ya la necesidad de pasar a la fase de producción de bienes intermedios, hasta llegar a la de industrialización plena.

Tal es la necesidad histórica. En función de la misma son varias las concepciones y diferentes las actitudes de los diversos componentes de la sociedad implantada venezolana. Pero parece estar fuera de dudas que, cualesquiera sean las orientaciones que se adopten, estas habrán de ejercitarse sobre una estructura económica históricamente adquirida, en la forma de acción sobre tendencias cuya correcta evaluación no puede realizarse sin proyectarlas históricamente. En tal sentido es posible, mediante el enfoque histórico, identificar los componentes de la estructura económica y, por lo mismo, contribuir fundamentalmente a la comprensión de su dinámica.

En suma, ante la tarea históricamente planteada de formar una economía nacional desarrollada, no se percibe en el presente venezolano una postura que no se inspire en la concepción de un desarrollo planificado, en el cual corresponderá al Estado desempeñar el papel dirigente determinante. Con ello culmina un proceso histórico en el cual es posible delimitar etapas y momentos, a través de una continuidad de factores derivados, en lo externo, de la dependencia económica y del crecimiento del sector extranjero de la economía; y en lo interno, de la perduración de formas, actitudes y conductas –tanto del Estado como del sector económico privado– que estorban el advenimiento pleno del modo económico capitalista moderno.

* * *

El tercero de los problemas a estudiar es la instauración e implementación de una sociedad abierta –y penetro en un área que ha sido poco estudiada– sobre la cual se ha formado menos conocimiento, o en todo caso conocimiento menos sólido, menos confiable.

Diría que desde una situación todavía reciente, en la cual predominó la discriminación racial y eran los privilegios el fundamento de la organización social, arranca la decidida orientación de la sociedad venezolana hacia su instauración e implementación como sociedad abierta. En contraste con ese pasado se advierten en el presente la procurada vigencia de los principios inherentes a la libre empresa, proyectados en el orden social, y la existencia de un arraigado sentimiento igualitario. Sobre la base de una igualdad consagrada legalmente, se abre en principio una libertad de oportunidades, en ausencia de discriminación, racial u otras. Tal parece ser el curso de la sociedad venezolana en este sentido, y tal es la convicción, arraigada en el ánimo y la conciencia de la generalidad de los venezolanos, por el consiguiente indoctrinamiento ideológico mediante el sistema educativo y los medios de comunicación de masas.

Obviamente, el elemento dinámico de semejante situación está dado por la posibilidad abierta a los individuos de cambiar su estatus social en un sentido ascendente, de acuerdo con los criterios que rigen la sociedad a este respecto: ingreso, mérito, reconocimiento social, papel en la comunidad, etc.

A partir de la Segunda Guerra Mundial se profundizó y generalizó la movilidad social en Venezuela. El proceso de movilidad horizontal o geográfica, desencadenado por la explotación primaria del petróleo, se vio estimulado por el de la urbanización y acelerado por el reconocimiento de sus derechos políticos a la mujer, por la afluencia de inmigrantes y por el desarrollo de la infraestructura vial. El incremento de las actividades económicas y la aceleración de su ritmo al modernizarse, el ensanchamiento de las funciones del Estado y el consiguiente crecimiento y diversificación de la Administración Pública, la extensión de la educación en todos sus niveles y la reactivación de la vida política y sindical a partir de 1958, han sido todos componentes de una situación social en la cual se advierten no pocos casos de impresionantes trayectorias socio-económicas individuales, y aun de grupos sociales relativamente numerosos.

Esta realidad, sumada al cuadro político-sindical que, democratizado, permite que asciendan a primeros planos individualidades de modesto origen social, cuadra muy bien con la permanente lucha del pueblo venezolano por la igualdad, aunque entendida esta última de modo diferente por los diversos sectores sociales, pero configurada esencialmente como erradicación de privilegios consagrados por la ley y extinción de la discriminación, racial o de género, institucionalizada; y encaja muy bien en la conciencia, creada y cultivada en el venezolano, de la existencia real de una sociedad igualitaria; conciencia que en rigor debería ser apreciada como un sentimiento igualitario que se manifiesta reivindicativo y altanero, en contraste con una estructura social caracterizada por la distribución muy desequilibrada del ingreso y por la generalización y profundización de la brecha representada por la tara de la marginalidad social.

La determinación del posible grado de correspondencia entre el sentimiento igualitario y la realidad de la dinámica social se plantea gracias al estudio de los posibles canales de movilidad social vertical, según el esquema elaborado por José Agustín Silva Michelena. A tal fin, se consideran canales de movilidad social vertical aquellos que, institucionalizados y abiertos a toda la sociedad o a extensos sectores de la misma, brindan la posibilidad de modificar el estatus social en sentido ascendente. En el caso de Venezuela, y según el autor citado, tales canales son la vida económica, la vida política y la educación, principalmente, y el Ejército y la Iglesia, en menor escala.

El estudio del fenómeno de la marginalidad social permite apreciar lo esencial de la problemática global implicada en esta materia. La bibliografía disponible a este respecto favorece situar dicho estudio en una perspectiva múltiple, que abarca desde la distribución del ingreso hasta el fenómeno de las subculturas, y ello en planos que van desde lo regional hasta lo más general, referidos a las formaciones socio-económicas dependientes o del llamado tercer mundo, con toda su gama de proyecciones socio-históricas e histórico-económicas.

No es menor el interés que suscita el estudio del complejo de correlaciones que se establece, en la sociedad implantada venezolana, entre un marco legal que se quiere antidiscriminatorio en lo racial, pese a la presencia de algunas reliquias, tales como las contenidas en los reglamentos de inmigración que prohibían el ingreso al país tanto de «negros» como de «amarillos»; e igualitario en lo social, por una parte; y una práctica social en la cual se advierte una cruda desigualdad, por la otra. A la par de que circula por esas correlaciones un sentimiento igualitario muy fuerte, que responde a la ideología igualitaria hábilmente manejada por la clase dominante para desalentar propósitos de trastornos del orden social.

* * *

El cuarto de los problemas históricos planteados a la Venezuela contemporánea ha sido formulado como la «tardía institucionalización del Estado liberal». Sobre esto versó la charla-conferencia anterior, de manera que no es pertinente referirme de nuevo a ello.

* * *

El quinto de los problemas históricos planteados a la Venezuela contemporánea consiste en la formación de una cultura nacional autónoma. Deliberadamente eludiré el ocuparme de este problema, o de los niveles de este problema que correspondan a la estructura y la dinámica de la cultura, con todas sus implicaciones teóricas. En más de una ocasión he escuchado, de sociólogos y antropólogos, la afirmación de que es sumamente precario nuestro conocimiento en lo que toca al área de la cultura, bien sea que se trate de los procesos culturales en sí, bien sea que se trate de la forma como estos procesos se presentan en Venezuela.

Me limitaré a presentar dos ideas que estimo especialmente relevantes: una, la autonomía cultural como condición para la superación del subdesarrollo; y otra, la aspiración de autenticidad cultural como base de esa autonomía cultural. Obviamente, para cada una de estas ideas podrían hacerse extensas exposiciones, llenas de referencias concretas y de alegatos estadísticos. No es menos obvio que no corresponde a este momento ese tratamiento. Lo pertinente es, por el contrario, proponer algunos conceptos que permitan percibir la forma como encaro el problema.

Respecto de la autonomía cultural, diré que se expresa en el caso de Venezuela en iguales términos que para toda América Latina: como una necesaria tarea de autoconocimiento de la realidad americana que se emancipe de los marcos interpretativos de esa realidad que se han venido formando históricamente, en el marco de la articulación plena o conformante con el sistema capitalista mundial, desde fines del siglo XVIII hasta el presente: la dependencia en el área de la cultura. América Latina como objeto de conocimiento, como campo en el cual se hace imprescindible la definición de sistemas categoriales que se correspondan con la especificidad de esa formación socio-histórica; América Latina, como una realidad cuya valoración en función de políticas, en función de planes, en función de propósitos de transformación de orden económico, cultural, político, etc., demanda la formulación de un nuevo tipo de conocimiento, capaz de detectar, en esa realidad, cuanto la singulariza, su especificidad. La que ha de regir, por consiguiente, los planteamientos destinados a fundamentar políticas que lleven como propósitos la transformación de esa realidad.

No hace mucho, en el vigesimotercer Congreso Internacional de Sociología[30] hice algunos planteamientos sobre este

---

30 Reunido en Caracas, el 26 de noviembre de 1972.

particular, que culminaron con la siguiente expresión de lo que había sido América Latina como área de trabajo, de investigación, para los naturalistas de fines del siglo XVIII y comienzos del XIX, quienes revelaron al mundo y a los propios americanos la especificidad de su naturaleza y de su proceso socio-histórico. Dije que, en correlación con el descubrimiento de América por los naturalistas de fines del siglo XVIII y comienzos del XIX se produjo, a mediados del siglo XX, un esfuerzo semejante de comprensión e interpretación de la realidad americana, con base en esquemas o modelos producidos en función de realidades socio-históricas diferentes de la americana –pero admitidos por los mismos americanos como de vigencia universal–; vigencia llevada al punto de que nos encontramos los americanos, en buena parte, estudiándonos y conociéndonos a través de esquemas que no se corresponden, en sentido estricto, con la especificidad de nuestro medio geográfico y de nuestra realidad socio-histórica.

Me preguntaba entonces si, de campo de aplicación experimental de los instrumentos de las ciencias naturales europeas que fuimos a comienzos del siglo XIX, pasaremos a ser campo de aplicación experimental de los instrumentos de las ciencias sociales europeas en las postrimerías del siglo XX. Lo hice con el propósito de señalar la urgente necesidad de un desarrollo autónomo de la ciencia y la cultura, como única posibilidad de fundamentar un planteamiento susceptible de contrariar, y eventualmente de romper, los nexos de dependencia, también en este aspecto, en que América Latina se mantiene y es mantenida desde fines del siglo XIX.

En lo que concierne a la autenticidad cultural como fundamento de toda política cultural autónoma, me voy a permitir recordar unas palabras que dije, recientemente, en relación con el significado de la obra de Simón Rodríguez[31], por cuanto entiendo que ellas recogen lo esencial de lo que puedo decir a este respecto:

---

31 «Simón Rodríguez: hombre de tres siglos». *Validación del pasado*. (Colección Temas, N.º 65). Ediciones de la Biblioteca Central de la Universidad Central de Venezuela, Caracas, 1975, pp. 34-35.

Especial importancia tiene para nosotros, venezolanos, la consideración de este aspecto de la cuestión, porque necesitados de promover el desarrollo de nuestra sociedad con la urgencia y la eficacia exigidas por los difíciles y apremiantes retos que encara, tomamos conciencia, cada día más claramente, del obstáculo representado por el bajo nivel científico y por la inautenticidad cultural.

Por más de un siglo asumimos ante estos problemas una actitud semejante a la que reinaba en el ámbito económico, la misma que fue mordazmente denunciada por Simón Rodríguez cuando en 1842, ante el abrumador comercio británico, anunciaba a los americanos que: «En breve se verán paqueticos dorados, con las armas de la corona, *conteniendo* greda preparada por un nuevo proceder, para los muchachos acostumbrados a comer *tierra*».

Un complejo proceso sociopolítico que no podemos, de ninguna manera, exponer en este momento, nos ha llevado a una situación en la cual, si siguiésemos el pensamiento de Simón Rodríguez, tendríamos que decir que ya no importamos esa greda «preparada por un nuevo proceder», sino que pagamos patentes por producirla en el país, con una parte de materia prima y una tecnología importadas.

Pareciera exagerado sugerir que algo semejante puede suceder en el ámbito de la ciencia y de la cultura. Sí me atrevo, en cambio, a pensar en voz alta sobre la necesidad de evitar que prospere semejante estado de cosas en nuestro país, y a afirmar que del éxito que alcancemos al luchar por impedirlo depende, en mucho, nuestro desarrollo integral como sociedad y nuestra existencia nacional autónoma.

Vivimos actualmente esa lucha. En ella están empeñados hombres y mujeres de mente lúcida y espíritu abnegado cuyos esfuerzos, sin embargo, no logran toda la trascendencia social que sería necesario alcanzar para asegurar el triunfo. Ellos son los primeros en advertirlo y en comprender que su acción se ve seriamente contrariada por la escasa sensibilidad que aún prevalece en diferentes niveles de comprensión y decisión, respecto de problemas de esta naturaleza.

Quizá sea una ayuda no desdeñable la que a ellos ofrece desde páginas de peculiar disposición tipográfica, y de poco común agudeza, quien se atrevió a proponer por divisa a los americanos de mediados del siglo XIX, la siguiente: «o inventamos o erramos».

* * *

El último de los enunciados problemas planteados a la sociedad venezolana es el correspondiente a la conformación de la Nación y al correlativo desarrollo de la conciencia nacional. Este es un tema que me ha interesado particularmente, desde hace ya buen tiempo. Bajo los auspicios de la Dirección de Cultura de la UCV, que también patrocina este ciclo, tuve ocasión de dictar una charla-conferencia sobre «Nacionalismo y conciencia nacional en la historia de Venezuela»[32]. Hice entonces una presentación analítica del problema que no es del caso retomar ahora. Pienso, por el contrario, que el proceso socio-histórico mismo se ha ocupado de plantear el problema en una perspectiva que no puede ser más actual: el de los conflictos fronterizos, y me propongo tomarlo en esta perspectiva.

Pienso que así como el problema fronterizo no puede ser separado de su contexto económico y político, nacional e internacional, tampoco cabe aislarlo de su contexto histórico. En este enfoque, el hecho fundamental consiste en el proceso histórico de la sociedad venezolana, cuyo sentido esencial está dado por su carácter de sociedad implantada, empeñada en un proceso de ocupación primera y primaria del territorio, el cual, iniciado hacia 1500, aún no ha concluido. Esto ha significado para Venezuela, entre otras circunstancias, dos que estimo fundamentales: primera, la de que la vida histórica de la sociedad venezolana transcurra en el corto período histórico y, segunda, la de que debamos ser cautelosos al hablar tanto de sociedad venezolana como de nacionalidad venezolana.

---
32 El 5 de junio de 1963.

El juego de estas comprobaciones nos lleva, a su vez, a proponer dos cuestionables afirmaciones. Primera, la de que solo sería correcto hablar de *sociedad venezolana* en el sentido de una sociedad que ha alcanzado un grado relativamente alto de estructuración –aunque parcial en el sentido de la ocupación plena del territorio y de la todavía forzada convivencia marginalizada con sociedades aborígenes– en algún momento no bien determinado finalizando el siglo XVIII. Segunda afirmación, la de que esto último reduciría el ya corto período a un breve período de algo más de dos siglos.

Ahora bien, en ese ya breve período es necesario reservar un lapso que abarca alrededor de medio siglo, durante el cual se desenvolvió la crisis socio-política y estructural de la sociedad implantada monárquica colonial, muy severo trauma del cual se recuperó la surgente sociedad republicana siguiendo un curso accidentado y prolongado que culminó hacia fines del siglo XIX. Es decir, que la fase de ordenación y estructuración social republicana cumplida hasta el presente ocupa poco más de un siglo. Estimo que esta comprobación cronológica no solo es pertinente sino también relevante para el estudio de la problemática contemporánea en lo que concierne a la conformación de la Nación y al correlativo desarrollo de la conciencia nacional.

Al evaluar este siglo largo, se advierte que en su curso la sociedad venezolana republicana en formación se ha visto expuesta a coyunturas críticas altamente traumatizantes. En primer lugar mencionaré la instalación del complejo petrolero y su irradiación al conjunto de la sociedad. En segundo lugar, subrayaré las repercusiones de la Segunda Guerra Mundial en sus diversos órdenes. En tercer y último lugar, me ocuparé de la apertura de la sociedad venezolana en formación a la problemática contemporánea: explosión demográfica, hambre, cuestión urbana, subdesarrollo.

En estrecha correlación con la problemática así creada, está planteada para la sociedad la prosecución de la tarea histórica de completar el proceso de su implantación, iniciada en 1500, ya en estado de estancamiento a mediados del siglo XVIII, suspendida casi durante el siglo XIX y reanudada, en forma accidentada y *sui generis* hacia 1930, con la exploración-extracción petrolera. Lo que significa que hace solo unos 40 años que reanudamos, propiamente, el proceso de implantación, representado por la marcha hacia la mayor porción de nuestras fronteras –territoriales, socio-económicas y socio-políticas–, y no es posible afirmar que esta marcha haya sido acelerada.

Pero otras sociedades marchan también hacia sus fronteras, sociedades vecinas, en un proceso confluyente que está profundamente condicionado por un contexto internacional nuevo, el del capitalismo representado por las sociedades superindustrializadas, capaces de someter a una relación de dependencia integral a todos los actores de esta posible drama-tragedia histórica. Por eso no puede decirse que el problema sea el de una determinada frontera; tampoco un problema fronterizo en el sentido clásico del término. Estamos en presencia de una nueva problemática que no puede ser enfocada con criterios del pasado siglo y ni siquiera con el de hace varias décadas. Hace unos años, en 1968, predije, en la Universidad Nacional del Ecuador, y luego lo repetí en Puerto Ayacucho, que esta situación creaba para Venezuela una perspectiva tan grave que de no tomarse plena conciencia de ella, y de no instrumentar políticas adecuadas al respecto, no sería nada extraño que se viese convertida en una especie de zona de balnearios de una nueva Amazonia poderosa, regida por el capital de las sociedades superindustrializadas, con daño, por supuesto, de su capacidad autonómica.

Todo para concluir que estamos en presencia de un auténtico problema que compromete nuestras posibilidades de existencia como nacionalidad independiente, el cual ha de ser encarado con nuevos criterios. No me corresponde decir cuáles son esos criterios, pero sí creo que puedo cerrar este punto enunciando algunas sugerencias que dejo a la consideración crítica de ustedes.

En primer lugar, pienso que las fronteras no se ganan ni se pierden en el *pasado histórico*, sino en el *presente histórico*.

En segundo lugar, creo que las negociaciones de fronteras son, como ningunas otras, confrontación de situaciones más que confrontación de razones.

En tercer lugar, estimo que no son las razones del pasado las que abonan la situación presente, sino que es la situación presente la que hace valederas las razones del pasado.

Y por último, tengo la convicción de que la mejor política de fronteras consiste en el desarrollo nacional integral.

Esto me lleva a considerar que confrontamos, como sociedad en trance de culminar su proceso de implantación, una coyuntura crítica acerca de la cual es posible que muchos de los venezolanos no tengan plena conciencia; coyuntura crítica que, según todos los indicios, será cada vez más aguda, que compromete nuestra supervivencia nacional; compromiso tal que ya no puede ser tratado por procedimientos tradicionales y según actitudes también tradicionales y acerca de los cuales quizás sería posible decir, y no sin ironía, lo siguiente:

Si la diplomacia consiste en el arte de levantar un bosque de palabras para encubrir crudas razones y fríos propósitos, creo que la diplomacia venezolana, en este aspecto, ha sobresalido solo en lo primero.

En materia de negociaciones fronterizas, a los venezolanos nos ha correspondido hasta ahora el papel de la dignidad y la justicia atropelladas, despojadas, con lo cual es posible terminar recordando unas palabras de Mario Briceño Iragorry que bien conviene que tengamos presentes los venezolanos de nuestro tiempo, sobre todo aquellos que asumen la responsabilidad de conducirnos en esta coyuntura especialmente crítica para la nacionalidad venezolana. Dijo Mario Briceño Iragorry en 1953 lo siguiente:

Todo movimiento que aspire a ser mirado como expresión de los intereses del pueblo, ha de proclamar como tema irrenunciable la defensa de la nacionalidad. Entre los votos más ingenuos y vivos de las masas están, tanto la realización de una política popular en lo que se refiere a la técnica del Poder, como la defensa de los valores que integran el tuétano de lo nacional. Ningún Partido que pretenda usar con legítimo derecho el cognomento de popular, puede desechar estos dos puntos claves para su estructura programática[33].

* * *

Este conjunto de problemas, apenas esbozados, compone la que a mi juicio constituye la trama de Venezuela contemporánea; y pretendo que el conocimiento histórico de Venezuela contemporánea es posible, y quizá más viable, operando a partir de este sistema de problemas que operando de acuerdo con criterios más o menos tradicionales en cuanto al seguimiento de secuencias cronológicas.

Por supuesto, no ignoro ni subestimo una objeción, ya formulada en la práctica, que se funda en el hecho de que visto así el conocimiento histórico, resulta en extremo difícil compaginarlo con la habitual noción de lo histórico; por cuanto este conjunto de problemas nos pone en las manos toda la gama de la problemática social, y su estudio requeriría ni más ni menos que poner a operar una suma de conocimientos que desborda el área de lo estrictamente social, puesto que llevaría hasta considerar problemas relacionados con las ciencias tecnológicas y con las ciencias naturales. Replicar a este planteamiento requeriría una extensa consideración de ciertas cuestiones de carácter metodológico, lo cual, en definitiva, no creo que sea el caso intentarlo aquí, y menos aún en pocos minutos. Quiero sencillamente dejar constancia de que al

---

33 *Dimensión y urgencia de la idea nacionalista*. Ed. Bitácora, Madrid, 1953, p. 16.

componer este sistema de problemas, y al proponer este enfoque metódico, no solo no subestimé las observaciones presentadas, sino que incluso pensé que esas objeciones son a su vez reveladoras del efecto deformador de una perspectiva histórica tradicional, limitada en cuanto a la captación de la complejidad del hecho social, y por lo mismo inadecuada para captar nuevas problemáticas como las que corresponden a la historia contemporánea.

* * *

Para cerrar esta charla-conferencia, someteré algunas consideraciones sobre la prospectiva del proceso socio-histórico venezolano. En realidad no ofreceré mayores desarrollos sobre ello, por cuanto o se habla mucho o se dice casi nada, en el sentido de que se trata de una ciencia, una disciplina o una técnica recientes, pero que vienen a responder a una aspiración ancestral del hombre, como es la de tener alguna forma de conocimiento sobre lo que considera su porvenir, no en el sentido de adivinación, sino en el sentido de comprensión de los procesos, de comprensión de la evolución probable.

Hoy el estudio de la prospectiva es cuestión fundamental para muchas sociedades. Según reciente censo, son más de 85 las instituciones que en el mundo se ocupan de los estudios de prospectiva. En Venezuela se ha constituido recientemente una Dirección de Prospectiva en Cordiplan; y hace cuatro o cinco años funcionaba un Centro de Estudios del Futuro que tenía como área de trabajo el desarrollo de alguna forma de conocimiento de los procesos socio-históricos vistos en una perspectiva histórico-temporal que vinculase el curso y la evolución de esos procesos en el pasado, en el presente y en el futuro, cronológicos.

La prospectiva ya es considerada en Venezuela como un requerimiento de la planificación a mediano y largo plazo; y se han hecho ensayos en diversas áreas: población, agricultura, urbanización y un poco menos en educación. El resultado general de estos intentos ha sido en gran parte decepcionante, en el sentido de que tales intentos se han visto rápidamente superados por la práctica del acontecer socio-histórico. Así, por ejemplo, las evaluaciones en prospectiva de la conducta de la población, o las evaluaciones en prospectiva de la conducta de la actividad agrícola se han visto, en buena parte, desvirtuadas por el propio proceso socio-histórico. Merecen destacarse, en lo que se refiere a estos trabajos de prospectiva, los esfuerzos realizados por la Comisión del Plan Nacional de Aprovechamiento de los Recursos Hidráulicos (Coplanarh), creada en 1967 y reorganizada en 1969. Quizá sean los estudios de Coplanarh los que mejor permiten apreciar las dificultades y las posibilidades de la prospectiva en Venezuela.

Estudiando los documentos producidos por esta Comisión, me atrevo a decir que las dificultades y posibilidades de la prospectiva en Venezuela están condicionadas cuando menos por los siguientes factores:

En primer lugar, por el conocimiento deficiente de los que han sido denominados los «invariantes en el cambio»; referidos, por ejemplo, a la población. ¿Qué quiere decir esto? Tanto la perspectiva del historiador como la del científico social, en general, tienden a concentrarse preferentemente en los signos anunciadores de cambio; es decir, los que denotan el inicio de nuevos procesos, la superación de estadios en la vida de la sociedad, y ponen poca atención, si es que ponen alguna, en los rasgos que contrarían el cambio. Vale esto decir aquellas expresiones de continuidad, tozudas, que resisten al cambio, que lo entraban, que incluso en ocasiones lo anulan. Desde este punto de vista estudiamos, y con mucho interés, los factores de cambio, pero no estudiamos de ninguna manera con interés comparable los «invariantes en el cambio»; y tal parece que desde el punto de vista de los intentos de prospectiva que se han hecho en Venezuela, gran parte de su debilidad se debe justamente al estudio deficiente de los «invariantes en el cambio». Por ejemplo, veamos lo que dice Coplanarh refiriéndose a uno de estos invariantes:

> ... se reconoce en el retraso sociocultural general de la población venezolana el principal obstáculo a vencer para lograr el desarrollo integral de ella misma y del país. Son la moral y luces de la frase bolivariana. El mejoramiento en ese sentido debe ocurrir en todo el país y a todos los niveles para que pueda haber desarrollo agrícola. Se ha mencionado que el cambio de actitud tiene que operarse en los altos niveles con respecto al papel que deberá desempeñar el sector agrícola en una Venezuela desarrollada. Se debe añadir el del nivel profesional y medio de los hombres encargados de planificar y ejecutar programas agrícolas. Y, desde luego, la mayor necesidad del cambio de actitud se siente en la población agricultora.
>
> El proceso de desarrollo implica por una parte un cambio en la manera de vivir de los campesinos que significa un cambio sociocultural y, por la otra, es necesario un aumento de las ambiciones o de lo contrario no se alcanzarán niveles de producción y productividad deseables. Como consecuencia, se recomienda dar primera importancia dentro del Plan Agrícola Nacional y de los programas específicos al desarrollo sociocultural de la población campesina.
>
> Se considera muy importante desde el punto de vista del cambio de actitud y de la planificación agrícola y se recomienda que se cree y se desarrolle dentro de un criterio dinámico, una verdadera filosofía, una política, una tecnología y aun un estilo venezolano de desarrollo rural integral. Sin ello, los errores que se cometerán serán muchos más y se llegará a las metas con retraso.

Concluye el informe de Coplanarh que de todos los factores a tomar en cuenta para la evaluación prospectiva de la agricultura en Venezuela, el más renuente a toda evaluación, el más difícil de ponderar, aquel que revela menor propensión al cambio está constituido justamente por la población venezolana, por su estructura socio-cultural. ¿Costaría afirmar que lo así concluido podría significar que *el cambio* no será posible mientras no haya cambiado lo *que se aspira a cambiar?*

En segundo lugar, las posibilidades y las dificultades de la prospectiva guardan una estrecha vinculación con los contextos directamente determinantes, más amplios, en los cuales se inscribe la sociedad venezolana: la dependencia económica, la estructura de la economía petrolera, las corporaciones multinacionales, etc., que ponen a operar factores cuya evaluación dentro de un esfuerzo prospectivo resulta por demás compleja y difícil, puesto que esos factores obedecen a dinámicas externas a la sociedad venezolana.

En tercer lugar, señalaré la insuficiencia de la información disponible. Basta pensar en el desarrollo de nuestra estadística para formarse una idea de lo que esto representa.

Por último, hablaré de lo incipiente de la base científica. Esto es algo sobre lo cual no reflexionan con la debida atención ni siquiera los universitarios. Casi podría decirse que no hay aspecto de la vida social y económica de Venezuela en el que el esfuerzo de interpretación histórica y de penetración prospectiva no tropiecen rápidamente con obstáculos insalvables, derivados justamente de lo incipiente de nuestro sistema científico, en términos generales.

La misma Comisión del Plan Nacional de Aprovechamiento de los Recursos Hidráulicos, en su estudio sobre *La agricultura deseable,* llega a decir al respecto, lo siguiente:

> El factor tierra agrícola será un factor limitante en nuestro desarrollo si no logramos, mediante la aplicación de nuestros conocimientos básicos, conocer el manejo racional de muchos suelos tropicales, tales como los suelos orgánicos del Delta del Orinoco. El desarrollo ganadero plantea el aumento de la productividad mediante manejo adecuado, introducción de especies y sistemas de conservación de pastos de nuestras sabanas naturales. Se pueden plantear infinidad de incógnitas en cada uno de los campos científicos involucrados en el desarrollo de un medio tan complicado como el nuestro [se refiere al medio tropical].

En la actualidad no tenemos siquiera un inventario de esos recursos, no conocemos ni siquiera parte de los usos posibles de los componentes de dicho medio que podrían dar, incluso, un giro favorable a la solución de algunos problemas. Por éstas y muchas otras razones, que sería largo enumerar, es imperativo el desarrollo y establecimiento de una bien planificada política de investigación agrícola, que, con el conocimiento preliminar de los problemas de la agricultura deseable del año 2000 elabore un plan de estudios encaminados a resolverlos.

Igual planteamiento resultaría válido para otras áreas de actividad de la sociedad venezolana: padecemos de una insuficiencia básica de conocimiento científico de nuestra realidad, que revela lo incipiente de nuestro sistema científico.

En conclusión, dado el conocimiento deficiente de los denominados «invariantes en el cambio»; dada la estrecha vinculación de la sociedad venezolana con contextos directamente determinantes, cuya dinámica escapa al alcance de la sociedad venezolana; dada la insuficiencia de la información disponible y, por último, dado lo incipiente del sistema científico nacional, todo esfuerzo de penetración prospectiva, no ya del conjunto de la sociedad venezolana, sino de cualquiera de sus áreas, tropieza con tan serios obstáculos que el ir más allá de un planteamiento prudencial, o más bien del señalamiento de algunas tendencias, puede resultar pura y simple adivinación.

*   *   *

Algo queda claro, al menos para mí, de todo lo que he dicho sobre el conjunto de los problemas que creo constituyen la esencia de la historia contemporánea de Venezuela. Ese algo ya fue enunciado por mí hace dos charlas-conferencias. Me permitiré recordarlo:

Creo que estamos en el umbral de una transformación fundamental de la sociedad venezolana, en cuanto conjunto de problemas que se expresan en la gestación, el ejercicio y la finalidad del poder público, en concomitancia con el emprendimiento social. Es decir, estamos en el umbral de una transformación de nuestra estructura socio-política. Esto lo digo atendiendo a que en el presente –y retomo las mismas palabras de hace dos charlas conferencias– y con más claridad en el futuro inmediato, cobra vigor un factor enriquecedor de la problemática contemporánea: la hasta ahora tradicional cuestión del ejercicio del poder político en Venezuela –que se expresaba en términos de manipulación de aspiraciones y necesidades en función de clases y grupos para la distribución de recursos– se ve complicada hoy, y lo estará cada día más, por la certidumbre de un nuevo dato: la limitación, lenta o difícilmente superable, de ciertos recursos, tales como aguas, tierras, bosques, etc. Esto determina una presión creciente en el sentido de requerir un nivel más elevado e informado de racionalidad en el ejercicio del poder público, más y más consubstanciado con la gestión administrativa entendida como administración de recursos.

Querámoslo o no los venezolanos, lo que para mí queda claro de este recorrido tan prolongado y al mismo tiempo tan breve sobre el proceso socio-histórico de Venezuela es justamente que nos encontramos en el umbral de dejar de ser una sociedad cuya política se expresaba en los términos tradicionales que he mencionado, para comenzar a ser una sociedad en la cual la presión de los propios problemas, tales como los que también he enunciado, habrá de determinar una transformación fundamental de la estructura política, obligándonos a los venezolanos a asumir una actitud mucho más consciente en lo que significa la administración de esos recursos, lenta, difícilmente o no renovables, que constituyen en esencia la fundamentación de la viabilidad de nuestra sociedad como nacionalidad independiente.

Adenda

De la siembra del petróleo a la siembra de la nación[34]

(A la manera de octava charla-conferencia)

AGRADEZCO A LAS AUTORIDADES de esta meritoria Universidad el haberme brindado la ocasión de intentar contribuir a la valoración crítica de un hecho ideológico-político históricamente relevante.

Con la anuencia de ustedes, seré breve. Expondré algunas consideraciones puntuales que espero soliciten y merezcan la atención crítica del panel y de todos los aquí reunidos. De ser así, vería satisfecha la esperanza de llevarme más de lo que podré ofrecerles.

Como suele ocurrir con las consignas exitosas, la de «sembrar el petróleo» reúne la intrínseca incongruencia lógica con la incitación a la libre interpretación. Hubo quienes pensaron, quizás interpretándola casi literalmente, que ello se lograría mediante el Banco Agrícola y Pecuario, creado en 1928, el cual, según observadores, si bien sirvió al fomento de algunas propiedades agropecuarias, también sirvió para sembrar de grandes casas la entonces naciente urbanización bautizada «El Paraíso»; y para que algunos privilegiados cuentahabientes se ofrecieran placenteras estadas en Francia. Esto, amén de que algo de la tal siembra sirviese para que la generalidad de la sociedad pusiera al menos un pie en la modernidad, cosificada en contadas obras públicas.

Digo esto último, aunque tengo presente el desagrado que ello pueda causar a quienes han optado por sacralizar la consigna

---

[34] Conferencia dictada en el Auditorio Arturo Uslar Pietri, de la Universidad Metropolitana. Caracas, 24 de febrero de 2016.

que nos ocupa, recomendándola como inspiración de claves políticas para alcanzar el así concebido progreso. Esto, pese a que los términos del artículo de prensa (diario *Ahora*, año I, N.º 183, 1936), al cual la consigna sirve de título, prueban una predominante orientación agropecuaria:

> ... urge aprovechar la riqueza transitoria de la actual economía destructiva para crear las bases sanas y amplias y coordinadas de esa futura economía progresiva que será nuestra verdadera acta de Independencia. Es menester sacar la mayor renta de las minas para invertirla totalmente en ayudas, facilidades y estímulos a la agricultura, la cría y las industrias nacionales. Que en lugar de ser el petróleo una maldición que haya de convertirnos en un pueblo parásito e inútil, sea la afortunada coyuntura que permita con su súbita riqueza acelerar y fortificar la evolución productora del pueblo venezolano en condiciones excepcionales.
> La única política económica sabia y salvadora que debemos practicar, es la de transformar la renta minera en crédito agrícola, estimular la agricultura científica y moderna, importar sementales y pastos, repoblar los bosques, construir todas las represas y canalizaciones necesarias para regularizar la irrigación y el defectuoso régimen de las aguas. Mecanizar e industrializar el campo, crear cooperativas para ciertos cultivos y pequeños propietarios para otros.

* * *

Por mi parte, creo que la consigna, reinterpretada, ha alcanzado su más alto nivel de realización con el acontecimiento electoral protagonizado por la sociedad venezolana el 6 de diciembre del año 2015. En ella dio su más espléndido fruto el que, remedando el lenguaje revolucionario decimonónico francés, cabría denominar *el árbol de la democracia*. Luego de siete décadas de haber sido sembrado y de haber sido sostenidamente regado, para decirlo a la manera de Winston Spencer Churchill, refiriéndose el heroísmo contemporáneo del pueblo británico, con «sangre, sudor y lágrimas».

Debo advertir, de inmediato, que me resulta intolerable, desde el punto de vista historiográfico, la circunstancia de que pueda persistir la creencia de que «sembrar el petróleo» es una tarea por realizar. Rechazo, sobre todo, la suposición de que el no haberla cumplido explicaría las flaquezas de nuestro régimen socio-político liberal-democrático. Lo menos que puedo enrostrarle, a quienes tal error cometen, es que adolecen de una grave falta de sentido histórico. Ella queda puesta de bulto porque al evaluar el trayecto recorrido por nuestra sociedad, a partir del momento cuando la consigna fue formulada, no solo desestiman las condiciones del camino histórico recorrido sino que identifican erróneamente, entonces y ahora, la meta por procurar, lo que les impide advertir el significado de lo logrado. Por no decir que revelan, al proceder de tal manera, el imperio de arraigados prejuicios o, en tiempos actuales, el influjo de desatinadas quimeras pretendidamente gestoras de una nueva Humanidad.

* * * *

Cuando un pequeñísimo grupo de románticos iluminados creyó posible edificar aquí una sociedad republicana democrática moderna, lo hicieron, probablemente, porque no leyeron críticamente el denominado Programa de Febrero, formulado en los inicios del gobierno del general Eleazar López Contreras. Un error de enfoque les hizo privilegiar, en él, la fundamental tarea por realizar, respecto del inadvertidamente revelado inventario de atraso, y de las consiguientes carencias, que representaba el desastroso balance de la dictadura liberal autocrática actuante, con particular ensañamiento, desde comienzos del siglo, como beneficiaria, guardián y cuidadora del generalizado atraso de la sociedad venezolana; incluso apreciada respecto de algunas de sus semejantes en el continente.

Hasta entonces, el petróleo había servido para preservar esa situación de atraso generalizado y de vulnerabilidad social que había llegado hasta el extremo de que se viese puesta en riesgo, al hacerse mundial la inicial guerra europea, la subsistencia misma de una sociedad que, por otra parte, casi súbitamente resultó asomada en el escenario internacional, solo porque de su suelo era extraído un recurso necesario para ¿sembrar fuerzas? en sociedades entonces asediadas por el nazifascismo y sus aliados.

Mas, ocurrió que de las estimulantes proyecciones ideológico-políticas democráticas de esa situación, contenidas en la denominada Doctrina de las Cuatro Libertades, y de la concerniente a «la libre determinación de los pueblos», consagrada en la Carta del Atlántico, se desprendieron luces y motivaciones que coadyuvaron en la transformación –de la que inicialmente fuera concebida como una lucha por la libertad y contra la dictadura–, en la determinación de edificar la que llegaría a ser, junto con las establecidas en India y Japón, una de las tres grandes democracias resultantes de la Segunda Guerra Mundial. Las tres lo fueron en sociedades que compartían el ser consideradas genésicamente inhabilitadas para sostener la instauración de un régimen socio-político liberal-democrático moderno.

Para ello hubo que desechar, en el caso de la sociedad venezolana, caminos que lucían de atractiva eficacia para propiciar el advenimiento del que habría de constituir un promisorio cambio histórico. No otra cosa podría parecer el convertir una sociedad virtualmente desahuciada por neocientíficos sociales en una nación de ciudadanos. Pero, en medio de las mayores dificultades, se forjó y perseveró la convicción de que la conquista del poder público habría de ser la condición para iniciar la siembra de un régimen socio-político liberal-democrático moderno. Creo que no ha sido bien valorado el esfuerzo de creatividad intelectual demandado no ya para desechar el atractivo camino representado por las revoluciones mexicana y soviética, sino también y sobre todo, para proponerse trazar uno acorde con el estadio histórico de la sociedad venezolana.

* * *

Como sabemos, al cerrarse los caminos que podrían permitirle a tal sociedad iniciarse en la participación democrática, libre y eficaz, en los procesos de formación, ejercicio y finalidad del poder público, quienes concibieron la instauración de un régimen socio-político liberal-democrático moderno como procedimiento necesario para poner en marcha una efectiva superación del generalizado atraso de la sociedad optaron por el más tradicional –y también por ellos censurado– procedimiento de acceso al poder público. Esta determinación, que por lo general ha sido mal enfocada críticamente, al vérsela como interrupción de una evolución hacia la democracia supuestamente probable, representó, en realidad y por primera vez, la particular expresión venezolana de la que ha llegado a constituir una suerte de comprobación histórica. Me refiero a la imposibilidad de instaurar –o de reinstaurarlo– democráticamente, un régimen socio-político liberal-democrático.

Fue superado de esta manera, de suyo cuestionable pero históricamente necesaria, el *impasse* creado por el intento del general presidente Isaías Medina Angarita de aprovechar el cese del obligante compromiso democrático internacional, gracias a la finalización de la guerra, para restablecer el procedimiento autocrático que permitiría garantizar la continuidad de la dictadura liberal autocrática. La Junta Revolucionaria de Gobierno puso en marcha la formación democrática del poder público requerido para emprender la superación del global atraso de la sociedad. Cabe preguntarse: ¿sembrando el petróleo y realizando el Programa de Febrero o haciendo que los postulados básicos de este último sirviesen, abiertamente, a una toma de conciencia que promoviese la instauración de un régimen socio-político liberal-democrático y no, solapadamente, a facilitar la perduración de una versión remozada de la dictadura liberal autocrática?

Como correspondía, el primer paso consistió en rescatar la soberanía popular, que permanecía secuestrada desde 1828, cuando el entonces general colombiano nacido en la Gobernación y Capitanía General de Venezuela el 24 de julio de 1783, Simón Bolívar, asumió, mediante un procedimiento jurídicamente cuestionable, una dictadura comisoria dirigida a preservar la recién lograda Independencia de la República de Colombia. Intentaba detener, para ello, la marcha potencialmente destructiva del ordenamiento político republicano que tomaba la reanudada *disputa de la Independencia*, bajo el influjo de los venezolanos que no se fueron con Simón Bolívar.

* * *

La prédica democrática, luego de superar el embeleco suscitado por el estentóreo triunfo del golpe militar-civil bautizado Revolución Roja o soviética, perceptible en el denominado Plan de Barranquilla, suscrito el 22 de marzo de 1931, entró a definir rumbo propio, atendiendo a las visibles necesidades de una sociedad sumida en el atraso socio-político. La obra por realizar era más compleja y ardua que la planteada por la necesidad de atender los requerimientos básicos en materia de alimentación, educación, habitación, comunicaciones y transporte. Para intentar realizarlas, la condición primera y primaria consistía en integrar la Nación, sembrándola en los predios de la dispersión geográfica y del parcelario regionalista, pero, sobre todo, haciendo tomar conciencia, a quienes la poblaban, de su condición de ciudadanos, no ya de súbditos sumisos del despotismo monárquico disfrazado de republicano.

Pero, ¿sería posible sembrar Nación, en el sentido socio-político, en una sociedad cuya incipiente conciencia nacional se hallaba presa del analfabetismo, de la desorientación histórica y de la carencia aun de la experiencia más elemental en el ejercicio de la política?

No se requería mucho esfuerzo para comprender que la magnitud, la profundidad y la diversidad del cambio socio-político, entrevisto y proclamado, hacía necesaria la formación de una Nación, en el sentido moderno del término. Esto suponía poner por obra, de manera simultánea y coordinada, las fuerzas sociales capaces de generar, conducir y «gerenciar» los factores del cambio social, a la par en lo político, lo social, lo económico y lo ideológico, creativamente interrelacionados. Para esto era requisito partir de una franca comprensión del cuadro social. A ello dedicó Rómulo Betancourt un artículo titulado «80 millones más para el Fisco», publicado en el diario *El País*, el 8 de diciembre de 1944[35]. Y lo hizo en términos que no podían ser más sobrecogedores:

> .... Los venezolanos que no han adquirido, por cálculo o por beatitud, el compromiso de cerrar los ojos ante la realidad circundante, sabemos cuán alejado de los hechos está este risueño panorama de bienaventuranza [se refería a la versión oficial de la prosperidad del país]. Basta salirse un poco del perímetro urbano, y recorrer uno de los caminos venezolanos para toparse con la desolación de la tierra sin hombres, de las casuchas tristes de los campesinos, de los pueblos arruinados. Y aún sin abandonar las alcabalas de nuestra risueña y pretenciosa capital no sería difícil descubrir centenares de hogares de clases media y obrera donde no se respira el ambiente eufórico de quienes viven a cubierto del malestar económico.

Consciente del riesgo que de esa manera corría, Rómulo Betancourt asumió las consecuencias de su descarnada presentación de la realidad de la nación: «Que se digan estas cosas, con leal franqueza, ha disgustado siempre a los gobernantes de nuestro

---

35 Rómulo Betancourt, *Antología política*, vol. tercero, 1941-1945.

país. Preferirían que no hubiera voz discordante alguna, capaz de amargar la jocundia (*sic*) estruendosa del festín». Ante esta conducta se ha pretendido que de «seres agoreros deben ser calificados quienes no comulguen con la rueda de molino de nuestro riente presente y de nuestro porvenir de ilimitada felicidad». Y asumiendo la responsabilidad consiguiente, expuso su propia visión de la cuestión:

> Lo cierto, lo dramáticamente cierto, es que seguimos jugando nuestro destino como pueblo al azar de los dados. Como Nación somos remedo del ruletero afortunado que una noche desbancó a Montecarlo, y luego se dedicó a gastar a manos llenas la inesperada riqueza. Esa riqueza que estamos gastando tan sin sentido de la inversión reproductiva, capaz de garantizar estabilidad y sosiego a las generaciones de mañana, es el petróleo. Porque es fundamentalmente al auge de las ventas petroleras [...] que se debe [...] Y no a la habilidad administrativa del equipo en el Poder. Ese mismo equipo, en los comienzos de su gestión debió apelar al aumento de un centavo de impuestos sobre los fósforos para equilibrar su renco presupuesto sólo porque en los mares Atlántico y Caribe los submarinos del Eje habían hundido algunas docenas de buques-tanques (*sic*) aceiteros.

Planteada así la cuestión política, culminó con una vehemente interrogante, de paso alusiva a Arturo Uslar Pietri:

> Ante esta situación, la pregunta que surge es ésta: ¿qué debemos hacer? ¿Dejar que se esterilicen esos centenares de millones en las arcas fiscales —mientras está planteada a los venezolanos la gran tarea de construir una Nación de que hoy carecemos— o traducir a realidad operante, concreta, aquella retórica consigna de «sembrar el petróleo»?[36].

---

36 Adaptado del borrador de mi obra titulada *Rómulo histórico*, que puede consultarse en la página web www.fundacionromulobetancourt.com

* * *

En esta necesaria interrelación de factores, propiciatorios del cambio histórico, el nacimiento de los partidos políticos modernos estableció vínculos que rebasaron el virtual aislamiento geográfico y minaron los regionalismos. Ya no se trataba de denominaciones genéricas, a lo decimonónico, sino de substanciales identificaciones, organizativas y programáticas. Los venezolanos pasamos, rápidamente, a ser adecos, pedevistas, comunistas, copeyanos y urredistas, cualquiera fuese la respectiva patriecita. Al mismo tiempo, la expansión de la exploración-explotación petrolera propició el inicio de la conversión del peón agrario en obrero industrial, a la par que suscitaba una intensa movilidad social horizontal. A su vez, el fomento y desarrollo del movimiento sindical aceleró la formación de un proletariado moderno, mientras que el crecimiento y desarrollo de una primaria clase media era estimulado por la expansión del sector servicios y la generalización de la instrucción. Pero el más importante factor del cambio social, en lo concerniente al desarrollo, fue la promoción de la formación de una clase empresarial moderna, bajo los auspicios de la creación, en 1946, de la Corporación Venezolana de Fomento (CVF).

Este conjunto de factores habría de actuar en función de una reforma agraria integral que, al rescatar del casi total atraso la mayor parte de la población, los haría propietarios de la tierra, y como tales un poderoso aporte a la formación y extensión de un mercado interno que diese salida a la producción generada por el desarrollo de una economía industrial, en el cual se combinarían, de manera planificada y concertada, los sectores estatal y privado.

* * *

La empresa socio-política así concebida requería el diseño de una estrategia que permitiese reordenar el escenario internacional en el cual habría de hallarse ubicada la sociedad venezolana de postguerra. Los objetivos estaban claramente definidos por el escenario socio-histórico. Alcanzarlos suponía lograr un nuevo relacionamiento con el capital internacional, comenzando por el invertido en la industria extractiva del petróleo y por hacer más equitativos los términos de intercambio en los mercados internacionales, lo que demandaba la reorientación de las políticas nacionales y de su marco internacional.

La puesta en marcha de un régimen socio-político democrático habría de ser el instrumento que auspiciase la también puesta en marcha de la empresa global que significase sembrar el petróleo mediante una operación entendida como la definitiva instauración de la república liberal democrática, en el marco de la denominada por Rómulo Betancourt la Revolución democrática o evolutiva, en el curso de la cual la sociedad venezolana confronta actualmente una segunda crisis, la de desarrollo.

Esta crisis ha tomado un carácter notablemente significativo a partir del 6 de diciembre de 2015, con lo ocurrido durante el denominado 6D, proceso electoral mediante el cual cristalizó el fundamental cambio conductual de la sociedad venezolana respecto del ejercicio de la soberanía popular como fundamento de la democracia vivida como régimen socio-político. Este ejercicio ha dejado de ser respuesta a incentivos generados por la clase política, en la personalidad de un líder o en la agitación obra de un partido político. Han brotado de la sociedad, ascendiendo hacia la clase política y condicionando sus modos de conducción. No obstante, ha de comprenderse claramente el alcance de lo sucedido. Quizás para ello valga tomar en cuenta el hecho de que la Historia no registra un caso de establecimiento de un régimen socio-político liberal-democrático logrado democráticamente. Tampoco de reinstauración de un régimen socio-político liberal-democrático lograda democráticamente[37].

---

37 Pretendo fundar esta aserción en el conocimiento adquirido como miembro del Buró del Comité científico internacional encargado de la nueva edición de la Historia de la evolución científica y cultural

En síntesis, Arturo Uslar Pietri dijo sembrar el petróleo –si bien la paternidad de esa consigna ha sido atribuida también a Alberto Adriani–. En el pensamiento de ambos imperaba la concepción de una sociedad fundamentalmente agropecuaria. Es decir, nos dijeron lo que a su juicio, socialmente conservador, debíamos hacer sembrando el petróleo. Rómulo Betancourt y sus hermanitos nos enseñaron cómo hacerlo. Pero la década terrible, transcurrida a partir de 1936, hizo su efecto en los respectivos enfoques de la cuestión, lo que sería asunto de otra charla-conferencia.

* * *

Me permito concluir estas palabras subrayando lo que dije, casi al comienzo, respecto del «pequeñísimo grupo de románticos iluminados [que] creyó posible edificar una sociedad republicana democrática moderna, empleando materiales considerados deleznables». Lo hago cuando, todavía según algunos autores, el mérito de lo conseguido recae en el petróleo, refiriéndose, peyorativamente, a lo logrado por la sociedad venezolano como la *democracia petrolera*.
Gracias.

Caracas, 20 de febrero de 2016

---

de la Humanidad, dispuesta, patrocinada y editada por Unesco. En la elaboración de dicha obra, cuya versión en inglés fue editada, en siete volúmenes, por la casa británica Rutledge, en 2008, fui además coeditor del volumen VI, El siglo XIX, y autor de las conclusiones del mismo (pp. 561-567).

www.ingramcontent.com/pod-product-compliance
Lightning Source LLC
Chambersburg PA
CBHW031618160426
43196CB00006B/185